영어 독일어 프랑스어

연관성과 독자성

[수정판]

송경안 · 김순임 공저

신아사

이 책은 2018년도 한국연구재단 대학 인문역량 강화사업(CORE) 지원에 의해 출판되었음.

This study was financially supported by initiative for College of Humanities' Research and Education of National Research Foundation of Korea 2018.

머리말

영어는 21세기 전 지구촌 주민의 숙명이 되어 버렸다. 정도의 차이는 있을지 모르지만 현대를 살아가면서 영어로부터 완전히 자유로울 사람은 거의 없을 것이다. 이러한 상황에서 우리는 누구나 영어란 어떤 언어인가에 대해 한번쯤 궁금증을 가져볼 만하다. 어떻게 보면 막연한 질문 같기도 하지만 이 책은 이 질문에 대해 한 가지 답을 제시해 보려는 것이다.

유럽에는 크게 3가지 부류의 언어가 있다. 북쪽에서 내려온 게르만어, 남쪽에서 올라온 로만스어 그리고 동쪽의 슬라브어가 그것이다. 영어는 게르만어에서 출발하였다. 게르만족의 일파인 앵글족과 색슨족이 브리타니아 섬으로 들어가 지배 계층이 되면서 이들의 언어가 그 섬나라의 공용어가 된 것이다. 따라서 고대 영어는 고대 독일어와 차이가 없다. 영어 및 영국의 역사에서 한 가지 중요한 변곡점은 노르만 정복 사건이다. 프랑스인들이 영국을 침략하여 300년 가까이 지배한 사건이다. 이로 인해 영국은 언어적으로 프랑스의 영향을 받게 되고 영어는 독일어와 프랑스어의 중간상태 언어가 된다. 이것이 곧 중세 영어이고 현대 영어의 모체이다. 이처럼 영어는 독일어와 프랑스어가 혼합된 언어라고 할 수 있는데 시간이 지나면서 영어는 또 나름대로 독자적인 길을 가기도 하였다. 이 책은 이러한 영어, 독일어, 프랑스어의 관계를 구조편(문법편)과 어휘편으로 나누어 기술한다. 전체적으로 볼 때 영어는 구조나 어휘 면에서 독일어보다는 프랑스어에 가깝다는 것이 이 책의 결론이다.

필자들이 세 언어에 관심을 갖기 시작한 것은 20여 년 전 독일에서 출간된 H. Goursau & M. Goursau의 'Europäisches Wörterbuch(유럽어 사전)'을 접하고 나서부터이다. 이 사전은 다른 설명 없이 유럽 6개 언어의 기초어휘를 한 표제어에 하나씩 병렬적으로 수록해 놓아서 이 언어들의 어휘적 유사관계를 한눈에 볼 수 있는 자료이다. 한편 이 자료를 분석하고 통계처리하기 위해서는 자료의 디지털화가 필수적이었는데 이 작업은 전남대학교 독문과 명예교수이시고 필자들의 은사님이신 조동섭 교수님께서 해 주셨다. 이 디지털 자료를 바탕으로 필자 등은 10여 편의 논문을 쓸 수 있었고 이 책의 어휘편(제3부)는 이 논문들에 기초한 것이다. 이 책의 구조편(제2부)은 이와 별도로 최근 언어유형론의 연구결과들을 기본 틀로 해서 작성한 것이다. 세 언어의 기본 문법사항을 비교한 것이라고 할 수 있다.

이 책은 2018년 한국연구재단의 '대학인문역량강화사업(CORE)'의 지원으로 작성된 것이다. 전남대 CORE 사업의 틀에서 이 저서출판 사업을 기획하고 추진하신 김양현 전임 인문대 학장님께 감사드린다. 특별히 20여 년 전 삼복더위에 돋보기 끼시고 독수리 타법으로 사전 한 권을 컴퓨터에 입력해 주신 조동섭 선생님께 이 자리를 빌려 감사의 말씀을 드리고 싶다. 이 책의 출판을 끝으로 정들었던 강단을 떠나는 40년 친구이며 동료인 김순임 교수의 선승을 빈다. 녹녹치 않은 출판계의 상황 가운데서도 이 책을 기꺼이 출판해 주신 신아사 정현걸 대표님께 감사드리며 신아사의 무궁한 발전을 기원한다.

2019. 8.

녹음이 우거진 캠퍼스를 바라보면서 저자 대표 송경안 삼가 씀

목 차

제1부 유럽의 언어상황과 영어, 독일어, 프랑스어

제2부 구조편

제3부 어휘편

제1부

유럽의 언어상황과 영어, 독일어, 프랑스어

1.1. 유럽의 언어지형

오늘날 유럽에는 크게 세 가지 부류의 언어가 있다. 첫째 부류는 남쪽, 즉 고대 로마에서 올라온 언어들이다. 이탈리아어, 프랑스어, 스페인어, 포르투갈어, 루마니아어가 여기에 속하며 로마(Roma)에서 출발했다고 해서 이들을 로만스어(Romanic)라고[1] 부른다. 둘째 부류는 북쪽 스칸디나비아 반도 쪽에서 내려와 스웨덴, 노르웨이, 덴마크, 네덜란드, 독일, 스위스, 오스트리아에 걸쳐 사용되고 있는 언어들이며 이를 게르만어(Germanic)라고 부른다. 유럽의 또 한 가지 중요한 언어 부류는 슬라브어(Slavic)로서 이는 러시아를 비롯해서 폴란드, 체코 등 동유럽 국가들이 사용하고 있는 언어이다.

로만스어는 고대 로마제국의 언어인 라틴어(Latin)에서 발전한 언어들이다. 로마제국은 본래 이탈리아 반도 중부에 있던 라티움(Latium)이라는 지역에서 출발했는데, 이 지역의 사람들을 라틴족이라고 하고 여기에서 사용되었던 언어가 라틴어이다. 지금도 로마 근교에 라티나(Latina)라는 도시가 있는데 이 지역의 옛 이름이 라티움이었을 것으로 추정되며 이곳이 바로 고대 로마의 출발점일 것이다.

당시 이탈리아 반도에는 여러 가지 다른 언어들도 사용되고 있었는데, 로마제국이 성장하면서 이탈리아 반도를 통일하게 되자, 다른 언어들은 소멸하였고 라틴어가 이탈리아 반도 전체의 공용어가 되었다.

1) '로만스'는 영어로 'Romance'라고 쓰는데 프랑스어식 발음으로 '로망스어'라고 부르기도 한다.

오늘날 고대 로마의 언어를 '라틴어'라고 부른 것은 이러한 역사적 상황에서 연유한 것이다. 언어학이나 문법 연구에서 '로마어'라는 용어는 사용하지 않는다. 다만 로마인들이 사용하다가 유럽 사회에 전파해서 오늘날까지 유럽인들이 사용하고 있는 문자는 로마문자(Roman Alphabet)라고 부르기도 하고 라틴문자(Latin Alphabet)라고 부르기도 한다. 한글의 '영문 표기'도 정확히 말하면 '로마자 표기'라고[2] 해야 한다.

이후 로마제국이 유럽을 정복하면서 정복 지역의 언어에 영향을 미친다. 즉 로마가 침입하기 전에는 유럽 지역에 여러 가지 언어들이 사용되고 있었을 터인데, 로마의 침입으로 각 지역의 토착 언어 위에 라틴어가 오랫동안 덮어 씌워지면서 새로운 언어가 나타나게 된다. 오늘날의 프랑스어, 스페인어, 포르투갈어, 루마니아어가 바로 이렇게 해서 발달한 언어들이다. 루마니아를 영어로 흔히 'Romania'라고 표기하는데 자세히 보면 이 단어에 'Roma'가 들어있다. 로마 사람들이 세운 나라라는 뜻이다. 즉 로마제국 시절에 로마인들이 그곳으로 이주해서 지금까지 살고 있는 나라이다. 이렇게 로마에서 발달한 언어들을 로만스어라고 부르는데 이는 이들이 모두 'Roma'와 연관이 있기 때문이다. 한편 이 로만스어들은 라틴어가 가지고 있던 복잡한 변화체계들을 단순화시켜 버렸는데 '고급 라틴어'를 '통속화'시켰다고 해서 이들을 '통속 라틴어(Vulgar Latin)'라고 부르기도 한다.

이에 비해 본래 유럽 북쪽 발트 해 연안에 살다가 남쪽으로 이동한 게르만족들은 언어적으로 로마인들의 영향을 많이 받지 않았다. 역사적으로 로마인들의 지배를 받지 않았기 때문이다. 게르만족은 현재

2) 한글의 영문 표기 혹은 로마자 표기를 영어로 'Romanization'이라고 한다.

노르웨이, 스웨덴, 덴마크, 네델란드, 독일, 오스트리아까지 걸쳐있는데 이 지역의 언어들은 오늘날까지도 게르만어의 독특한 특징들을 보존하고 있다.[3] 유럽 동쪽의 슬라브족 역시 언어적으로 로마의 영향을 받지 않았으며 슬라브어의 특징을 잘 보존하고 있다. 즉 슬라브어는 로만스어나 게르만어와는 또 다른 특징을 가지고 있는 언어이다.

여기까지만 보면 유럽 지역 언어의 기원에 대해 [그림1]과 같은 간단한 그림이 그려질 것처럼 보인다. 즉 유럽 언어에는 크게 게르만어, 로만스어, 슬라브어의 3가지 언어군이 있는데 이들은 각각 하나의 뿌리에서 나왔으며, 그리고 이 3개의 가지는 결국 다시 하나의 뿌리에서 나왔을 것이라는 추정이다. 여기에서 조금 더 나아가면 모든 개별 언어가 한 뿌리에서 나왔을 것이라는 추정도 가능하다. 마치 모든 생물체가 아메바와 같은 단순한 구조에서 출발해서 분화해 왔을 것이라고 추정하는 것과 같다. 19세기의 진화론적 언어관이다.

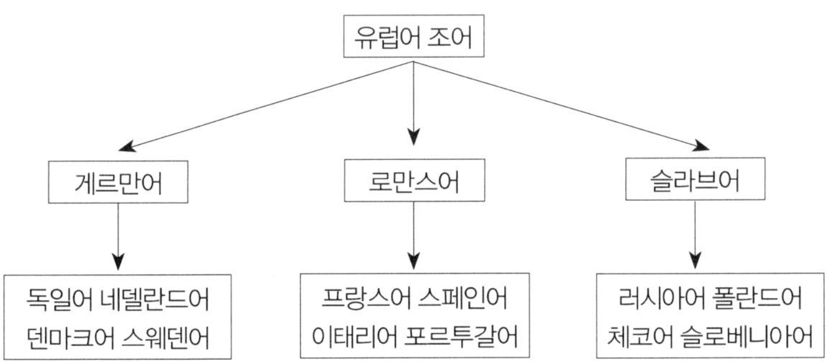

[그림 1] 유럽 언어 분지의 추정도

3) 로만스어에 비해 게르만어는 복잡한 변화체계들을 아직 유지하고 있다. 핀란드인들은 아시아에서 건너간 사람들이며 언어적으로도 게르만어와 완전히 다르다.

로만스어나 게르만어의 역사를 보면 이 말이 그럴 듯해 보인다. 그러나 조금만 더 생각해 보면 언어 기원의 문제는 그렇게 간단한 것이 아니다. 로마인들이 정복하기 이전에, 또 북쪽의 게르만인들이 남하하기 이전에 유럽 대륙에는 수많은 다양한 언어가 사용되고 있었을 것이다. 예를 들면 로마가 이태리 반도를 통일하기 전 BC 400년 무렵의 이태리 반도의 종족 및 언어상황은 [그림2]와 같다(인터넷 자료 [1] 참조).[4] 조그만 이태리 반도의 상황이 이렇다면 넓은 유럽 대륙의 언어 상황은 훨씬 복잡하고 다양했을 것이다.

[그림 2] BC 400년경 이태리의 종족 및 언어상황

4) '인터넷 자료'의 자세한 출처는 참고문헌란에 별도로 제시한다.

로마인들이 정복하기 이전 그리고 북쪽의 게르만인들이 남하하기 이전에 유럽 대륙의 언어 상황이 어떠했는지는 정확히 알 수가 없다. 이에 대한 자료가 충분하지 않기 때문이다. 그러나 과거 유럽 대륙 언어의 다양성을 뒷받침할 만한 단서들은 있다. 바스크어(Basque)와 웨일즈어(Welsh), 아일랜드어(Irish)가 그것이다. 우선 바스크족은 프랑스와 스페인 사이에 있는 피레네 산맥 산지에 살던 민족으로 로마제국의 영향을 받지 않았으며 언어적으로도 로마어(라틴어)의 영향을 받지 않아 로마의 유럽정복 이전의 언어상태를 보존하고 있다. 바스크어는 주변의 유럽 언어와는 완전히 다른 언어이다. 현재 바스크의 위치는 [그림3]과 같다.

[그림 3] 바스크의 위치

이 바스크어는 다른 유럽 언어들에서 찾아 볼 수 없는 3가지의 특징을 가지고 있다. 첫째, 동사 후치(verb final) 언어라는 점이다. 즉 유럽 언어들이 일반적으로 SVO(주어+동사+목적어)를 기본어순으로 하는데 반해 바스크어는 한국어처럼 동사가 문장 맨 끝에 온다. 예를 들면 (1)의 문장은 한국어와 똑 같이 '주어 + 목적어 + 동사'의 어순을 보이고 있다.

(1) Gizon-ak mutil-a-ø ikusi-du.
man-격 boy-the-격 saw
'The man saw the boy.'

바스크어의 두 번째 특징은 주어와 목적어의 격표시 방법에 있다. 한국어나 영어 등 보통 우리가 알고 있는 언어들은 자동사의 주어와 타동사의 주어가 '주격'으로 표시되고 목적어는 다른 격으로 표시된다. (2)는 독일어의 주어와 목적어 격표시의 예이다. 이 예문에서 자동사의 주어와 타동사의 주어가 동일한 격표지를 취하고 있는데 이러한 언어를 대격언어(accusative language)라고 한다.

(2) 독일어의 자동사와 타동사 구문 격표시

a. D-er Mann kommt heute.
the-주격 man comes today
'The man comes today.'

b. D-er Mann traf d-ie Frau.
the-주격 man met the-목적격 woman
'The man met the woman.'

바스크어의 격표시 방법은 (2)의 방식과는 다르다. 즉 (3)에서 보는 바와 같이 이 언어에서는 자동사의 주어와 타동사의 목적어가 동일한 격표지를 취하고 있다. 이러한 방식으로 격표시를 하는 언어를 능격언어(ergative language)라고 하는데 지구상에는 바스크어 말고도 이런 언어가 많이 있다. 어떻든 유럽 지역에서는 이러한 능격언어를 찾기 어렵다.

(3) a. Mutil-a-ø etorri-da.
boy-the-**격1** arrived
'The boy has arrived.'

b. Gizon-ak mutil-a-ø ikusi-du.
man-**격2** boy-the-**격1** saw
'The man saw the boy.'

대격언어에 익숙한 우리에게 이러한 능격언어의 구조를 이해하기가 매우 어렵기는 하지만 (3)의 구조를 우리의 시각에서 설명해 보면 다음과 같다. '능격(能格; ergative)'이라는 말은 어원적으로 그리스어의 'ergon(work;일하다, 작용하다)'에서 온 것으로 'cause, bring out'의 의미이다(이정민 외, 2000: 291 참조). 한국어 '능격'의 '능'도 '힘, 작용력' 등의 의미이다. 이에 따라 (3b)의 의미는 '남자가 작용하여 그 소년이 보였다.' 혹은 '남자에게서 어떤 작용/동작이 일어나 그 소년이 보이게 되었다.'와 같이 이해하면 된다. 목적어 '소년'이 주격으로 해석된 것이다. 이를 한국어 식으로 정리하면 (4)와 같다.

(4) 문장 (3)의 대격적 해석

a. 그 소년-이 돌아왔다. (= 3**a**)
b. 남자가 작용하여 [소년-이 보였다.] (= 3**b**)

일반 유럽 언어들과 비교할 때 바스크어가 갖는 또 한 가지 특징은 첨가어적 경향을 보인다는 점이다. 즉 유럽 언어들은 대개 굴절어로 분류되는데 바스크어는 이들과 다르다. 바스크어의 첨가어적 경향은 예문 (5)에서 잘 드러난다(인터넷 자료 [2] 참조). (5)의 구조를 보면 첨가어인 우리 한국어와 아주 유사하다. 격표지가 한국어 조사처럼 명사 뒤에 붙어 있다. 한국어에서는 또 각종 문법기능 표지들이 동사 뒤에 첨가되는 경향이 있는데 (5)의 바스크어 예문에서도 아주 비슷하다. (5)에서 'erosten di-zki-t'가 술어인데 이 동사 뒷부분에 여러 가지 문법표지들이 첨가되어 있다.

여기서 'erosten'이 동명사(gerund)라고 되어 있는데 바스크어에서는 '사다'라는 말을 '**사는 것**을 하다' 혹은 '**사기**를 하다'처럼 표현하는 것으로 보인다. 동사 뒤에 /di-zki-t/가 붙어 있는데 /di-/는 현재시제를 나타내고 /–zki-/는 문장의 목적어가 복수라는 것을 나타내며 /-t/는 술어로 표현되는 행위가 화자를 위한 것이라는 의미를 나타낸다. 이와 같은 바스크어의 구조는 (6)의 한국어 문장 구조와 아주 흡사하다. 즉 이 한국어 문장에서도 명사의 기능표시 조사가 명사 뒤에 붙어 있고 술어의 어간에 4가지의 문법기능 표지가 붙어 있다. 이 가운데 /-시-/는 주어를 높이는 것이고 /-습니-/는 청자를 높이는 것이다. (5)에서 /–t-/가 화자와 관련이 있는 것과 비교하면 흥미로운 현상이다.

(5) Martin-ek egunkari-ak erosten di-zki-t[5)]
Martin-ERG newspaper-PL.OBJ buy-GER PRES-PL.OBJ.FOR ME
'Martin buys the newspapers for me.'

(6) 아버지-**께서** 신문-**을** 사-**시**-**었**-**습니**-**다**.

웨일즈어와 아일랜드어도 다른 유럽 언어들과 중요한 차이를 보인다. 즉 유럽 언어들이 일반적으로 SVO 어순을 보이는데 이 두 언어는 VSO의 기본어순을 보인다(Dryer, 2005 참조). 이에 대한 예를 보면 (7)-(8)과 같다(인터넷 자료 [3] 참조).

(7) 웨일즈어의 VSO 어순

a. lladdodd y ddraig y dyn.
killed the dragon the man
'The dragon killed the man.'

b. Siaradodd Aled y Gymraeg.
spoke Aled DEF Welsh
'Aled spoke Welsh.'

웨일즈어와 아일랜드어는 언어학에서 켈트어(Celtic)로 분류되는데 켈트족은 브리타니아 섬에 게르만족이 침략해 들어가기 전에 이 지역에 살던 종족이다. 이 두 가지 언어는 지금도 사용되고 있으며 로만스

5) EGR: ergative(능격), OBJ: object(목적어), PL: plural(복수), GER: gerund(동명사), PRES: present(현재). FOR ME: '나를 위해서'라는 뜻인데 이러한 의미가 동사어미로 표현되고 있다.

어와 게르만어가 서유럽 지역에 널리 퍼지기 전에 사용된 이 지역의 토착 언어라고 할 수 있다. 켈트족은 이른 시기에 유럽 대륙 전역에 흩어져 살던 종족으로 추정된다. 위 [그림2]는 BC 400년 경 이태리 반도에 살던 종족들을 보여주고 있는데 여기에서 'Celts'가 곧 켈트족을 가리킨다. 이 켈트족이 일찌감치 브리타니아 섬에까지 들어가 살다가 게르만족의 침략을 받으면서 변방으로 밀려나 오늘날에 이르고 있는 것이다.

(8) 아일랜드어 VSO 어순

a. Labhraíonn John Gaeilge.
speaks John Irish
'John speaks Irish.'

b. Bhuail John le Jane.
met John with Jane
'John met Jane.'

이상을 정리하자면 다음과 같다. 오늘날 유럽에는 크게 3가지 부류의 언어군이 있다. 남쪽에서 올라온 로만스어, 북쪽에서 내려온 게르만어 그리고 동쪽의 슬라브어이다. 여기까지만 보면 유럽 언어의 기원에 대해 위 [그림1]과 같은 멋진 그림이 그려질 듯하다. 그러나 실상은 그렇게 간단한 것이 아니다. 로만스어가 남쪽에서 올라오기 전 그리고 게르만족이 북쪽에서 내려오기 전에도 유럽 대륙에 사람들이 살고 있었고 그들은 로만스어나 게르만어와는 다른 그들의 고유한 언어를 사용하고 있었다. 바스크어, 웨일즈어, 아일랜드어가 그 증거이다. 로마인들이나 게르만족들의 침략 이전에 유럽 대륙의 언어 상태가 어떠했는지는 정확히 알 수 없다. 다만 바스크어, 웨일즈어 등의 현상으로 미루어 볼 때 이른 시기 유럽 대륙의 토착 언어들은 로만스어나 게르만어와는 많이 달랐을 것으로 추정된다. [그림1]과 같은 방식으로는 설명하기 어려운 부분이다.

이와 관련하여 앞서 잠깐 켈트족에 대해 언급하였는데 일본의 역사학자 미야자키 마사카쓰 (Miyazaki Masakatzu, 2004: 108-109)는 이에 대해 중요한 정보를 제공하고 있다. 이에 따르면 로마인들이 북상하기 전 그리고 게르만족이 남하하기 전 유럽의 원주민은 켈트인이었다. 줄리어스 시저가 BC 58-51년에 오늘날 프랑스 지역을 정복하고 나서『갈리아 전기』를 썼는데 이때 '갈리아'는 켈트인을 가리킨다. '브리타니아' 역시 시저가 붙인 이름인데 '켈트계 브리튼인의 땅'이라는 뜻이다.

켈트인의 흔적은 유럽의 지명이나 강 이름에도 잘 남아 있다. 유럽의 대표적인 산 '알프스'는 켈트어로 '고지의 목장'이라는 뜻이고 프랑스와 스페인의 경계를 이루는 '피레네 산맥'은 켈트어로 '험준한 산'이라는 뜻이다. 유럽의 대표적인 강 '라인 강'은 켈트어로 '일반적인 강'이라는 뜻이고 유럽을 동서로 가로지르는 총연장 2,850km의 '도나우(다뉴브) 강' 역시 켈트어로 '강/흐름'이라는 뜻이다. 앞서 웨일즈어와 아일랜드어가 켈트어에 속한다고 했는데 이렇게 보면 결국 게르만어와 로만스어가 유럽 전역에 확산되기 전에는 이 지역에 이들과 완전히 다른 언어가 사용되고 있었다는 것을 알 수 있다.

1.2. 그들의 문자

문자의 사용은 문명화의 상징이라고 할 수 있다. 핸드폰이 일상이 되어 있는 듯한 21세기에도 지구촌 구석구석에는 글자를 모르고 자연 상태에서 살아가는 종족들이 많이 있다. 유럽 국가들은 알파벳을 문자로 사용하고 있는데 이 문자는 이밖에도 남북 아메리카 대륙, 아프리카 대륙, 호주 대륙에서 사용하고 있어서 아시아와 아랍 지역을 제외하고 거의 전 세계에서 사용하고 셈이다. 이는 물론 유럽인들이 식민지 개척의 결과로 그들의 언어와 문자를 이들 지역에 전파했기 때문이다.

그러면 유럽 사람들은 이 문자를 자기들이 직접 만들었을까 아니면 누군가에게서 배웠을까? 이 문자를 우리는 보통 '알파벳'이라고 부르는데 앞서 말한 것처럼 이 문자의 공식 명칭은 로마 문자(Roman Alphabet) 혹은 라틴 문자(Latin Alphabet)이다. 고대 로마인들, 즉 오늘날 이태리 사람들의 문자라는 뜻이다. 이태리 사람들이 문자도 없이 살고 있던 유럽 사람들에게 문자를 가르쳐 주었고, 이후 다시 유럽인들을 통해서 이 문자가 전 세계로 퍼져나간 것이다.

그러면 이 알파벳은 로마인들이 직접 만든 것일까? 그렇지 않다. 로마인들은 그리스인들에게서 배웠다. 그리스는 유럽 최초의 문명 국가였으며 동양의 강자 페르시아를 멸망시키고 유럽인 최초의 제국을 건설함으로써 인류 역사의 흐름을 동양 중심에서 서양 중심으로 바꾸어 놓은 나라이다. 알렉산더 대왕의 세계사적 의미가 바로 여기에 있으며, 오늘날 유럽연합 국가들이 그리스를 함부로 하지 못하는 이유도 여기에 있다. 그들은 그리스를 유럽 문명의 뿌리라고 생각하기 때문이다.

로마가 역사 무대에 등장하기 전 그리스는 지중해 및 오리엔트 지역을 300년 동안 지배하면서 헬레니즘 문화를 꽃피웠으며 그리스어는 이 지역의 공용어로 사용되었다. 기독교가 시작된 시기는 지중해 지역의 패권이 이미 그리스에서 로마로 넘어간 시기였으나 그리스어가 아직 공용어로 사용되고 있었으며 기독교의 신약성경이 모두 그리스어로 기록된 것은 이러한 역사적인 배경으로 인한 것이다.

이러한 상황에서 로마인들이 그리스인들의 문자를 받아들여 자기들의 언어에 맞게 보완해서 사용한 것이 오늘날 전 세계가 사용하고 있는 알파벳이다. '알파벳'이라는 용어 자체가 그리스 문자의 첫 글자(알파; α)와 두 번째 글자(베타; β)를 합해서 붙인 이름이다. [그림 4]의 그리스 문자를 보면 이러한 상황을 쉽게 짐작할 수 있다. 우리는 흔히 그리스 문자를 [α, β, γ]와 같이 알고 있는데 이것은 소문자이고 [그림 4]는 대문자이다.

[그림 4] 그리스 문자

찬란한 헬레니즘 문화를 꽃피우고 오늘날 유럽 문명의 출발점이 되었던 그리스는 그러면 이 문자를 직접 만들었을까? 그렇지 않다. 그리스인들은 동양의 페니키아(Phoenicia)에서 문자를 배웠다. 페니키아의 위치는 오늘날 레바논 지역이다. 그리스가 역사 무대에 등장하기 전 페니키아는 일찍이 지중해 해상권을 장악하고 멀리 스페인까지 진출해서 정착한 종족이다([그림 5] 참조). 이 과정에서 이들이 오늘날의 튀니지 지역에 세운 나라가 카르타고이다. 카르타고는 로마와 3차례에 걸쳐 자웅을 겨루었던 나라이며 명장 한니발이 이때 등장한다. 이 전쟁을 유럽 사람들은 '포에니 전쟁'이라고 부르는데 이때 '포에니'란 'Phoenicia'를 가리키는 말이다.

페니키아가 속한 지역은 메소포타미아 문명과 이집트 문명이 발달한 지역으로 이 지역은 일찍부터 간단한 문자를 사용하고 있던 곳이다. 이집트의 상형문자, 수메르(메소포타미아) 지역의 쐐기문자 등이 그것이다. 페니키아인들은 이보다 편리한 문자를 개발해서 사용하였는데 이것이 바로 글자 하나에 소리 하나를 대응시키는 인류 최초의 음소문자이다.[6] 페니키아 문자는 [그림 6]과 같은데 모양은 물론 글자의 이름까지도 위 [그림 4]의 그리스 문자와 비슷하다.

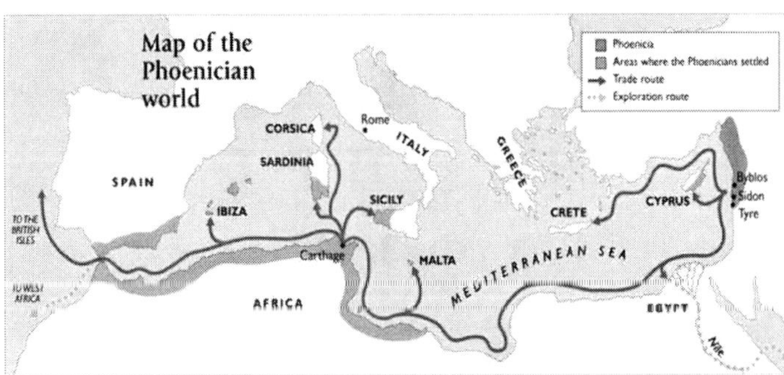

[그림 5] 페니키아의 세계

6) 이에 대한 자세한 것은 송경안 외(2015) 제2장 참조.

[그림 6] 페니키아 문자

알파벳이 오리엔트 지역에서 시작되었다는 증거는 첫 두 글자 [알파/베타]라는 이름의 유래를 보면 더욱 분명해진다. '알파'는 [그림 6]의 페니키아 문자 [aleph]에서 왔는데 이는 이 지역의 언어로 '황소'라는 뜻이다. 자세히 보면 이 글자의 모양이 '황소의 머리' 모양이고 이것을 세워 놓은 것이 [A]자의 모양이다. '베타'는 페니키아 문자 [beth]에서 왔으며 이는 이 지역의 언어로 '집'이라는 뜻이다. [그림 6]에서 두 번째 글자 [beth]는 집 모양을 나타낸다. 오늘날 우리 주위에서 쉽게 접할 수 있는 기독교의 지명으로 '베델(Bethel)', '베들레헴(Bethlehem)'이 있는데 그 앞에 [Beth]가 붙어 있으며 모두 '집'이라는 뜻이다. '베델(Bethel)'은 '하느님의 집'이고 '베들레헴(Bethlehem)'은 '떡집'이다.

이렇게 보면 결국 오늘날 세계에서 가장 널리 쓰이고 있는 '알파벳'이라는 문자는 동양의 페니키아에서 시작해서 그리스를 거쳐 로마로 전해졌으며 로마를 통해 유럽으로 그리고 유럽을 통해 전 세계로 확산된 것이다. 위에서 우리는 '문자의 사용은 문명화의 상징'이라고 하였는바 문자사용의 진행 방향은 곧 문명화의 진행 방향이라고 할 수 있을 것이다.

이와 관련해서 남은 문제 한 가지가 러시아 문자이다. 러시아 문자를 우리는 '키릴문자'라고 부르는데 이는 이 문자를 러시아에 도입한 그리스의 수도사 '키릴로스'의 이름을 따서 지어진 이름이다. 키릴로스는 [그림 7]과 같이 그리스 문자를 그대로 사용하면서 슬라브어 발음을 나타내기 위해 여러 가지 특수기호를 추가하였으며 이것이 오늘날의 러시아 문자이다. 키릴로스는 AD 9세기 사람으로 그 이전에는 러시아에 변변한 문자가 없었다는 뜻이다. 그리스에서는 이미 문자의 사용이 일상화 되었을 것으로 보이는 소크라테스의 활동 시기가 BC 5세기이고 보면 이 그리스 문자가 러시아에까지 전해지는 데는 1,000년 이상이 걸렸다는 뜻이 된다.

[그림 7] 러시아의 키릴 문자

키릴문자는 그리스 문자에 특수문자를 추가한 것이라고 했는데 이는 한 언어의 문자를 다른 언어에 도입할 때 흔히 일어나는 일이다. 문자란 해당 언어의 소리를 눈으로 보고 읽을 수 있도록 표시해 주는 기호이다. 그런데 언어마다 음운체계가 다르기 때문에 한 언어에서 사용하던 문자를 다른 언어에 그대로 도입하는 것은 불가능하다. 키릴문자도 마찬가지이다. 그리스 문자는 그리스어를 표기하는 데는 문제가 없었지만 러시아어를 표기하는 데는 어려움이 있었다. 그리스어에 없는 소리가 러시아어에 있기 때문이다. 이 부분을 보완하기 위해 키릴로스가 특수기호를 추가한 것이다.

로마인들이 쓰던 알파벳을 다른 유럽 언어에 도입할 때도 비슷한 문제가 있었다. 이때 각 나라는 여러 가지 방법을 사용해서 이 문제를 해결하였다. 예를 들면 영어의 'shave, child, this' 등에서 나타나는 [ʃ, ʧ, ð] 소리는 라틴어(로마어)에 없는 소리이다. 라틴어 소리를 표기하기 위해서는 알파벳 26자로 충분하지만 이 언어에 없는 영어의 이 소리들을 알파벳 26자로 표기할 수 있는 방법은 없다. 그래서 영국인들은 [sh. ch, th]와 같이 글자를 겹쳐 써서 [ʃ, ʧ, ð] 소리들을 표시하기로 한 것이다.

독일어도 마찬가지이다. 이 언어에는 모음 [애, 외, 위]가 있는데 알파벳의 5개 모음 [a, e, i, o, u]로는 이를 표기할 방법이 없으므로 [ä, ö, ü]와 같이 모음 위에 점 두 개를 찍어서 표기한다. 독일어에는 또 'Buch(책)', 'Milch(우유)' 등의 'ch'에서 나타나는 독특한 자음이 있는데 이 역시 알파벳 26자로는 표기할 방법이 없기 때문에 [ch]와 같이 글자를 겹쳐서 표기한다.

앞서 알파벳은 페니키아에서 시작해서 그리스를 거쳐 로마로 넘어왔다고 했는데 사실 이 페니키아 문자는 모두 자음자이며 모음을 나타내는 글자는 없다. 페니키아어는 셈어(Semitic)로서 모음의 수가 적어서 자음자만으로 표기가 가능했을 것이다. 지금도 아랍문자에는 모음자가 없다. 아랍어는 3모음 체계이기 때문에 자음자만 가지고 모음은 추정해서 읽어야 한다. 그리스인들은 이러한 페니키아 문자를 도입하면서 그 중 일부를 모음자로 바꾸어 사용하였는데 오늘날 알파벳의 모음자가 이렇게 해서 생겨난 것이다.

문자와 관련해서 한 가지 짚고 넘어가야 할 것은 영어의 발음기호이다. 문자란 기본적으로 발음기호이다. 우리 한글의 경우 글자를 발음기호 삼아 읽으면 되는데 문자의 용도는 원래 이와 같은 것이다. 영어를 제외한 유럽의 다른 언어들의 경우도 한글과 마찬가지이다. 글자를 그냥 발음기호 삼아 읽으면 된다. 그런데 영어에는 문자가 있고 이에 대해 발음기호가 따로 있다. 그 이유는 문자와 소리(발음) 사이에 차이가 너무 크기 때문이다. 어쩌면 영어를 배우는데 이 발음기호가 가장 큰 장애물인지도 모른다. 그런데 왜 영어에 이러한 일이 생긴 것일까? 여기에는 크게 세 가지 원인이 있는 것으로 보인다(김명숙, 2001; Jespersen, 1909 참조).

첫째는 알파벳이 영어의 소리체계에 맞지 않기 때문이다. 예를 들면 알파벳은 5모음 체계인 라틴어를 표기하기 위해 고안된 것인데 영어는 8모음 체계이다. 라틴어 5개의 모음자로 영어의 8개의 모음을 표기하는 것은 불가능하다. 이러한 경우 유럽의 다른 언어들은 특수기호를 사용하는 등 보완책을 마련하였다. 그러나 영어는 특수기호를 사용하지 않고 있다. 그 결과 (9)에서 보는 바와 같이 [a]라는 글자가 5가지의 소리를 나타내고 있기 때문에 따로 발음기호가 필요할 수밖에 없다.

(9) 영어 [a]의 5가지 발음

/ɑ/	f*a*ther, c*a*lm, c*a*r, p*a*rt, g*a*rden
/æ/	*a*pple, m*a*n, h*a*ppy, h*a*ve, m*a*p
/ei/	*a*ge, b*a*by, m*a*ke, l*a*te, p*a*ge,
/ɔ/	*a*ll, c*a*ll, t*a*ll, s*a*lt, h*a*ll, t*a*lk, m*a*lt
/ə/	*a*bove, *a*pply, *a*bandon, *a*ppear

둘째는 영어의 특별한 역사 때문인데 이는 이 책 전체의 주제이기도 하다. 즉 영어는 역사적으로 독일어에서 출발해서 오랜 동안 프랑스어의 영향을 받아 형성된 언어이다. 2가지의 이질적인 언어가 혼합되어 있는 것이다. 이 과정에서 표기 및 발음 원칙이 다른 양쪽의 어휘를 수용하면서 영어는 이 부분에서 일관성이 부족할 수밖에 없는 상황이 되었다. 예를 들면 'daughter, audience, default' 등에서 [au]를 /o/로 발음하는데 이는 프랑스어의 발음 원칙이며 독일어에서는 그렇게 발음하지 않는다. 또 'like, take, have, above' 등에서 보는 바와 같이 단어 끝의 [e]가 묵음으로 처리되는데 이 역시 프랑스어에 나타나는 현상이며 독일어는 이들을 묵음으로 처리하지 않는다. 영어에서는 또 'go, get, game, page, geography, pigeon' 등에서 보는 것처럼 [g]가 /g, ʤ/와 같이 2가지로 발음되는데 이 역시 프랑스어에서 볼 수 있는 현상이며 독일어에서는 철자 [g]를 /g/로만 발음한다. 영어의 'sign, assign, alignment, benign' 등에서 [n] 앞의 [g]가 묵음이 되는 것도 프랑스어식이다.

셋째는 영국인들의 보수적인 성향 때문이다. 언어의 소리는 시간이 가면서 변하는 것이어서 시간이 길어지면 소리와 글자 사이에 틈이 생기게 되어 있다. 이 틈이 많이 벌어지면 맞춤법을 바꾸어 주어야 한다. 그런데 보수적인 영국인들이 맞춤법을 바꾸지 않고 그대로 사용하면서 문자와 발음 사이에 거리가 멀어진 것이다. 예를 들면 'light, right, might, though, neighbor, through' 등은 독일어에서 온 단어들인데 [gh]가 더 이상 발음되지 않는다. 독일어의 해당표현 'Licht, Recht, möchte, doch, Nachbar, durch' 등에서는 아직 이 부분의 발음이 남아있다. 이때 영어의 맞춤법을 개정해서 철자를 바꾸어 줄 수 있을 텐데 영국인들은 그렇게 하지 않고 있는 것이다. 또 영어의 'all, salt, malt'

등에서는 [a]의 소리가 /o/로 변했는데 독일어의 해당표현 'all, Salz, Malz'에서는 아직 /a/ 소리로 남아 있다. 이 경우 역시 영어는 철자를 바꾸어 주는 것이 좋은데 그냥 그대로 두고 있는 것이다.

오늘날 전 세계인의 문자가 되어 있는 알파벳은 이와 같이 동양의 페니키아에서 유래한 것이고, 전 세계인의 언어가 되어 있는 영어의 특이한 발음은 이러한 문자의 역사 및 영어라는 언어의 독특한 역사에서 기인한 것이다. 한편 현재 전 세계가 사용하고 있는 [1, 2, 3, 4, …] 등의 숫자를 우리는 '아라비아 숫자'라고 부르는데 이 역시 알파벳과 함께 동양(아라비아)에서 기원했다는 뜻이 된다. 문자의 전파 방향은 문명화의 진행 방향을 의미한다.

1.3. 천사의 언어, 영어의 기원

앞서 우리는 유럽의 언어상황에 대해 살펴보았다. 그러면 오늘날 지구촌 주민들의 숙명이 되어 버린 영어는 어떤 언어일까? 슬라브어가 아닌 것은 분명한 것 같은데, 그러면 게르만어일까 아니면 로만스어일까? 전통적인 역사언어학은 영어를 게르만어로 분류한다. 그러나 이에 대한 대답은 그리 간단하지 않다.

영어를 'English'라고 하는데 이는 'angel(천사)'이라는 말에서 기원한 것이며 'English'는 따라서 '천사의 언어'라는 뜻이다. 유럽인들이 흔히 쓰는 'Angela, Angelica' 등의 이름도[7] 'angel(천사)'에서 온 것이다. 전 독일 총리 Angela Merkel도 이 이름을 사용하고 있다. 독일어로 '천사'를 'Engel'이라고 하는데 영어의 'angel'보다는 독일어의 'Engel'이 형태적으로 'English'에 더 가깝다. 어떻든 'English'가 '천사'라는 뜻과 연관이 있는 것은 분명한 것 같은데 그 이유가 무엇일까? 이는 앵글로-색슨(Anglo-Saxon)과 연관이 있다. 즉 'English'는 'Anglo-'에서 유래한 것인데 이 'Anglo'가 'angel(천사)'과 같은 어원이다. 여기서 문제는 'Anglo-'가 정말로 '천사'를 나타내는 'angel'과 연관이 있느냐 하는 것이다.

잘 알다시피 앵글로-색슨은 오늘날 영국과 미국의 주류를 이루는 두 종족, 즉 앵글족과 색슨족의 이름이다. 이 두 종족은 게르만의 일

---

7) 유럽인들의 이름에서 /-a/로 끝나면 여성의 이름이고 /-o/로 끝나면 남성의 이름이다. 'Petro-Petra, Franzisco-Franzisca' 등이 그 예이다. /-a/는 밝은 소리이고 /-o/는 무거운 소리이다.

파로 현재의 북독일 지역에 거주하였으며 일찍이 브리타니아 섬으로 들어가 지배 계층이 되었고 원래 이 섬에 살던 토착민들은 웨일즈나 아일랜드 등 변방으로 밀려났다.

[그림 8]는 5세기 무렵 유럽의 종족 분포도이다(인터넷 자료 [4] 참조). 이 지도를 보면 앵글족과 색슨족이 원래 살던 위치가 나타나는데 오늘날 독일 지역이다. 지금도 독일에는 'Angeln'이라는 지명이 있는데 [그림 8]의 위치와 비슷하다. 즉 현재 독일과 덴마크 국경에서 오른쪽 연안과 접해 있는 지역이다. [그림 9a]는 'Angeln'의 위치도이며 [그림 9b]는 이 지방의 확대 지도이다. 어떻든 'Anglo-'라는 말은 이 지명에서 온 것인데 이 지역에 'Angel(천사)'이라는 이름을 붙인 이유는 이 곳의 지형이 천사의 모양을 하고 있기 때문이라고 한다.

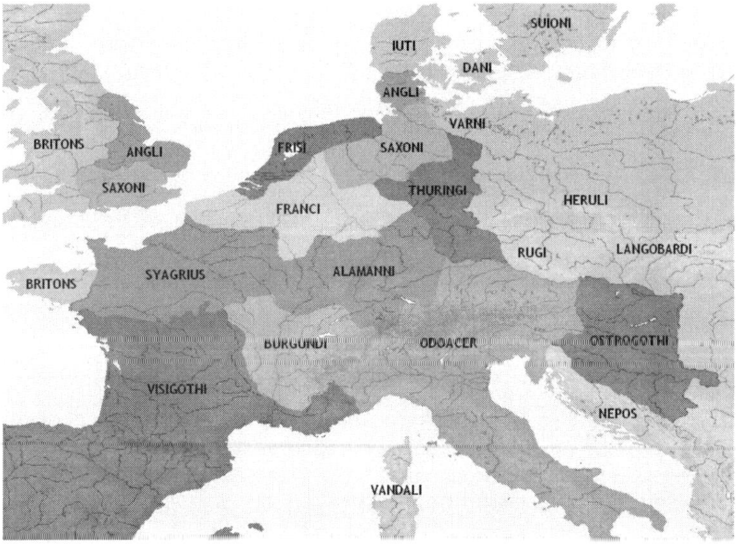

[그림 8] 5세기 경 유럽의 종족 분포

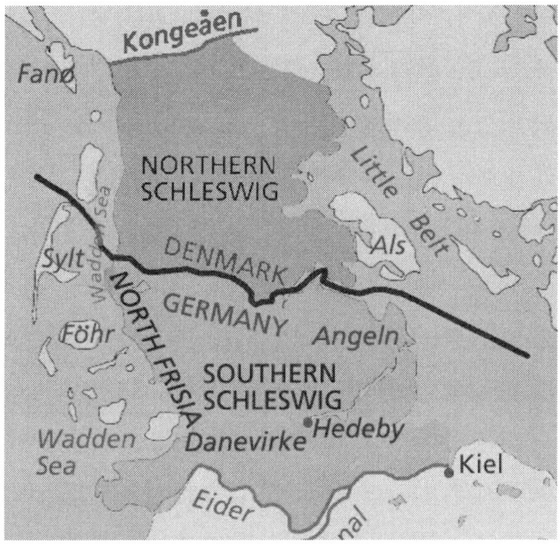

[그림 9a] 현재 독일의 Angeln 지방 위치

[그림 9b] Angeln 지방 확대도

앵글족과 함께 브리타니아 섬에 건너간 게르만의 일파는 색슨족(Saxon)이다. 위 [그림 8]의 지도를 보면 색슨족은 당시 독일 북쪽에 넓게 분포되어 있는 종족이라는 것을 알 수 있다. 색슨(Saxon)을 독일어로는 작센(Sachsen)이라고 하는데 현재 독일의 13개의 큰 주(州)[8)]가운데 3개의 주 이름에 이 '작센'이라는 말이 들어가 있다.

니더작센주(Niedersachsen), 작센-안할트주(Sachsen-Anhalt), 작센주(Sachsen)가 그것이다. [그림 10]에서 보는 것처럼 이 3개의 주는 서쪽 끝에서 동쪽 끝까지 연결되어 있는데 이 가운데 앵글로-색슨족과 연관이 있는 지역은 물론 서쪽 끝에 있는 니더작센주이다. 앵글로족의 고향인 Angeln 지역은 [그림 10]의 맨 북쪽에 있는 슐레스비히-홀쉬타인주(Schleswig-Holstein)이니까 현재 독일 북서쪽 끝에 있는 2개의 주가 앵글로-색슨족과 직접적으로 연관이 있는 지역이라고 하겠다.

어떻든 오늘날 지구촌의 Lingua Franca(세계어)가 되어 있는 영어의 역사는 이렇게 '천사의 언어'에서 시작한다. 앵글로-색슨족이 들어가지 전에 브리타니아 섬에는 켈트족이 주류를 이루었을 것이고 켈트어가 주로 쓰였을 것으로 보인다. 이후 앵글로-색슨족이 들어와 이 섬의 주류를 형성하면서 이 게르만족의 언어가 주류층의 언어가 되었는데 이것이 곧 고대 영어이다. 그러니까 고대 영어는 고대 독일어와 거의 차이가 없다고 보면 된다. 이러한 역사를 감안하면 영어를 게르만어로 분류하는 것은 당연한 것으로 보인다. 그러나 고대 영어는 이후 많은 변화를 겪어 현대 영어에 이르기 때문에 이에 대한 대납이 산난하지 않다.

---

8) 이 13개의 주 외에 3개의 도시 베를린, 함부르크, 브레멘이 독립된 주로 편성되어 있어서 독일연방의 주는 모두 16개이다.

[그림 10] 독일의 주

영어의 역사에서 중요한 변곡점은 이른바 노르만 정복이다. 즉 이후 이 브리타니아 섬나라에는 프랑스로부터 노르만족이 침입하여 200~300년 동안 지배하게 되는데 이것이 영국 역사에서 유명한 노르만 정복(Norman Conquest) 사건이다(AD 1066년). 노르만족은 원래 게르만의 일파인데 북쪽에서 해안선을 타고 내려와 노략질을 하며 프랑스를 자꾸 괴롭히니까 프랑스 국왕이 땅을 일부 떼어주면서 노르만 공국을 세워 정착하게 한다. 노르만(Norman)은 북쪽(North)에서 온 사람들이라는 뜻이다. 노르만족은 그러니까 혈통적으로는 게르만인데 언어·문화적으로는 프랑스인이다.

어떻든 노르만 정복이후 장기간의 프랑스의 지배는 당연히 영국의 언어에 영향을 미치게 되었고 그 후 이 섬나라에는 게르만어인 고대 영어와는 아주 다른 언어가 발달한다. 이 새로운 언어가 바로 중세 영어이며 이는 현대 영어의 모체가 된다. 현대 영어는 따라서 로만스어(프랑스어)와 게르만어(독일어)의 요소가 혼합된 언어인데 전체적으로 보면 프랑스어에 훨씬 가깝다. 즉 영어는 어휘나 문법 면에서 프랑스어에 아주 가까우며 더 정확히 말하면 얇은 독일어의 기층부 위에 프랑스어가 아주 두꺼운 상층부를 형성하고 있는 형국이라고 할 수 있다.

우리는 흔히 독일어가 영어의 할아버지라는 말을 듣는데 역사적으로 보면 맞는 말이다. 그러나 한 세대가 지나고 중세에 들어오면서 영어는 프랑스어를 어머니로 맞게 되었고 현대 영어는 이 어머니(프랑스어)의 유전자를 훨씬 많이 가지고 있는 것이다. 따라서 현대 영어를 단순하게 게르만어로 분류하는 것은 아주 적절한 것이라고 볼 수 없다.

한편 프랑스어의 영향을 받아 중세 영어로 넘어오는 과정에서 영어는 변화체계 혹은 문법체계를 아주 단순화시켜 버렸다. 원래 가지고 있었던 독일어의 복잡한 변화체계는 물론 라틴어에서 넘어오면서 단순화하기는 했지만 조금 남아 있었던 프랑스어의 변화체계마저도 거의 없애 버린 것이다. 위에서 우리는 라틴어에서 넘어오면서 라틴어의 복잡한 문법체계를 단순화시켜 버린 프랑스어, 스페인어, 포르투갈어 등을 통속 라틴어라고 했는데 이러한 맥락에서 보면 현대 영어는 '통속 프랑스어'라고 할 수 있을지 모른다. 이와 관련하여 Stockwell & Minkova(2001: 34)는 영어를 하이브리드(hybrid)라고 하였다. 하이브리드란 원래 생물학에서 종이 다른 생물을 교배시켜서 나온 것을 말한다.

우리는 가끔 프랑스 사람들이 영어를 무시한다는 말을 듣는데 이제 그 이유를 알 만하다. 프랑스인들은 노르만 정복을 통해 선진 문명을 브리타니아 섬에 전해 주었으며 이후 300여 년의 지배를 통해 언어적으로 영향을 미쳤는데 이 언어가 정통 프랑스어도 아니고 정통 게르만어도 아닌 엉거주춤한 언어, 말하자면 정체성이 불분명한 언어이기 때문이다. 프랑스인들이 영어를 무시한 데는 또 한 가지 중요한 이유가 있다. 프랑스가 오랜 기간 동안 로마의 지배를 받기는 했지만 로마의 선진 문명을 먼저 받아들인 덕분에 이후 프랑스는 유럽 사회에서 앞서 가는 문화 국가로 인정받게 된다. 이에 따라 자연스럽게 프랑스어가 유럽인들에게 선망의 대상이 되었고 유럽의 상류사회에서 사교 및 외교 언어로 자리 잡게 되었다. 그 결과로 나온 말이 바로 'Lingua Franca'이다. 이를 직역하면 '프랑스어'라는 뜻인데 오늘날 '국제어'라는 의미로 사용된다. 이러한 상황에서 프랑스인들이 영어를 무시한 것은 어떻게 보면 당연한 일일지도 모른다.

프랑스어는 원래 라틴어에서 기원하여 라틴어의 복잡한 문법체계를 단순화시키면서 발전하였다. 이에 따라 유럽 언어학계에서는 프랑스어를 통속 라틴어(Vulgar Latin)라고 부르기도 하였다. '시골 라틴어'라는 뜻이다. 그러나 이후 프랑스어는 꾸준히 자신의 길을 갔고 결국 유럽 사회에서 'Lingua Franca'가 되었다. 어떻게 보면 영어도 마찬가지이다. 독일어에서 출발해서 프랑스어의 영향을 많이 받았고 이후 문법체계를 단순화시켜 '통속 프랑스어'라는 말을 들을 만하지만 영어는 꾸준히 자신의 길을 걸어왔고 결국 21세기 지구촌의 'Lingua Franca'로 등극한 것이다.

제2부

구조편

앞 장에서 우리는 영어, 독일어, 프랑스어의 역사적 관계에 대하여 살펴보았고 영어는 독일어와 프랑스어가 혼합된 '하이브리드 언어'이며 프랑스어 쪽에 더 가깝다고 하였다. 영어의 프랑스어적인 경향은 특히 어휘와 어순에서 두드러지게 나타난다. 일상 언어생활에서 어휘와 어순이 아주 중요하기 때문에 영어와 프랑스어를 조금만 들어다 보면 이 두 언어가 아주 비슷하다는 것은 쉽게 느낄 수 있을 것이다. 어휘구조의 비교는 제3부로 미루고 제2부에서는 먼저 어형변화나 어순 등 세 언어의 기본구조에 대해 살펴보기로 한다. 전체적으로 보면 영어가 독일어와 프랑스어의 영향을 받았지만 한편으로는 독자적인 길을 가고 있다는 것도 느낄 수 있을 것이다.

2.1. 어형변화

어형변화란 무엇인가?: 언어의 기본단위는 문장이고 문장은 단어들의 조합으로 이루어진다. 이 단어들을 특징에 따라 분류해 놓은 것이 품사인데 품사들 가운데서 가장 기본이 되는 것은 명사와 동사이다. 크게 보면 문장은 명사와 동사로 구성되며 다른 품사들은 명사와 동사를 보조하는 것들이다. 단어가 문장을 만드는 과정을 보면 단어에 따라 기본형이 있고 이것이 문장 가운데 들어갈 때는 그 형태가 변하는 경우가 있다. (1)은 한국어 동사 '가다'가 형태변화를 일으키는 예이다. 이를 어형변화라고 하며 유럽 언어연구의 전통에서는 굴절(inflection)이라고 불렀다. '빛이 굴절되는 것'에 비유한 말이다.

(1) 한국어 동사 '가다'의 형태변화

a. 영희는 학교에 갔다.
b. 영희는 도서관에 간다.
c. 영희는 도서관에 가고 철수는 집에서 논다.

위에서 문장을 구성하는 2가지 기본 성분을 명사와 동사라고 했는데 어형변화는 명사 부분에서 일어날 수도 있고 동사 부분에서 일어날 수도 있다. 명사 부분은 주로 명사의 기능, 즉 격과 관련한 변화이기 때문에 격변화라고[1] 한다. 동사 부분의 변화는 '활용'이라고 하는데 문장에 들어가 '환경에 맞게 사용되는 것'을 말하며 '사용되는 환경에 따라 변화하는 것'을 뜻하기도 한다.[2] 이를 정리하면 (2)와 같다.

(2) 어형변화
- 명사관련 변화: 격변화(declension)
- 동사관련 변화: 활용(conjugation)

어형변화의 양상은 언어에 따라 차이가 있다. 명사 부분이든 동사 부분이든 아예 어형변화가 없는 언어가 있는데 이러한 언어를 고립어라고 한다. 중국어가 대표적인 예이다. 한국어의 경우 동사 부분은[3] 매우

1) 영어로는 'declension' 혹은 'declination'이라고 하는데 이는 'decline(기울다)'에서 나온 말이다. '기울다'는 '변하다'는 뜻으로 이해할 수 있겠다.

2) 영어로는 'conjugation'이라고 하는데 이는 원래 '결합하다'는 뜻이다. 동사가 문장에 들어와 다른 단어들과 결합하면서 나타나는 변화를 의미한 것이다.

3) 이때 '동사'란 엄밀히 말하면 '술어'로 쓰이는 말들을 의미하는데 한국어의 경우 형용사까지 여기에 포함된다.

복잡한 형태변화를 일으키는데 명사 부분은 형태변화가 없다. 한국어에서 명사류의 격은 어형변화로 표시하지 않고 조사로 표시한다. 프랑스어의 모체가 되는 라틴어는 명사 부분과 동사 부분이 모두 형태변화를 일으키는 대표적인 언어이다. (3)은 라틴어 명사 'dominus'(남주인)와 'domina'(여주인)의 격에 따른 형태변화이고(Blake, 1994: 5) (4)는 'amare'(사랑하다) 동사의 현재인칭변화이다(인터넷 자료 [5] 참조).

(3) 라틴어 명사 dominus '남주인'/domina '여주인'의 격변화

남주인	여주인	기능	한국어 대응
dominus	domina	nominative(주격)	철수-**가**
domine	domina	vocative(호격)	철수-**야**
dominum	dominam	accusative(목적격)	철수-**를**
domini	dominae	genitive(소유격)	철수-**의**
domino	dominae	dative(여격)	철수-**에게**
domino	domina	ablative(탈격)	철수-**에게서**

(4) 라틴어 'amare'(사랑하다) 동사 현재인칭변화

단수	1인칭	am-o
	2인칭	am-a-s
	3인칭	am-a-t
복수	1인칭	am-a-mus
	2인칭	am-a-tis
	3인칭	am-a-nt

명사의 성과 격변화: 어형변화와 관련하여 영어, 독일어, 프랑스어의 현상을 보면 매우 흥미롭다. 전체적으로 보면 어형변화는 독일어에

가장 많이 남아 있고 그 다음으로 프랑스어가 많은 편이며 영어는 어형변화가 거의 없어진 상태이다. 먼저 명사의 성 구분이 있는데 독일어는 남성, 여성, 중성을 구분하고 프랑스어는 남성과 여성을 구분하는데 영어는 명사의 성을 구분하지 않는다. 라틴어는 명사에서 3가지의 성을 구분하는데 프랑스어로 넘어오면서 2가지로 줄었다. 고대 영어에는 독일어와 마찬가지로 3가지 명사의 성이 있었는데 현대 영어에서는 명사의 성을 구분하지 않는다. 영어가 이후 프랑스어의 영향을 받았기 때문에 프랑스어처럼 2개의 성이라도 구분할 만한데 그렇지 않다. 영어가 이 부분에서 독자적인 길을 가고 있는 것이다.

(5)는 영어, 독일어, 프랑스어 명사의 성 구분의 예이다. 독일어와 프랑스어는 명사의 성에 따라 정관사 형태가 달라지는데 영어는 정관사의 형태에 변화가 없다. 이때 영어의 정관사 'the'는 물론 독일어에서 온 것이다. 독일어에서는 명사를 대문자로 쓴다.

(5) 영어, 독일어, 프랑스어 명사의 성 구분

영어	독일어		프랑스어	
the man	남성	der Mann	남성	le homme
the woman	여성	die Frau	여성	la femme
the child	중성	das Kind	남성	le enfant
the foot	남성	der Fuß	남성	le pied
the hand	여성	die Hand	여성	la main
the eye	중성	das Auge	남성	le oeil

한편 우리는 (3)에서 라틴어 명사의 격변화를 보았는데 독일어는 이와 비슷한 격변화 체계를 유지하고 있으나 영어와 프랑스어의 명사는 이러한 격변화를 하지 않는다. (6)은 독일어 명사 격변화의 예이다.

(3)에서 라틴어의 명사는 6가지 격에 따라 형태가 달라지는데 독일어의 경우 (6)과 같이 4가지 격을 구분한다. 이때 독일어에서 중요한 것은 관사의 형태변화이며 명사 자체의 형태가 달라지기도 한다. 영어, 독일어, 프랑스어의 명사 격변화를 비교해 보면 (7)과 같다. 영어의 경우 소유격에 /-'s/를 붙이는데 이는 독일어와 비슷하며 게르만어의 흔적으로 보인다. 프랑스어는 (3)과 같은 라틴어의 복잡한 명사변화 어미를 모두 없애 버렸다고 할 수 있다.

(6) 독일어 명사의 격변화

	명사: Junge(소년)		명사: Mädchen(소녀)	
주격	der Junge	'소년이'	das Mädchen	'소녀가'
소유격	des Jungen	'소년의'	des Mädchens	'소녀의'
여격	dem Jungen	'소년에게'	dem Mädchen	'소녀에게'
목적격	den Jungen	'소년을'	das Mädchen	'소녀를'

(7) 영어, 독일어, 프랑스어 명사 격변화 비교

	독일어	영어	프랑스어
주격	der Mann	the man	le homme
소유격	des Mannes	the man's	le homme[4]
여격	dem Mann	the man	le homme
목적격	den Mann	the man	le homme

명사의 복수형: 영어, 독일어, 프랑스어 명사의 복수형도 매우 흥미롭다. 독일어의 명사는 (8)과 같이 7가지 형태의 복수형을 갖는다.[5]

---

4) 명사의 소유격은 영어의 'of'에 해당하는 'de'를 이용해서 표현한다.

5) 단수-복수 형태가 같은 경우, 모음만 변하는 경우, 어미 /–e, er/을 붙이면서 모음

(8) 독일어 명사의 복수형

Onkel - Onkel ('uncle - uncles')
Vater - Väter ('father - fathers')
Hund - Hunde ('dog – dogs')
Hand - Hände ('hand – hands')
Kind - Kinder ('chid - children')
Mann - Männer ('man – men')
Frau - Frauen ('woman – women')

이에 비해 프랑스어는 (9)와 같이 명사의 복수형에 주로 /-s/를 붙인다. 여기서 우리는 영어 명사의 복수형이 프랑스어에서 왔다는 것을 알 수 있다. 물론 영어나 프랑스어나 명사의 복수형이 예외적인 경우는 있다. 그러나 큰 흐름은 영어와 프랑스어가 같고 독일어는 게르만어 고유의 복수형을 유지하고 있다고 할 수 있다. 이밖에 독일어에는 프랑스어에서 차용한 명사들이 있는데 이들은 복수형에서 /-s/를 붙인다. 프랑스어의 복수형을 그대로 쓴 것이다. 독일어의 7가지 명사 복수형과 영어, 프랑스어의 대응 표현을 비교해 보면 (10)과 같다.

(9) 프랑스어 명사 복수형

garçon - garçons (boy – boys)
fille - filles (girl – girls)
homme - hommes (man – men)
femme - femmes (woman – women)

이 변하는 경우와 변하지 않는 경우, 어미 /-en/을 붙이는 경우 등 7가지이다. 이밖에 외래어는 어미 /-s/를 붙이기도 하는데 이는 게르만어 전통은 아니다.

(10) 독일어 7가지 명사 복수형과 영어, 프랑스어 비교

독일어		영어		프랑스어	
Mädchen	Mädchen	girl	girls	fille	filles
Bruder	Brüder	brother	brothers	frère	frères
Hund	Hunde	dog	dogs	chien	chiens
Hand	Hände	hand	hands	main	mains
Ei	Eier	egg	eggs	oeuf	oeufs
Buch	Bücher	book	books	livre	livres
Junge	Jungen	boy	boys	garçon	garçons

동사의 기본형과 활용: 위 (2)에서 어형변화는 명사관련 변화가 있고 동사관련 변화가 있다고 했는데 지금까지 우리는 영어, 독일어, 프랑스어 명사관련 어형변화를 비교해 보았다. 이제 동사(술어)의 어형변화에 대해 살펴보겠다. 전체적으로 보면 세 언어의 동사관련 어형변화 양상은 명사에서와 많이 다르다. 즉 명사관련 변화의 경우 독일어가 게르만어의 전통을 거의 그대로 유지하고 있는데 반해 영어와 프랑스어는 게르만어나 라틴어의 복잡한 명사변화 체계를 거의 상실한 상태라고 할 수 있다. 그러나 동사 부분에서는 독일어와 프랑스어가 복잡한 변화체계를 아직 유지하고 있고 영어는 이를 아주 단순화 시킨 상태이다.

먼저 동사의 기본형을 보겠다. 기본형이란 사전에 등재되어 있는 형태를 말하며 영문법에서는 원형(root)이라고 부르기도 한다. 예를 들면 한국어의 술어는 '가다, 오다, 먹다' 등과 같이 기본형이 모두 /-다/로 끝난다. 그런데 영어의 경우 이러한 형태적 특징이 없다. 즉 'go, come, eat' 등의 동사에서 특별히 기본형이라고 인식할 만한 형태적 특징을 찾을 수 없다. 그러면 한국어와 영어 가운데 어느 쪽이 더 일

반적인 경향일까? 이에 대한 대답은 '한국어 쪽'이다. 세계 언어를 조사해 보면 형태변화가 전혀 없는 고립어를 제외하면 대개의 경우 동사(술어)의 기본형이 있고 이 기본형은 문장에 들어가면서 형태변화를 일으킨다. 우리 주변의 주요 9개 언어에서 술어의 기본형 상황을 보면 (11)과 같다(송경안·이기갑 외, 2008: 제2장 참조).

(11) 주요 9개 언어와 술어의 기본형

a. 기본형 어미가 있는 경우: 한국어, 일본어, 독일어, 프랑스어, 스페인어, 러시아어
b. 기본형 어미가 별도로 없는 경우: 영어, 중국어
c. 아랍어: 3인칭 남성 단수 과거형을 기본형으로 본다.

(11)과 같이 독일어와 프랑스어는 동사의 기본형이 있고 영어는 없다. 독일어는 동사의 기본형이 /–en/으로 끝나고 프랑스어는 /–er, -ir/ 등으로 끝난다. 영어는 독일어나 프랑스어에 있는 기본형 어미를 없애 버린 것이다. (12)의 자료는 이를 잘 보여주고 있다. 유럽에는 게르만어, 로만스어, 슬라브어 등 세 가지 부류의 언어가 있다고 했는데 이들은 모두 동사의 기본형을 가지고 있으며 영어만 예외인 것이다.

(12) 영어, 독일어, 프랑스어 동사의 기본형

영어	독일어	프랑스어
come	komm-en	ven-ir
go	geh-en	all-er
eat	ess-en	mang-er
sleep	schlaf-en	dorm-ir

(12)와 같은 동사의 기본형은 쓰이는 환경에 따라 형태변화를 일으키는 것이 일반적인데 유럽 언어의 경우 대개 주어의 인칭과 수 그리고 문장의 시제에 따라 변화를 한다. 이것을 유럽 언어 문법에서 보통 동사인칭변화라고 부른다. 독일어나 프랑스어는 동사인칭변화에서 아직 복잡한 변화체계를 유지하고 있는데 영어는 이와 비교가 안 될 만큼 단순한 변화체계를 가지고 있다. (13)은 이 세 언어에서 '사랑하다' 동사의 현재인칭 변화이다. 독일어와 프랑스어는 인칭과 수에 따라 6가지의 형태변화가 있는 반면 영어의 경우 이를 거의 없애 버렸고 3인칭 단수에 그 흔적이 남아 있을 뿐이다.

(13) 영어, 독일어, 프랑스어 '사랑하다' 동사의 현재인칭변화

언어 (기본형)		영어 (love)		독일어 (lieb-**en**)		프랑스어 (aim-**er**)	
수	인칭	대명사	변화형	대명사	변화형	대명사	변화형
단수	1	I	love	ich	lieb-**e**	je	aim-**e**
	2	you	love	du	lieb-**st**	tu	aim-**es**
	3	he	love-**s**	er	lieb-**t**	il	aim-**e**
복수	1	we	love	wir	lieb-**en**	nous	aim-**ons**
	2	you	love	ihr	lieb-**t**	vous	aim-**ez**
	3	they	love	sie	lieb-**en**	ils	aim-**ent**

(14)의 세 언어 과거인칭변화를 보아도 이와 비슷한 상황이다. 독일어와 프랑스어는 현재인칭변화에 못지않게 복잡한 변화체계를 유지하고 있는 데 비해 영어는 아예 인칭변화 어미가 없다. 프랑스어에는 이밖에도 과거인칭변화 체계가 한 가지 더 있고 미래인칭변화 체계도 있다. 독일어에 비해 인칭변화 체계가 2가지 더 있는 셈이다. 아래 〈2.3. 시제와 상〉 편에서 이에 대해 조금 더 자세히 논의할 것이다.

여기서 '인칭변화 체계'란 (13)-(14)의 독일어, 프랑스어와 같이 주어의 인칭과 수에 따라 동사형태가 변하는 것을 말한다.

(14) 영어, 독일어, 프랑스어 '사랑하다' 동사의 과거인칭변화

언어 (과거형)		영어 (love-d)		독일어 (lieb-te)		프랑스어 (aim-é)	
수	인칭	대명사	변화형	대명사	변화형	대명사	변화형
단수	1	I	loved	ich	liebte	je	aim-**ais**
	2	you	loved	du	liebte-**st**	tu	aim-**ais**
	3	he	loved	er	liebte	il	aim-**ait**
복수	1	we	loved	wir	liebte-**n**	nous	aim-**ions**
	2	you	loved	ihr	liebte-**t**	vous	aim-**iez**
	3	they	loved	sie	liebte-**n**	ils	aim-**aient**

전체적으로 동사의 어형변화와 관련해서 세 언어를 비교하면 독일어와 프랑스어는 복잡한 변화체계를 유지하고 있는데 프랑스어가 더 복잡하고 정교한 체계를 가지고 있다. 이에 반해 영어는 급격하게 이 변화체계를 없애 버린 상황이다. 독일어와 프랑스어의 혼합으로 출발한 현대 영어가 이들과 다른 독자적인 길을 걷고 있다고 할 수 있겠다.

2.2. 어순

언어를 비교할 때 가장 쉽게 눈에 띄는 것이 어순일 것이다. 그리고 어순이 같으면 일단 비슷한 언어로 간주하는 경향이 있다. 한국어와 일본어가 어순이 같고 영어와 중국어가 어순이 비슷하다. 따라서 한국 사람들은 일본어를 쉽게 배우고 중국 사람들이 한국 사람들보다 영어 배우기가 쉬울 것으로 여겨진다. 영어, 독일어, 프랑스어의 어순을 보면 전체적으로 영어의 어순이 독일어보다는 프랑스어에 더 가까운 것으로 나타난다. 어순은 여러 가지 관점에서 비교할 수 있는데 언어학 및 언어유형론 연구에서 흔히 적용하는 방법에 따라 세 언어의 어순을 비교해 보기로 한다.

기본어순: 먼저 주어, 동사, 목적어의 위치를 가지고 크게 SOV, SVO, VSO 언어를 구분한다. 영어, 프랑스어와 함께 유럽 언어들은 보통 SVO형 언어로 분류되는데 독일어는 이 부분에서 독특한 성격을 띤다. 즉 독일어는 일반적인 서술문에서는 SVO 어순을 보이지만 종속절에서는 SOV의 어순을 보인다. 흥미롭게도 독일어 종속절의 어순은 한국어와 같은 것이다. (15)는 독일어 주절과 종속절의 예이다.

영어의 경우 프랑스어의 영향을 받기 전 고대 영어에서는 독일어와 마찬가지로 2가지 기본어순이 관찰된다. 즉 고대 영어의 경우 주어, 동사, 목적어의 위치가 다양하게 나타나기는 하지만 대체적으로 주절에서는 SVO의 어순을 보이고 종속절에서는 SOV 어순을 보인다(박영배, 2000: 186). 현대 영어에서 SOV 어순은 사라지고 없는데 이는 전형적인 SVO 언어인 프랑스어의 영향으로 보인다.

(15) 독일어의 2가지 기본어순

a. **Peter traf Marie.** (SVO)
Peter met Mary
'Peter met Mary.'

b. Ich weiß, dass **Peter Marie traf**. (SOV)
I know, that Peter Mary met
'I know that Peter met Mary.'

자유어순과 고정어순: 어순의 특징에 따라 또 자유어순 언어와 고정어순 언어를 구분하기도 한다. 한국어를 보통 자유어순이라고 한다. 무엇이 자유롭다는 말이고 그 이유는 무엇일까? 보통 어순이 자유롭다는 말은 명사류의 위치가 자유롭다는 뜻이다. 즉 문장은 기본적으로 하나의 동사(술어)와 여러 개의 명사로 구성되는데 술어의 위치는 대개 고정되어 있고 명사류의 위치는 자유롭기도 하고 고정되어 있기도 한다. 이때 명사류의 위치가 자유로운 경우를 자유어순 언어라고 한다. 한국어에서 어순이 자유롭다는 것은 명사류의 위치가 자유롭다는 뜻이다. 한국어에서 명사류의 위치가 자유로운 이유는 물론 조사 때문이다. 즉 명사의 기능을 표시하는 조사가 명사 뒤에 붙어 있어서 명사의 위치를 자유롭게 바꾸어도 문장의 뜻을 이해하는 데 지장이 없다. 자유어순의 언어는 모두 이와 같이 명사의 기능표시(격표시)를 명사가 달고 다니는 특징이 있다.

영어, 독일어, 프랑스어의 어순도 이와 같이 이해하면 된다. 위 어형변화 편에서 보았던 것처럼 독일어는 어형변화를 통해 명사의 격을 표시하고 있기 때문에 명사류의 위치가 자유롭다. 반면 영어와 프랑스어는 격변화 체계가 사라지고 없기 때문에 주어나 목적어 등 명사류의 기능표시를 어순에 의존할 수밖에 없고, 명사류의 위치를 바꾸면 의미가 달라지기 때문에 어순을 함부로 바꾸면 안 된다. 영어와 프랑스어는 어순을 고정시켜야 한다는 뜻이다. (16)은 '페터는 성탄절에 동생에게 책을 선물한다.'는 독일어 문장의 자유로운 어순의 예이다(Bierwisch, 1963: 32; 송경안, 1981: 81 재인용). 이 문장에는 4개의 명사류가 나타나는데 동사의 위치는 고정되어 있고 명사류의 위치는 매우 자유로운 것을 알 수 있다.

(16) 독일어의 자유어순[6)]

a. Peter **schenkt** dem Bruder zu Weihnachten ein Buch.
b. Peter **schenkt** zu Weihnachten dem Bruder ein Buch.
c. Dem Bruder **schenkt** Peter zu Weihnachten ein Buch.
d. Dem Bruder **schenkt** Peter ein Buch zu Weihnachten.
e. Ein Buch **schenkt** Peter zu Weihnachten dem Bruder.
f. Ein Buch **schenkt** Peter dem Bruder zu Weihnachten.
g. Zu Weihnachten **schenkt** Peter dem Bruder ein Buch.

영어나 프랑스어의 상황은 독일어와 완전히 다르다. 예를 들면 (17)의 영어 예문에서 명사류의 위치를 바꾸어 버리면 의미가 달라지든지 아니면 비분법적인 문장이 될 것이다. (18)은 프랑스어의 수여동사 구문이다.[7)] 이 프랑스어 구문에서도 어순이 '주어-동사-직접목적어-간접

6) schenkt = '선물하다', dem Bruder = '형에게', zu Weihnachten = '성탄절에', ein Buch = '책 한 권을'

7) 직접목적어와 간접목적어가 있는 'give'-동사류 구문을 말한다.

목적어' 순서로 고정되어 있다.

(17) 영어의 고정어순

a. The man met the woman.
b. The man gave the woman a book.

(18) 프랑스어의 고정어순

Je	donne	un	livre	à	Marie.
I	give	a	book	to	Mary

'I give a book to Mary.'

명사 수식어의 위치: 어순은 이밖에 명사관련 어순과 동사(술어) 관련 어순으로 나누어 비교할 수 있다. 명사관련 어순이란 주로 명사 수식어의 위치를 말하며 이 단락에서는 우선 이에 대해 살펴보고자 한다. 명사 수식어에는 지시사류, 형용사, 형용사구, 동사의 분사류, 전치사구, 부정사 구문, 관계절 등 다양한 범주가 있는데 이들의 위치와 관련해서 우리는 (19)와 같이 3가지 유형의 언어를 구분할 수 있다.

(19) 명사 수식어의 위치와 언어 유형

a. 수식어 전치형: 한국어, 일본어, 중국어
b. 수식어 후치형: 베트남어, 말레이어
c. 혼합형: 영어, 독일어, 프랑스어

한국어나 일본어의 경우 명사 수식어는 항상 명사 앞에 오고 베트남어, 말레이어 같은 언어에서는 명사 수식어가 모두 명사 뒤에 위치한다. (20)은 베트남어 명사 수식어 위치에 대한 예문이다(Nguyen Bao Yen, 2018: 제III장 참조). 이 언어에서는 지시사류들도 명사의 뒤에 위치하고 명사구의 어순이 전체적으로 한국어와 완전히 반대로 되어 있다.

(20) 베트남어 명사 수식어의 위치

a. Cô gái　　ấy
woman　　that
'that woman'

b. Túi xách　　mới　　này
bag　　new　　this
'this new bag'

c. Gương mặt　　nhỏ　　của　　cô　　ấy
face　　small　　POSS　　woman　　that[8)]
'the woman's small face'

명사 수식어의 위치와 관련하여 영어, 독일어, 프랑스어는 다른 유럽 언어들과 함께 혼합형에 속한다. 수식어가 명사 앞에 오기도 하고 명사 뒤에 오기도 한 것이다. (21)은 영어 명사 수식어들의 예이다. 전체적으로 보면 지시사가 명사 뒤에 위치하는 경우는 없고 어휘 차원의 수식어는 명사 앞에 오며 구절 단위의 수식어는 명사 뒤에 온다. 다만 *to*-부정사 구문은 항상 후치한다. 이 구문은 2개 이상의 단어로 구성되므로 구절 단위 수식어로 볼 수 있다.

---

8) POSS = 소유격 표지

(21) 영어의 명사 수식 표현들

a. 지시사류: **the/this/that** man
b. 형용사: the **tall/handsome** man
c. 동사: the **sleeping/walking** man
a **broken** window
the next train **to arrive**
d. 형용사구: an actor **suitable for the part**
e. 동사구: the man **sleeping in the room**
the window **broken by Peter yesterday**
the best man **to make the choice**
f. 전치사구: the man **in the room/behind the tree**
g. 문장: the man **whom you met yesterday**
More girls **than he knew** were there.
Such girls **as he knew** were there.
(Quirk et al. 1985: 제17장 참조; 송경안 2019)

1) 형용사의 위치

독일어와 프랑스어 명사 수식어의 위치도 (21)의 영어의 예들과 비슷하게 혼합형에 속한다. 그러나 조금 자세히 살펴보면 세 언어 사이에 약간씩 차이가 나타난다. 우선 형용사의 위치이다. (21b)와 같은 단순 형용사의 위치에서 독일어와 영어가 같고 프랑스어는 반대이다((22) 참조). 즉 형용사가 일반적으로 명사 뒤에 위치하는 것이 프랑스어를 포함한 로만스어의 특징인데 게르만어인 독일어에서는 명사가 형용사 뒤에 오며 영어는 이 부분에서 게르만어의 특징을 보인다.

(22) 영어, 독일어, 프랑스어 단순 형용사의 위치

영:	the	tall	boy	(형용사 + 명사)
독:	der	große	Junge	(형용사 + 명사)
	the	tall	boy	
프:	le	garçon	grand	(명사 + 형용사)
	the	boy	tall	

(21d)와 같이 형용사구가 명사를 수식할 때는 상황이 달라진다. 즉 이 경우 영어에서 형용사구가 명사 뒤에 위치하는데 이는 프랑스어의 영향일 것으로 짐작된다. 독일어에서는 이때에도 형용사구가 명사 앞으로 간다. (21d)를 독일어, 프랑스어 해당 구문과 비교하면 (23)과 같다.

(23) 영어, 독일어 형용사구의 명사수식 위치

영: an actor [**suitable for the part**]

독:	ein	[**für**	**den**	**Teil**	**passender**]	Schauspieler
	a	[for	the	part	suitable]	actor

프:	un	acteur	adapté	au	rôle
	an	actor	suitable	for.the	role

이상과 같은 세 언어 형용사 수식어 위치를 정리하면 다음과 같다: 독일어는 형용사나 형용사구가 항상 명사 앞에 오고 프랑스어는 기본적으로 명사의 뒤에 온다. 영어는 독일어와 프랑스어의 특징을 모두 가지고 있다. 단순 형용사에서는 독일어의 특징을 보이고 형용사구의 위치에서는 프랑스어의 특징을 보인다.

2) 분사의 위치

(21c,e)에서 보는 것처럼 현재분사나 과거분사가 명사를 수식하는 경우에도 영어는 이중적인 특징을 보인다. 독일어의 경우 분사는 항상 명사 앞에 오고 프랑스어에서는 분사가 항상 명사 뒤에 온다. (24)-(25)는 독일어 현재분사와 과거분사가 명사를 수식하는 위치의 예이다(조경화·송경안, 2008: 382 참조). 어느 경우이든 독일어의 분사는 이처럼 명사의 앞에서 수식한다.

(24) 독일어 명사수식 현재분사의 위치

a. ein **schlafendes** Kind
a sleeping child
'a sleeping child'

b. das [**in dem Zimmer schlafende**] Kind
the [in the room sleeping] child
'the child sleeping in the room'

(25) 독일어 명사수식 과거분사의 위치

a. das **zerbrochene** Fenster
the broken window
'the broken window'

b. das **[gestern von Peter zerbrochene]** Fenster
the [yesterday by Peter broken] window
'the window broken by Peter yesterday'

프랑스어에서는 명사수식 분사의 위치가 독일어와 반대이다. 즉 분사가 모두 명사 뒤에 나타난다. 이는 지시사를 제외한 명사 수식어가 명사 뒤에 위치한다는 프랑스어의 일반적인 어순의 원칙과 일치한다. (26)-(27)은 프랑스어 현재분사와 과거분사가 명사를 수식하는 위치의 예이다(이숙현·심을식, 2008a: 391-392).

(26) 프랑스어 명사수식 현재분사의 위치

a. un chien **dormant**
a dog sleeping
'a sleeping dog'

b. un chien [**dormant dans la chambre**]
a dog [sleeping in the room]
'a dog sleeping in the room'

(27) 프랑스어 명사수식 과거분사의 위치

a. la vitrine **cassée**
the window broken
'the broken window'

b. la vitrine [**cassée par Paul hier**]
the window [broken by Paul yesterday]
'the window broken by Paul yesterday'

분사의 위치에서 영어는 독일어의 특징과 프랑스어의 특징을 모두 나타낸다. 독일어는 분사나 분사구가 항상 명사 앞에 오고 프랑스어는 항상 뒤에 온다. 영어의 경우 (28)과 같이 단순 분사는 독일어의 특징을 보이고 분사구는 프랑스어의 특징을 보인다.

(28) 영어 명사 수식 분사의 2가지 위치

a. the **sleeping** child	(= 독일어식)
b. the child **sleeping in the room**	(= 프랑스어식)
c. the **broken** window	(= 독일어식)
d. the window **broken by Peter yesterday**	(= 프랑스어식)

전체적으로 보면 영어, 독일어, 프랑스어에서 지시사는 명사 앞에 온다. 그 밖의 명사 수식어의 위치에서는 프랑스어가 일관성 있게 '명사 + 수식어'의 순서를 보인다. 독일어는 혼합형이지만 '수식어 + 명사'의 어순이 강하게 나타나는 편이다. 영어도 역시 기본적으로 혼합형의 경향을 보이지만 그 가운데서도 독일어의 특징과 프랑스어의 특징을 함께 보이고 있다고 하겠다. 즉 영어는 게르만어의 특징을 부분적으로 보이고 있지만 프랑스어의 영향을 많이 받아 '명사 + 수식어'의 어순이 강하게 나타나는 것이다.

술어관련 어순: 어순과 관련해서 또 한 가지 중요한 부분은 술어와 관련된 어순이다. 동사관련 어순이라고 볼 수도 있고 술부의 어순이라고 볼 수도 있다. 이 단락에서는 영어, 독일어, 프랑스어의 술어관련 어순을 몇 가지 범주로 나누어 살펴보겠다.

1) 독일어 분리 술어구조

어순과 관련하여 독일어는 우리 주변 다른 언어에서 보기 어려운 2

가지 독특한 특징을 가지고 있다. 한 가지는 위에서 본 것처럼 주절과 종속절의 기본어순이 다르다는 것이고 다른 한 가지는 분리 술어구조 혹은 불연속 술어구조이다. 분리 술어구조란 술어가 문장 가운데 들어갈 때 분리된다는 뜻이다. 예를 들면 'abfahren'(출발하다)라는 동사가 있는데 이 동사가 문장 가운데 들어가면 (29)와 같이 접두사 'ab'과 기본동사 'fahren'이 분리된다. 이러한 동사를 분리동사라고 하는데 독일어에서 분리동사는 수도 없이 많다.

(29) 독일어 'abfahren'(출발하다) 동사의 분리 술어구조

Ich	**fahre**	morgen	**ab**.
I	drive	tomorrow	off

'I leave tomorrow.'

이러한 분리 술어구조는 분리동사에서만 나타나는 것이 아니고 조동사 구문에서도 나타난다. 이때 조동사란 영어의 'can, must, may' 등에 해당하는 일반 조동사뿐만 아니라 완료형이나 수동태 그리고 미래시제 조동사를 포함한다. 독일어 분리 술어구조를 정리하면 (30)과 같다. (31)은 일반 조동사 구문에서 나타난 분리 술어구조의 예이다. 어떻든 이러한 독일어의 게르만어적 특징은 영어에 나타나지 않는다.[9]

(30) 독일어의 다양한 분리 술어구조

a. 분리동사 구문에서 접두사가 문장 끝으로 간다.
b. 조동사 문장에서 본동사는 문장 끝으로 간다.

---

9) 영어의 'take off, take out'과 같은 동사에서 분리 술어구조 현상을 볼 수 있다.

c. 완료형에서 본동사의 과거분사가 문장 끝으로 간다.
d. 수동형에서 본동사의 과거분사가 문장 끝으로 간다.
e. 미래시제에서 본동사가 구문의 끝으로 간다.

(31) 독일어 조동사 구문의 분리 술어구조

Du **musst** zur Schule **gehen**.
you must to school go
'You must go to school.'

2) 술부의 일반어순

분리 술어구조와 같은 독특한 어순을 제외하고 영어, 독일어, 프랑스어에서 술부의 일반적인 어순을 비교해 볼 필요가 있는데 이 부분에서 아주 흥미로운 현상이 나타난다. 독일어와 프랑스어가 정반대의 어순을 보이는데 영어는 프랑스어 쪽이라는 것이다. 한 가지 덧붙이자면 독일어의 어순이 한국어와 아주 유사하다는 점이다. 이해를 돕기 위해 한국어도 세 언어와 함께 비교해 보겠다.

① **목적어와 부사의 어순**: 목적어와 부사가 함께 나타날 때 언어에 따라 이들의 순서가 다르다. 한국어와 독일어에서는 '부사 + 목적어'의 순서가 기본이고 프랑스어는 '목적어 + 부사'가 기본적인 어순이다.[10] 이에 대한 한/독/프/영 네 언어의 예를 보면 (32)-(33)과 같다. (32)는 시간부사가 쓰이는 예이고 (33)은 장소부사가 쓰이는 예이다. 이 예문

10) 부사의 종류에 따라 약간 차이가 있을 수 있다. 영어의 'often, usually, always'와 같은 빈도부사가 그 예이다.

들에서 영어는 독일어 쪽이 아니라 프랑스어 쪽임을 알 수 있다. 편의상 해당 표현들을 번호로 표시한다.

(32) 한국어, 독일어, 프랑스어, 영어 목적어와 시간부사의 순서

한: 철수는 어제(①) 순희를(②) 만났다.

독: Paul traf gestern(①) Marie.(②)

프: Paul a vu Marie(②) hier.(①)

영: Paul met Mary(②) yesterday.(①)

(33) 한국어, 독일어, 프랑스어, 영어 목적어와 장소부사의 순서

한: 철수는 학교에서(①) 순희를(②) 만났다.

독: Paul traf in der Schule(①) Marie.(②)

프: Paul a vu Marie(②) à l'école.(①)

영: Paul met Mary(②) in the school.(①)

② **직접목적어와 간접목적어의 어순**: 직접목적어와 간접목적어의 순서도 언어에 따라 다르다. 한국어와 독일어는 '간목 + 직목'의 순서이고 프랑스어는 '직목 + 간목'의 순서이다. 먼저 한/독/프 세 언어의 예를 보면 (34)와 같다.

(34) 한국어, 독일어, 프랑스어 직접목적어와 간접목적어의 순서

한: 나는 영희에게 책을 주었다.
① ②

독: Ich gebe Marie ein Buch.
① ②

프: Je donne un livre à Marie.
② ①

이와 관련해서 영어의 현상이 흥미롭다. 즉 영어의 경우 (35)와 같이 위 두 가지 어순이 모두 가능한 것이다. (35a)는 독일어식이고 (35b)는 프랑스어식이다. 술부의 어순이 대부분 프랑스어/영어가 가깝고 독일어와는 다른데 직접목적어와 간접목적어 어순에서는 영어가 두 언어의 특징을 모두 보이고 있는 것이다. (35a)의 게르만어식 구조가 먼저 쓰이다가 나중에 프랑스어의 영향을 받아 (35b)가 함께 사용되었을 것으로 보인다.

(35) 영어의 직접목적어와 간접목적어의 두 가지 어순

a. I give Mary a book. (독일어식)
① ②

b. I give a book to Mary. (프랑스어식)
② ①

③ **부사들 사이의 어순**: 한 문장에 여러 개의 부사가 나타날 수 있는데 이들 사이에도 일정한 순서가 있다. 이 어순에서도 (32)-(33)과 같이 한국어와 독일어가 같은 순서를 보이고 영어와 프랑스어가 같은 순서를 보인다. 그리고 한국어/독일어와 영어/프랑스어는 반대의 어

순을 보인다. (36)은 한/독/프/영 네 언어에서 장소부사, 시간부사, 목적어가 나타나는 구문의 어순이다. 한국어와 독일어에서는 부사들이 먼저 오고 목적어가 나중에 오며, 부사들 가운데서는 '시간 + 장소'의 순서이다. 영어와 프랑스어는 이와 정반대의 양상을 보인다.

(36) 한/독/프/영 장소부사, 시간부사, 목적어 순서

한: 철수는 어제 학교에서 순희를 만났다.
　　　　　① ② ③

독: Paul traf gestern in der Schule Marie.
　　　　　① ② ③

프: Paul a vu Marie à l'école hier.
　　　　　③ ② ①

영: Paul met Mary in the school yesterday.
　　　　　③ ② ①

(37)은 한/독/프/영의 네 언어에서 3가지 부사가 나타나는 예이다. 여기에서도 네 언어의 순서는 (36)과 똑같은 양상을 보인다. 한국어/독일어가 같으며 영어/프랑스어가 같다. 그리고 이 두 그룹의 어순은 정반대이다.

(37) 한국어, 독일어, 프랑스어, 영어의 3가지 부사의 순서

한: 나는 오늘 기차로 서울에 간다.
　　　　① ② ③

독: Ich gehe heute mit dem Zug nach Seoul.
　　　　① ② ③

프: Je vais à Séoul en train aujourd'hui.
③ ② ①

영: I go to Seoul by train today.
③ ② ①

이상에서 우리는 영어, 독일어, 프랑스어의 어순을 비교해 보았다. 명사관련 어순에서는 지시사류가 명사 앞에 오는 것이 유럽 언어의 공통적 특징이며 그 밖의 명사 수식어의 어순은 혼합형이다. 즉 수식어가 명사 앞에 오기도 하고 명사 뒤에 오기도 한다. 그 가운데서도 프랑스어는 수식어 후치의 경향이 강하게 나타나고 독일어는 수식어 전치 경향이 많이 나타난다. 영어 역시 지시사류를 제외한 명사 수식어의 위치가 혼합형이기는 하지만 프랑스어의 영향을 받아 독일어에 나타나지 않는 수식어 후치의 경향이 관찰된다.

술어관련 어순에서는 독일어가 분리 술어구조라는 독특한 어순을 보이는데 영어에는 이러한 현상이 나타나지 않는다. 영어에 이 게르만어의 특징이 남아 있지 않다는 뜻이다. 그 밖의 술어관련 어순에서도 영어가 게르만어의 특징에서 벗어나 프랑스어와 거의 같은 경향을 보인다. 한편 이 부분에서 우리는 한국어를 함께 비교하였는데 한국어/독일어가 같은 어순을 보였고 영어/프랑스어가 같은 어순을 보였다. 그리고 이 두 그룹의 어순은 정반대였다. 세계의 언어를 더 조사해 보면 이는 우연의 일치가 아니라 인간 언어의 경향성이라는 것을 알 수 있다. 즉 술부의 어순에서 한국어/독일어와 같은 유형이 있고 영어/프랑스어와 같은 유형이 있는 것이다.

2.3. 시제와 상

시제와 상의 개념: 언어학에서 시제(時制; tense)와 상(相; aspect)이라는 개념이 있다. 학교에서 가르치는 문법에서는 이 2가지 개념을 보통 구분하지 않고 '시제'의 범주로 묶는다. 이에 따른 학교 영문법의 시제 구분을 보면 (38)과 같다.

(38) 학교 영문법의 시제 구분

시점	시제	형식
현재	현재	현재형
	현재진행	be(현재형) + 현재분사
	현재완료	have(현재형) + 과거분사
과거	과거	과거형
	과거진행	be(과거형) + 현재분사
	과거완료	have(과거형) + 과거분사
미래	미래	미래조동사 + 본동사
	미래진행	미래조동사 + be + 현재분사
	미래완료	미래조동사 + have + 과거분사

그런데 시제가 이렇게 많을 수는 없다. 현재, 과거, 미래 이외에 다른 시제는 있을 수 없기 때문이다. (38)에 진행과 완료가 섞여 있어서 영어의 시제가 복잡해졌는데 엄밀히 말하면 진행과 완료는 시제가 아니다. '현재진행, 과거진행, 미래진행'이 있는 것을 보면 '진행'이 시제와 관계없다는 것을 알 수 있다. 진행형은 3가지 시제에서 모두 나타날 수 있기 때문이다. '완료'도 이점은 마찬가지이다.

언어학에서는 이때 진행과 완료를 시제와 구별해서 상(aspect)이라고 부른다. 상이란 '사건의 진행국면(phase of activity)'을 말한다(Dixon, 2012: 31). 즉 사건이 시작되는지, 진행 중에 있는지, 끝났는지 등을 나타내는 것이다. 사건의 진행국면들은 (39)와 같이 도식화 할 수 있는데 이 단계 단계가 모두 상이라고 할 수 있다. 개별언어에서 이 진행국면들을 문법적으로 표현하느냐는 또 다른 문제이다. 즉 개별언어는 보통 이 가운데 일부를 문법적으로 나타낸다.

(39) 상 개념의 도식화(송경안, 2019: 459)

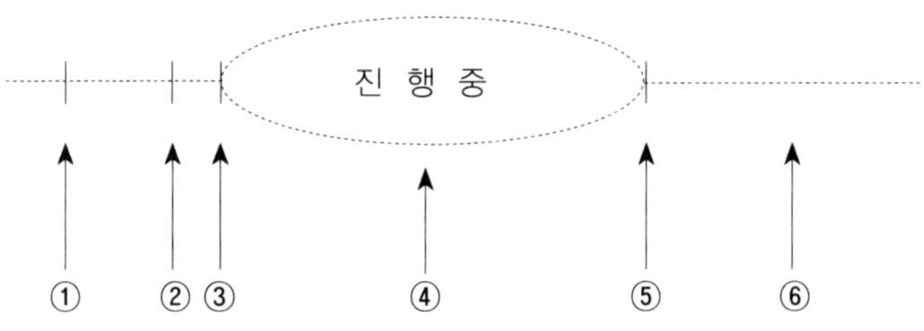

①: 예정단계 ②: 임박단계 ③: 진입단계
④: 진행단계 ⑤: 종료단계 ⑥: 결과단계

예를 들면 한국어에서는 (40)과 같이 상을 표현할 수 있는데 (40a)는 (39)-④의 단계이고 (40b)는 (39)-⑥의 단계이다. 이 2가지 상은 모두 '있다'라는 보조용언으로 표현되고 있다. 영어의 진행형도 (39)-④의 단계이다. 그럼 영어의 완료형은 (39)의 도식에서 어디에 해당할까? 우리가 학교에서 배운 영문법 지식을 가지고 보면 대답이 쉽지 않아 보인다. 이에 대해서는 다음에 다시 논의하겠다.

(40) 한국어 상 표현의 예

a. 영희가 사과를 먹고 있다.
b. 영희가 오늘 예쁜 반지를 끼고 있다.

문법적으로 상이 발달한 언어를 보면 일반적으로 '사건의 종료' 여부를 기준으로 상을 구분한다. 종료된 경우를 완결상(perfective)이라고 하고 그렇지 않는 경우를 미완결상(imperfective)이라고 한다.[11] 미완결상에는 진행 중인 사건은 물론 반복되는 사건이나 습관적인 행위, 불변의 진리 등을 표현할 때도 사용된다. 이들은 '사건의 종료'와 관계가 없기 때문이다. 예를 들면 '태양은 동쪽에서 뜬다.'는 미완결상으로 표현한다. 러시아어가 대표적인 상 언어이며 프랑스어의 모체인 라틴어도 이러한 상이 발달해 있다. 이들 언어에서는 완결상/미완결상이 동사의 형태로 구분된다.

영어, 독일어, 프랑스어의 시제: 시제 및 상과 관련해서 영어, 독일어, 프랑스어를 비교하면 흥미로운 대조를 보인다. 이 부분에서도 역시 영어는 프랑스어의 영향을 받아 게르만어적인 성격에서 벗어난 것으로 보이며 이후 독자적인 길을 가고 있다고 할 수 있다. 먼저 시제에서는 프랑스어가 라틴어 계열의 독특한 특징을 유지하고 있으며 영어와 독일어는 이와는 조금 다르다. 시제와 관련한 언어유형 구분에서 흔히 미래시제의 발달 여부에 따라 2분체계와 3분체계를 구분한다. 3

11) 이를 한국어로 번역할 때 보통 '완료'와 '미완료'로 구분하는데 영어의 완료형(perfect)과 혼동을 피하기 위해 이 책에서는 '완결/미완결'이라는 용어를 사용하겠다.

분체계 언어란 현재, 과거, 미래의 시제가 분명하게 구분되어 있는 경우이고 2분체계 언어란 현재와 과거 시제만 구분되고 미래는 현재시제로 함께 표현하는 경우이다. 이러한 언어유형 구분은 간단할 것 같지만 실제로는 애매한 경우가 많다. 한국어만 하더라도 2분체계와 3분체계 가운데 어느 쪽으로 보아야 할지 애매한 언어이다.

이와 관련하여 프랑스어는 확실하게 3분체계 언어이다. 이 언어에서는 현재, 과거, 미래가 동사 어미를 통해 확실하게 구분이 되기 때문이다. (41)은 프랑스어 'parler'(speak) 동사가 어미변화를 통해 현재, 과거, 미래 시제를 구분하는 예이다(노윤채, 2005: 218, 225, 240).

(41) 프랑스어 'parler'(speak) 동사의 3가지 시제 구분

수	인칭	대명사	현재	과거	미래
단수	1	je	parl-**e**	parl-**ais**	parler-**ai**
	2	tu	parl-**es**	parl-**ais**	parler-**as**
	3	il	parl-**e**	parl-**ait**	parler-**a**
복수	1	nous	parl-**ons**	parl-**ions**	parler-**ons**
	2	vous	parl-**ez**	parl-**iez**	parler-**ez**
	3	ils	parl-**ent**	parl-**aient**	parler-**ont**

게르만어인 독일어에는 동사 형태변화에 의한 미래시제는 없다. 대신 (42)와 같이 영어의 'become'에 해당하는 'werden'(되다) 동사를 조동사로 사용하여 미래시제를 표시한다. 본동사로 쓰이던 'werden'(되다)이 조동사화 한 것인데 (42)의 'werden'에서 '되다'라는 원래의 의미는 완전히 사라지고 없다. 미래 조동사로 굳어진 것이다. 독일어의 경우 이렇게 미래시제를 인정할 수는 있지만 미래시제가 프랑스어만큼 문법체계 속으로 깊이 들어가 있다고 볼 수는 없다. 언어학에서는

이때 '문법화의 정도'라는 개념을 사용한다. 문법기능을 단어로 표현하는 것보다 어미로 표현하는 쪽이 훨씬 문법화가 많이 진행된 것이다. 독일어에서 미래시제는 프랑스어만큼 문법화가 진행된 상태가 아니라는 뜻이다.

(42) 조동사 'werden'(되다)에 의한 독일어 미래시제 표현

Wir	werden	morgen	Marie	besuchen.
we	become	tomorrow	Mary	visit

'We'll visit Mary tomorrow.'

영어의 상황은 독일어보다 더 애매한 편이다. 흔히 (43c)와 같이 'will'을 미래 조동사로 보고 영어의 시제를 3가지로 보기도 한다.

(43) 영어의 3시제의 예 (Boland, 2006: 130-135)

a. I saw him yesterday.
b. I know her very well.
c. Well, I'll be back tomorrow.

그러나 영어의 시제를 2분체계로 보려는 주장도 강하게 나타난다(Curme, 1931: 354; Quirk et al., 1985: 177 참조). 이에 대한 가장 중요한 근거는 영어에서 (44)와 같이 현재시제가 미래시제도 함께 표현한다는 점이다.

(44) 영어의 2시제 체계의 근거(Quirk et al., 1985: 177)

a. Yesterday was Sunday. (과거)

b. Today is Monday. (현재)
c. Tomorrow is Tuesday. (미래)

또 (45a-b)를 비교해 보면 'will'이 단순히 미래를 나타내는 조동사가 아니라고 할 수 있다. 이 두 문장의 용도가 동일하지는 않을 것이기 때문이다. 단순한 미래를 표현하려면 (45a)로 충분할 것이다. 그러나 (45b)는 이 보다는 다른 의미나 의도를 표현하고 있는 것이다.

(45) 'will'이 단순한 미래 조동사가 아니라는 근거

a. Tomorrow is Tuesday. (단순한 미래)
b. Tomorrow will be Tuesday. (단순한 미래 표시 아님)

이와 같은 관점에서 보면 영어의 'will'은 기본적으로 의지나 추정, 간접적인 주장 등을 표현하는 조동사라고 할 수 있다. 현대 영어의 경우 'we'll'과 같이 'will'이 접어화하면서 단순한 미래표지로 쓰이는 경향이 강하게 나타나고 있기 때문에 조동사로 간주할 수도 있겠지만 이것이 모든 미래시제 문장에 쓰이는 것은 아니기 때문에[12)]
(41)과 같이 분명한 프랑스어 미래시제와는 거리가 있는 것이라고 하겠다.

영어, 독일어, 프랑스어의 상: 영어, 독일어, 프랑스어의 상을 비교하는 것은 시제보다 훨씬 복잡하다. 무엇보다 상이라는 개념이 우리 한국인에게 익숙하지 않기 때문이다. 전체적으로 보면 유럽의 3가지 계

12) 이 점은 독일어 미래 조동사도 마찬가지이다.

통의 언어 가운데 슬라브어와 로만스어에는 상이 발달해 있는데 게르만어에는 상 개념이 없다. 슬라브어에는 특히 상 개념이 강하게 나타나며 현대 언어학의 상에 대한 연구는 러시아어의 상에서 출발하였다. 독일어와 프랑스어 혼합으로 생겨난 현대 영어는 프랑스어의 영향을 받아 상이 발달해 있다. 진행형, 완료형이 그것이다. 그러나 이들은 프랑스어의 상과는 많이 달라서 영어의 상이 독자적인 길을 가고 있다고 하겠다.

① **독일어의 상과 'HAVE + PP' 구조**: 먼저 독일어의 상부터 살펴보겠다. 학교문법에서 가르치는 독일어의 시제 관련 체계는 (46)과 같다. (38)의 영어 시제 구분 체계와 비교하면 독일어에는 우선 진행형이 없다. 이 표에 'haben/sein + 현재분사'라는 형식이 있는데 'haben/sein'은 영어의 'have/be'에 해당하기 때문에 이 형식은 영어의 완료형과 비슷한 것처럼 보인다. 그러나 기능적으로는 완전히 다르다. 즉 독일어의 현재완료형은 과거시제 기능을 하며 상 개념이 전혀 없다. (46)에서 독일어의 과거완료나 미래완료 역시 상대적인 시제를 나타낼 뿐이며 상의 개념과는 거리가 멀다.

(46) 독일어 시제 체계

시점	시제	형식
현재	현재	현재형
과거	과거	과거형
	현재완료	haben/sein(현재형) + 과거분사
	과거완료	haben/sein(과거형) + 과거분사
미래	미래	미래조동사 + 본동사
	미래완료	미래조동사 + haben/sein + 현재분사

'HAVE + 과거분사'의 형식은 영어, 독일어, 프랑스어에 모두 나타난다는 점에서 매우 흥미로운 현상인데 형식과 기능이 약간씩 다르다. 영어에서는 주로 'have' 동사만 이 구조에 나타나는데 독일어와 프랑스어에서는 'HAVE' 동사(독: haben/프: avoir) 이외에 영어의 'be' 동사에 해당하는 'sein(독)/être(프)' 동사도 사용된다. 독일어와 프랑스어에서 어느 때 'haben/avoir'를 사용하고 어느 때 'sein/être'를 사용하는지의 기준이 거의 일치한다는 점도 흥미로운 일이다.

'HAVE + 과거분사' 구문의 기능도 세 언어에서 차이를 보인다. 독일어의 경우 이 구조에 상의 개념이 없고 과거시제만을 나타낸다. 단순히 일반 과거형 대신에 쓰는 것이다. 영어에서는 이 구문이 과거형 대신에 쓰이는 일은 없으며 상 표현으로만 쓰인다. 프랑스어에서 이 구문은 두 가지 기능을 모두 갖는다. 즉 단순하게 과거시제를 나타내기도 하고 영어와 같이 상의 개념을 표현하기도 한다(노윤채, 2005: 223-224). 세 언어에 나타난 'HAVE + 과거분사' 구조의 형식과 기능을 정리하면 (47)과 같다.

(47) 영/독/프 'HAVE + 과거분사' 구조의 형식과 기능

	형 식		기 능	
	HAVE + PP	BE + PP	과거시제	상 개념
영어	+	-	-	+
독일어	+	+	+	-
프랑스어	+	+	+	+

② **프랑스어의 상**: 위에서 말한 대로 문법적으로 상이 발달한 언어에서는 일반적으로 '사건의 종류' 여부를 기준으로 완결상(perfective)과 미완결상(imperfective)을 구분한다. 상이 발달한 슬라브어와 로만스

어에 이러한 상 구분이 나타나는데 대표적인 로만스어인 프랑스어도 바로 이와 같은 유형의 언어이다. 현대 프랑스어에서 상은 2가지 형식으로 표현된다. 한 가지는 위 (47)과 같이 조동사를 사용하는 경우이고[13) 다른 한 가지는 (41)과 같은 어미변화를 사용하는 방식이다. 프랑스어의 모체인 라틴어에도 상이 있는데 조동사 방식은 없으며 어미변화에 의한 방식밖에 없다(성염, 1994 참조). (47)과 같은 조동사 방식, 즉 복합시제 방식의 상 표현은 따라서 통속 라틴어 시기에 와서 발달한 것이라고 할 수 있는데 이는 이미 고대 프랑스어 시기에 나타난 것으로 확인된다(김영모, 2008: 332).

프랑스어 과거시제의 상들은 약간 복잡하다. (48)과 같이 어미 방식과 조동사 방식이 있는데 어미 방식이 전통적인 방식이다. 과거 시점과 관련해서 반과거(半過去)와 단순과거가 어미 방식으로 되어 있는데 이들이 라틴어에서 넘어온 전통적인 방식이고 복합과거는 나중에 발달한 형식이다. 처음에는 반과거와 단순과거만 있었다는 뜻이다. 여기서 '반과거'라는 용어가 매우 이해하기 어려운데 라틴어 원어로는 'tempus imperfectum'(미완료 시제) 또는 'praeteritum durativum'(지속/진행 과거)이라고 하고 프랑스어로는 'imparfait'(미완료)라고 한다. 현대 언어학의 용어로 하자면 미완결상(imperfective)이라는 뜻이다. (48)에서 '단순과거'는 이와 대칭되는 과거시제인데 완결상(perfective)이 된다. 이와 같이 프랑스어에서는 과거의 사건을 표현할 때 2가지 방법으로 하는 것이다.

13) 프랑스어 문법에서는 이에 대해 '복합시제'라는 용어를 사용한다. 조동사와 본동사가 결합해서 복합적인 구조를 형성한다는 뜻이다.

(48) 프랑스어 전통적 시제 분류와 상

시점	전통적 분류	형 식	상적 구분
현재	현재	어미	현재(미완결상)
과거	반과거	어미	과거(미완결상)
	단순과거	어미	과거(완결상)
	복합과거	HAVE(현재) + PP[14)]	과거(완결상)
선과거	대과거	HAVE(반과거) + PP	과거완료(미완결상)
	전과거	HAVE(단순과거) + PP	과거완료(완결상)
미래	단순미래	어미	어미(미완결상)
	전미래	HAVE(미래) + PP	미래완료(완결상)

과거시제에서의 이러한 상의 구분은 우리에게 익숙하지 않는 개념이어서 이해하기가 쉽지 않는데 (49)와 같은 상황을 가지고 설명해 보겠다. (49)의 예문은 모두 과거시제이지만 (49a)의 '보았다'는 동작의 종결/종료와 관계없는 이야기이고 (49b)는 동작의 종결/종료를 표현하고 있다. 완결상과 미완결상의 차이이다. (39)의 그림으로 보자면 (49a)는 (39)-④ 단계의 표현이고 (49b)는 (39)-⑤ 단계 이후의 표현이다. 만일 프랑스어에서 영어의 과거진행을 표현한다면 반과거(미완결상)로 표현할 것이다.

(49) 미완결상과 완결상의 구분

a. 어제 밤 영희가 숙제하고 있을 때 나는 TV를 보았다.
b. 나는 어제 밤에 친구에게 편지를 썼다.

한편 위 (41)에서 우리는 프랑스어의 시제 구분에 따른 3가지 인칭

---

14) 이 표에서 'HAVE'는 복합구조에 쓰이는 조동사 'avoir/être'(have/ be)를 말한다.

변화를 보았는데 엄밀히 말하면 과거는 다시 2가지로 나누어져야 한다. 이를 다시 정리하면 (50)과 같다. 위 (13)-(14)에서 영어와 독일어의 인칭변화 체계를 보았는데 이를 다시 (51)에 정리해서 (50)과 비교하면 세 언어의 차이가 극명하게 드러난다. 영어는 인칭변화 어미를 거의 상실한 상황이고 독일어는 상당히 복잡한 변화체계를 유지하고 있지만 프랑스어에 비하면 오히려 단순한 느낌이다. 프랑스어가 명사 부분에서는 라틴어의 변화체계를 거의 상실했지만 동사와 관련해서는 변화체계를 상당히 보존하고 있다고 하겠다.

(50) 프랑스어 'parler'(speak) 동사의 4가지 시제와 인칭변화

수	인칭	대명사	현재	반과거	단순과거	미래
단수	1	je	parl-**e**	parl-**ais**	parl-**ai**	parler-**ai**
	2	tu	parl-**es**	parl-**ais**	parl-**as**	parler-**as**
	3	il	parl-**e**	parl-**ait**	parl-**a**	parler-**a**
복수	1	nous	parl-**ons**	parl-**ions**	parl-**âmes**	parler-**ons**
	2	vous	parl-**ez**	parl-**iez**	parl-**âtes**	parler-**ez**
	3	ils	parl-**ent**	parl-**aient**	parl-**èrent**	parler-**ont**

(51) 영어, 독일어의 'LOVE' 동사 현재/과거 인칭변화

수	인칭	영 어			독 일 어		
		대명사	현재	과거	대명사	현재	과거
단수	1	I	love	loved	ich	lieb-e	liebte
	2	you	love	loved	du	lieb-**st**	liebte-**st**
	3	he	love-s	loved	er	lieb-t	liebte
복수	1	we	love	loved	wir	lieb-e**n**	liebte-**n**
	2	you	love	loved	ihr	lieb-**t**	liebte-**t**
	3	they	love	loved	sie	lieb-e**n**	liebte-**n**

(48)의 표를 보면 프랑스어에 과거시제에 반과거와 단순과거 이외에 또 복합과거라는 것이 있다. 위에서 언급한 바와 같이 이때 '복합'이라는 말은 무슨 특별한 '복합적인' 기능이 있어서 붙여진 이름이 아니고 구조적으로 2개의 단어가 결합해서 과거시제를 표현한다는 뜻이다. 2개의 명사를 결합해서 하나의 명사를 만들 때 '복합명사'라고 부르는 것과 같다.

프랑스어의 이 복합과거는 영어의 'have/be'에 해당하는 'avoir/ être' 동사에 과거분사(PP)를 결합해서 만든다. 'have + pp' 형식으로 만드는 영어의 완료형과 같은 구조이다. 영어의 경우 'be' 동사는 안 쓰고 'have' 동사만 쓰는 것이 다르다. 프랑스어의 'avoir' 동사는 라틴어 'habere'에서 온 것이며 영어의 'have'에 해당한다. 프랑스어에서는 어두의 'h'가 묵음화하기 때문에 이 글자를 빼버려서 형태가 많이 다른 것처럼 보일 뿐이다. 같은 로만스어인 스페인어의 경우 'h'가 묵음이긴 하지만 표기할 때는 'haber'라고 쓴다(이충회·김원필, 2008: 129).

프랑스어의 이 복합과거는 라틴어에는 나타나지 않으며 통속 라틴어 시기에 발달한 구문으로 보이는데 흥미로운 것은 이 구문이 영어와 독일어에도 나타난다는 점이다. 이 구조는 프랑스어에서 가장 먼저 나타났으며 이후 독일어와 영어에 이 구조가 유입된 것으로 보인다. 프랑스어의 경우 6-7세기에 이미 이 구조가 널리 사용되었으며 독일어에서는 9세기에 들어와서야 일반화 되었다(Grimm, 1898: 180-181). 영어의 경우도 중세영어에 들어와 진행형과 함께 이 복합구조가 나타난다(박영배, 2000: 267).

이 복합구조의 형식과 기능/용법에 대해서는 위 (47)에서 정리한 바와 같다. 이 구조의 출발점인 프랑스어에서는 이 구조가 2가지 형식과 2가지 용법으로 나타나는데 독일어와 영어로 넘어가면서 차이가 나타난다. 즉 독일어에서는 2가지 형식에 1가지 용법(과거시제)으로 영어에서는 1가지 형식에 1가지 용법(완료상)으로 바꾸어진다. 이를 정리하면 [표1]과 같다.

프랑스어	
형식	HAVE, BE + PP
기능	과거시제, 상 기능

독일어	
형식	HAVE, BE + PP
기능	과거시제

영어	
형식	HAVE + PP
기능	상 기능

[표 1] HAVE + PP 구조의 변화

[표1]에서 '과거시제 기능'이란 'HAVE + PP' 구조가 동사의 일반 과거형과 동일한 기능을 갖는다는 것이다. 영어식으로 말하면 'have closed'가 과거형 'closed'와 동일한 기능을 한 것이다. 과거시제를 표현하는 방법이 2가지인 셈이다. 곰곰 생각하면 불필요한 일이 일어난 것처럼 보인다. 과거시제를 표현하는 데 둘 중의 하나만 있으면 될 것이기 때문이다. 인간 언어에서는 종종 이렇게 '비합리적인' 일이 일어난다. 그러나 길게 보면 거기에는 이유가 있었다는 것을 깨닫게 된다.

'HAVE + PP' 구조의 과거시제 기능은 프랑스어와 독일어에서 나타나는데 시간이 가면서 이 용법은 점점 확대되어 원래 사용되었던 어형변화에 의한 과거시제를 대체시켜 가고 있다. 프랑스어의 경우 (48)의 복합과거가 단순과거를 대체해 가고 있으며 구어체에서는 복합과거가 일반적으로 쓰인다(노윤채, 2005: 236). 독일어도 구어체에서는 주로 'HAVE + PP' 구조가 과거시제 표현을 위해 사용된다.

[표1]에서 상 기능이란 영어의 완료형을 생각하면 어느 정도 이해할 수 있을 것이다. 영어의 완료형에는 시제 기능이 없고 상 기능만 있는데 이에 대해서는 아래에서 다시 논의하기로 한다. 프랑스어에서는 이 상적 기능을 '현재와의 연관성'으로 설명한다. 예를 들면 (52)에서 복합과거를 사용함으로써 '창문이 현재 닫혀 있는 상태'를 표현한다는 것이다(노윤채, 2005: 223). 위 (39)에서 상을 '사건의 진행국면'이라고 했는데 이러한 상의 개념에 비추어 보면 (52)의 복합과거는 상을 표현하고 있다고 볼 수 있다. 이와 같이 프랑스어의 'HAVE + PP' 구조는 시제와 상을 모두 표현할 수는 있는데 '현재와의 연관성'이라는 상적 개념은 영어에서만큼 중요한 것은 아닌 듯하며 이 구조의 주된 기능은 단순과거의 대체 기능으로 보인다((48) 참조).

(52) 프랑스어 복합과거의 상 표현

J'ai fermé la fenêtre.
I've closed the window
'I have closed the window.'

③ **영어의 완료형과 진행형**: 게르만어는 상 표현이 발달하지 않은 것이 특징이다. 독일어의 경우 프랑스어와 접촉하면서 'HAVE + PP' 구조를 받아들이기는 했지만 상 표현으로 발전시키지는 않았고 현대 독일어는 상 표현이 없는 언어로 남아 있다. 이에 반해 영어는 상황이 많이 다르다. 즉 영어는 프랑스어와 접촉하면서 진행형과 완료형이라는 독특한 상 표현을 발전시켰다. 논의의 흐름을 위해 완료형부터 살펴보겠다. 앞서 말한 대로 영어의 완료형은 형식면에서 프랑스어 복합과거의 영향을 받아 발전한 것이다. 기능에서도 부분적으로 프랑스

어의 영향을 확인할 수 있지만 영어는 이후 이를 바탕으로 독특한 '완료상'을 발전시켜 독자적인 길을 가고 있다고 하겠다.

영어의 완료형을 이해하기 위해 우선 'HAVE + PP' 구조의 형성 과정부터 살펴보는 것이 좋겠다. 역사적으로 보면 'have'는 원래 (53a)와 같은 본동사에서 출발하였고 완료형은 (53b)와 같은 구조에서 출발하였다. 고대 게르만어에서 이때 과거분사 'bought'는 형용사적으로 쓰였으며 앞서는 명사 'book'의 성/수/격에 따라 형용사처럼 어미 변화를 하였다(Heine, 1997: 192; 송경안, 2019: 467). (53b)의 의미는 '책을 사서 가지고 있다'인데 여기에 '책을 샀다'는 시제적 의미와 '책을 산 행위의 진행국면'을 나타내는 상적 의미가 동시에 들어 있는 것이다. 처음에 'HAVE + PP' 구조를 사용하기 시작한 프랑스어에 이 2가지 기능이 모두 남아 있는 이유가 여기에 있다. 이후 시간이 가면서 이 구문은 독일어와 영어에서 다른 길을 간 것이다.

(53) 영어의 'have' 동사의 변화

a. 제1단계: I have a book. (본동사)
b. 제2단계: I have a book bought.
c. 제3단계: I have visited the president.
d. 제4단계: I have slept for two hours.

원래 이 구문의 목적어로는 'have' 동사의 목적어가 될 수 있는 명사만 사용되었다. 즉 'book, watch, apple' 같은 명사만 (53b)의 구조에 사용되었고, 'city, president, Boston'과 같은 명사는 의미상 'have' 동사의 목적어가 될 수 없으므로 이러한 구문에 쓰이지 않았다. 이후 시간이 지나면서 'have + 과거분사'의 구조가 완료라는 특별한 문법적 기능을 갖기 시작하였고 그 사용범위가 (53c)와 같이 'city, president, Boston' 같은 명사로까지 확대되었다. 이 단계에서 'have'는 '가지고 있다'라는 본래의 의미를 상실하고 문법적인 기능만 담당하는 완료형 조동사로 발전한다. 또 원래 형용사적으로 쓰이던 'bought'는 본동사가 되어 술어의 기능을 담당하게 되었다. 'have + 과거분사' 구조의 '완료'라는 문법적 기능이 정착되면서 이제 이 구문은 (53d)와 같이 아예 목적어가 없는 동사에까지 확대되기에 이른다.

영어에서 'have + 과거분사'의 구조는 완료상이라는 문법적 체계가 되면서 일반인들이 이해하기 쉽지 않은 독특한 상 표현으로 발전한다. 영어의 완료형은 보통 (54)와 같이 4가지 용법으로 나누어지며 그 예문은 (55)와 같다(Comrie, 1976: 56 이하).

(54) 영어 완료형의 4가지 유형

a. 결과(perfect of result)
b. 경험(experiential perfect)
c. 계속(perfect of persistent situation)
d. 완료(근과거, perfect of recent past)

(55) 영어 4가지 완료형의 예문

a. Bill has gone to America.	(결과)
b. Bill has met the man three times.	(경험)
c. We have lived here for ten years.	(계속)
d. John has just arrived.	(완료; 근과거)

위에서 영어의 이 완료형을 '일반인들이 이해하기 쉽지 않은 독특한 상'이라고 했는데 그 이유는 다음과 같다. 먼저 영어의 완료형(perfect)은 언어학에서 흔히 보는 완결상(perfective)과는 다르다. 즉 언어학에서 보통 구분하는 완결상과 미완결상은 사건의 종료 여부와 관계가 있다. 상 언어로 잘 알려진 러시아어의 상 구분이 그렇고 (48)에서 본 프랑스어 단순과거와 반과거의 구분이 그렇다. 이러한 '완료/완결'의 개념이라면 일반인들도 쉽게 이해할 수 있을 것이다. 그러나 영어의 완료형을 이러한 '완료/완결'의 개념으로 이해하기는 어렵다. '완료형'이라는 용어를 사용하고는 있지만 이 용법들이 '완료/완결/종료'를 나타낸다고 보기 어렵기 때문이다. 위 (39)의 그림으로 보자면 '완료'란 (39)-⑤의 상태를 말하는데 (55)의 영어 예문들은 이와 거리가 있는 것이다. 즉 (55)에서 (55d)만 (39)-⑤의 상태, 즉 '완료'를 표현한 것이고 나머지는 그렇게 볼 수 없다.

이와 관련하여 영어의 완료형이 독특하고 이해하기 어려운 또 한 가지 이유는 하나의 형식으로 서로 관련이 없어 보이는 4가지 상을 표현하기 때문이다. (54)-(55)에서 본 영어 완료형의 4가지 용법은 엄밀히 말하면 4가지 다른 상이다. 설명의 편의를 위해 위 (39)의 그림을 (56)에 반복한다.

(56) 상 개념의 도식화 (= (39))

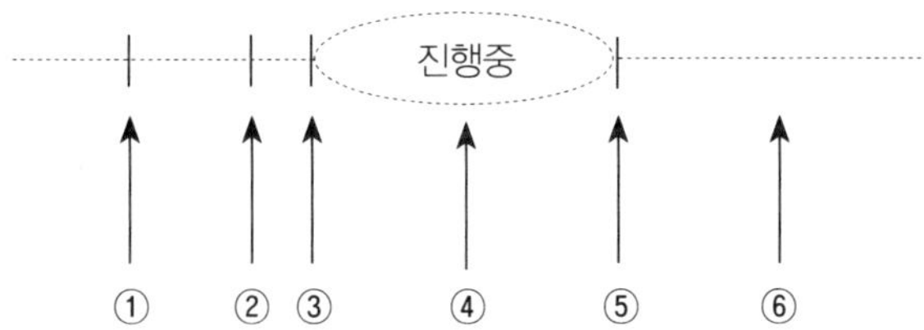

①: 예정단계 ②: 임박단계 ③: 진입단계
④: 진행단계 ⑤: 종료단계 ⑥: 결과단계

(55a)는 (56)-⑥의 단계를 나타내고 (54d)는 (56)-⑤의 단계를 나타낸다. 이들은 2가지의 다른 '사건의 진행국면', 즉 2가지의 다른 상이다. (55b)와 (55c)는 또 다른 '사건의 진행국면'을 나타낸다. 이를 그림으로 그려 보면 (57)과 같다. 경험상과 계속상은 과거의 특정한 시점에서부터 현재에 이르는 시간적 구간과 연관되어 있다는 것이 공통점이다. 경험상은 이 구간에서 일어난 사건의 횟수를 중심으로 표현한 것이고 계속상은 그 구간에서 계속 지속된 사건을 표현한 것이다.

(57) 영어의 경험상과 계속상

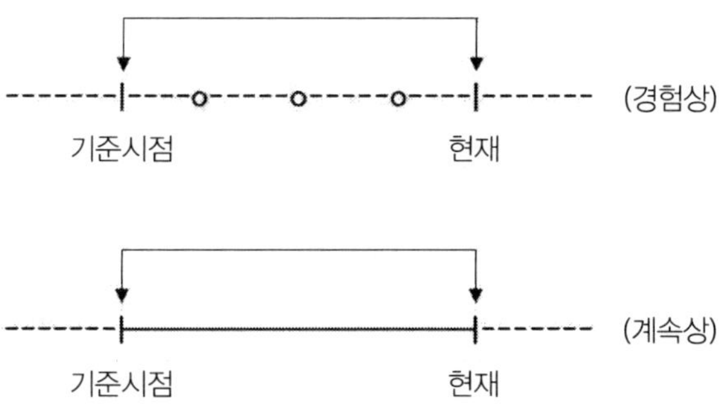

이처럼 영어의 완료형은 '완료'라는 이름으로 완료상만 표현하는 것이 아니라 경험상, 계속상, 결과상 등도 표현하기 때문에 일반인에게 혼란스러울 수밖에 없다. 특히 이러한 완료상의 개념은 한국인들의 언어감각과 맞지 않아서 우리를 더욱 힘들게 한다. (54)에서 완료상과 경험상은 한국어에서 보통 과거시제로 표현한다((58a,b) 참조). 한국인들의 관점에서 보면 이것들을 그냥 과거형으로 표현하면 되는데 왜 '완료형'으로 표현하는지 이해가 안 가는 것이다. 계속상도 마찬가지이다. 한국어에서는 이 경우 보통 (58c)와 같이 현재 시제나 현재 진행형을 사용한다. 결과상 역시 (58d)와 같이 '있다'라는 조동사 (보조용언)을 사용해서 표현하든지 아니면 그냥 과거시제를 쓴다.

(58) 영어의 완료상과 한국어의 대응 표현

a. 영희가 방금 문을 닫았다. (완료)
b. 영희는 호랑이를 세 번 보았다. (경험)
c. 영희는 2년 전부터 광주에 산다/살고 있다. (계속)
d. 영희는 미국에 가 있다. (결과)

그러면 어떻게 이처럼 서로 다른 4가지 상을 한 가지 형식으로 표현할 수 있을까 하는 의문이 생긴다. 그러나 이러한 일은 인간 언어에서 자주 일어난다. 한국어만 하더라도 (59)에서 보는 바와 같이 '있다'라는 조동사를 사용해서 여러 가지 상을 표현한다.

(59) 한국어 '있다'와 다양한 상 표현

a. 영희가 사과를 먹고 있다.
b. 영희가 오늘 예쁜 반지를 끼고 있다.
c. 영희는 2년 전부터 광주에 살고 있다.

영어 완료형의 여러 가지 기능에도 불구하고 거기에 어떤 공통된 분모가 있지 않을까 하는 생각을 해 볼 수 있다. 역사적으로 이들은 같은 뿌리에서 나왔기 때문이다. 언어학에서는 보통 '과거 사건의 현재 시점과의 연관성'을 이들의 공통분모로 본다(Jespersen, 1924: 269; Comrie, 1976: 52; Boland, 2006: 128). 위의 프랑스어 복합과거에서 이미 언급된 개념이다. 그러나 이 개념은 지나치게 추상적이어서 이해하기가 쉽지 않기 때문에 이를 조금 구체적인 하위범주로 나누면 좋을 듯하다. 즉 완료적 용법과 결과적 용법은 '이전 사건과 연관된 현재의 상태 표현'이라는 점에서 공통점이 있고 경험적 용법과 계속적 용법은 (57)에서 보는 것처럼 '시간적 구간'이라는 공통점을 가지고 있다. 이러한 영어 완료형의 기본의미와 기능의 분화과정을 정리하면 (60)과 같다.

(60) 영어 완료형의 기본의미와 분화

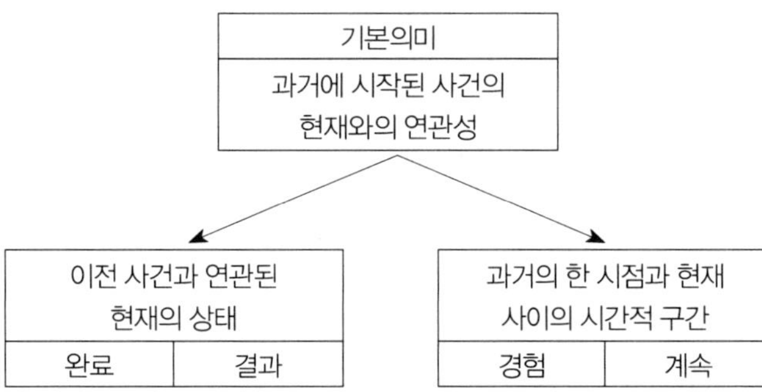

지금까지 영어 완료형에 대해 살펴보았다. 이 형식은 초기에 프랑스어의 영향을 받아 영어에 들어 왔으나 이후 영어에서 독특한 상으로 발전하였다. 완료형 이외에 영어에는 'be + 현재분사' 형식의 진행형이라는 상이 발달해 있다. 이 역시 프랑스어에도 없고 독일어에도 없는 영어의 독자적인 상이다.

이 진행형도 역시 상이 발달한 프랑스어의 영향을 받은 다음 중세영어에서 쓰이기 시작한 것인데 이는 원래 'be on + ~ing' 구조에서 출발한 것으로 알려져 있다(박영배, 2000: 267). 즉 영어의 진행형 문장 (61a)는 (61b)와 같은 문장에서 출발한 것이며 이때 현재분사는 따라서 원래 동명사에서 출발했다는 것을 알 수 있다.

(61) 영어 진행형의 기원 (Kuteva, 2001: 24)

a. John is hunting.
b. John is on hunting.

한편 (61)에서 보는 것처럼 영어의 이 진행상은 '존재동사 + 장소부사구' 형식에서 출발한 것인데 흥미로운 것은 이러한 형식의 진행상이 다른 언어에서도 흔히 발견된다는 점이다. 예를 들면 한국어에서도 존재동사 '있다'를 이용해서 진행형을 만들고 일본어와 중국어도 마찬가지이다((62) 참조). 독일 쾰른대학의 언어유형론자 Heine 교수는 지구상의 여러 언어를 조사한 결과 이것이 우연의 일치가 아니고 상이나 시제 표현을 위해 쓰이는 근원 동사에 일정한 패턴이 있다는 것을 발견하였다(Heine, 1993: 31, 47).

(62) 한국어, 일본어, 중국어의 존재동사를 이용한 진행형 구문

한: 영희는 사과를 먹고 있다.

일: John-ga hon-o yon-de iru.
John-주어 book-목적 read-어미 exist
'John is reading a book.' (Kuno, 1973: 148)

중: 他 在 寫 信。
he exist write letter
'He is writing a letter.' (안기섭·송진희, 2008: 369)

2.4. 재귀구문

재귀적 언어와 비재귀적 언어: 영어, 독일어, 프랑스어와 관련하여 또 한 가지 크게 눈에 띄는 현상은 재귀대명사 및 재귀구문인데 영어는 이 부분에서 특별히 독자적인 길을 가고 있다. 유럽에 게르만어, 로만스어, 슬라브어 등 크게 3가지 부류의 언어가 있다고 했는데 이들은 모두 재귀대명사 및 재귀구문을 아주 많이 쓰는 특징을 보인다. 이 3가지 부류를 대표하는 독일어, 프랑스어, 러시아어의 현상을 보면 이 사실이 분명해진다. 그런데 영어는 이 점에서 예외이다. 즉 영어는 재귀대명사 및 재귀구문을 거의 쓰지 않는 언어이다.

영어와 한국어에만 익숙해 있는 사람들에게는 이 말이 무슨 뜻인지 이해하기 어려울 것이다. 이 두 언어는 재귀구문을 거의 쓰지 않는 언어이기 때문이다. 재귀구문의 사용과 관련해서 영어와 한국어는 독일어, 프랑스어, 러시아어와 다른 유형의 언어라는 것이다. 그러면 재귀대명사를 많이 쓴다는 말이 무슨 뜻일까? 이는 한국어나 영어에서는 재귀대명사를 사용하지 않는 표현을 독일어, 프랑스어, 러시아어는 재귀대명사를 사용해서 표현한다는 뜻이다. 이에 대한 몇 가지 예를 들면 (63)과 같다.

(63)에서 독일어의 'sich', 프랑스어의 'se'는 재귀대명사이다.[15] 이 표에서 독일어와 프랑스어에는 재귀대명사가 나타나 있는데 한국어와

15) 이들은 형태가 비슷하지만 어원은 다르다. 프랑스어의 'se'는 라틴어 재귀대명사 'se'와 같은 형태이며(성엽, 1994. 112), 독일어의 'sich'는 3인칭 여성대명사 'sie'(she)와 같은 어원이다(Behaghel, 1923: 296).

영어 표현에는 재귀대명사가 없다. 예를 들면 (63-10)에서 'sit down'이라는 말을 하고 싶을 때 한국어는 그냥 '앉다'라는 자동사를 사용한다. 그런데 독일어에는 '앉다'라는 동사가 없고 '앉히다/놓다'라는 의미의 타동사 'setzen'(set)만 있다. 독일어에서 '앉다'라는 표현을 하려면 '자신을 앉히다'와 같이 '타동사 + 재귀대명사' 형식을 사용한다. (63)의 표현들이 대개 이런 식이다.

(63) 한/영/독/프 재귀표현 비교

	한국어	영어	독일어	프랑스어
1	기뻐하다	be pleased	sich freuen	se réjouir
2	화내다	be annoyed	sich ärgern	se fâcher
3	놀라다	be surprised	sich erstaunen	se étonner
4	염려하다	be worried	sich sorgen	se soucier
5	기억하다	remember	sich erinnern	se souvenir
6	참다	abstain	sich enthalten	se absenter
7	서두르다	hurry up	sich beeilen	se hâter
8	변하다	change	sich ändern	se changer
9	감기들다	catch cold	sich erkälten	se refroidir
10	앉다	sit down	sich setzen	se asseoir

이 표에서 독일어와 프랑스어 동사들은 의미적으로 'xy-하게 하다'라는 사역적인 뜻을 담고 있다. 여기에 재귀대명사를 넣으면 '자신을 xy-하게 하다'라는 의미가 되고 이것이 결국 'xy-하다'의 의미가 된다. 이에 따라 (63-1)의 독일어 동사 'freuen'은 '기쁘게 하다'라는 의미이다. 여기에 재귀대명사를 붙이면 '자신을 기쁘게 하다'가 되고 이는 결국 '기쁘다'는 의미가 된다. 독일어와 프랑스어에 재귀대명사가 많이 쓰이는 이유는 이처럼 동사 자체가 사역적인 의미를 담고 있는 경우가 많기 때문이다. 즉 사역적 동사가 많은 것이다. 프랑스어 문법에서

는 이러한 동사를 대명동사라고[16] 부르고 독일어 문법에서는 재귀동사라고 부른다. 여기서 우리는 재귀대명사의 쓰임과 관련해서 2가지 언어 유형, 즉 재귀적(reflexive) 언어와 비재귀적(non-reflexive) 언어를 구분할 수 있겠다. 독일어, 프랑스어, 러시아어는 재귀적 언어이고 영어와 한국어는 비재귀적 언어이다.

재귀사의 형식: 재귀사는 대명사로만 실현되는 것이 아니고 언어에 따라 다양한 형식으로 나타난다. 이를 몇 가지 유형으로 정리하면 (64)와 같다(Faltz, 1977; Geniušienė, 1987; Heine, 2004).[17]

(64) 재귀사의 다양한 형식[18]

a. 명사형: '몸(body), 머리(head)' 등의 보통명사를 재귀사로 사용한다. 예: 야가리아어, 바스크어.
b. 인칭대명사형: 인칭대명사를 재귀사로 사용한다. 예: 프리지아어.
c. 재귀대명사형: 별도의 재귀대명사를 사용한다. 예: 러시아어, 영어.
d. 혼합형: 인칭에 따라 인칭대명사를 쓰기도 하고 재귀대명사를 쓰기도 한다. 예: 독일어, 프랑스어.
e. 첨사형: '스스로'와 같은 특수한 어휘를 사용한다. 예: 유트어, 아일랜드어.
f. 접어형: 재귀대명사가 동사에 접어 형태로 나타난다. 예: 러시

16) 대명사, 더 정확히 말하면 재귀대명사를 동반하는 동사라는 뜻이다.

17) 이에 대한 자세한 것은 송경안(2008) 참조.

18) 야가리아어: Yagaria, 바스크어: Basque, 프리지아어: Frisian, 유트어: Ute, 아일랜드어: Irish, 스와힐리어: Swahili, 라코타어: Lakhota, 파파고어: Papago

아어, 프랑스어.[19)]

g. 접사/어미형: 재귀사가 동사의 접두사, 접미사, 어미 등으로 나타난다. 예: 스와힐리어, 라코타어, 에스키모어.[20)]

h. 이중표지형: 2개의 재귀사를 동시에 사용한다. 예: 파파고어, 네델란드어.

(64)에서 보는 것처럼 영어는 별도의 재귀대명사가 발달해 있는 언어이며 독일어와 프랑스어는 재귀대명사가 발달해 있기는 하지만 1, 2인칭에서는 인칭대명사를 그대로 재귀사로 쓰는 언어이다. 영어, 독일어, 프랑스어 인칭대명사와 재귀대명사를 표로 비교해 보면 (65)와 같다.

영어의 경우 모든 인칭과 단수/복수에서 인칭대명사와는 별도로 독자적인 재귀대명사 형태를 사용하고 있다. 영어의 'self'는 독일어 강조사 'selbst'(스스로/자신이 직접)와 같은 어원이며 같은 게르만어인 네델란드어 재귀대명사 형태와 아주 유사하다. 즉 네델란드어는 인칭대명사에 재귀표지 'zelf'(self)를 붙여서 재귀대명사 만든다. 예를 들면 1인칭 단수 재귀대명사는 'mezelf'(myself)인데 이는 대명사 'me'(me)

19) 러시아어, 프랑스어는 기본적으로 (64c)의 재귀대명사형에 속하는데 이 재귀대명사들을 흔히 동사에 접어와 시켜서 사용한다. 예를 들면 (63)의 "se absenter"를 "s'absenter"와 같이 축약해서 쓸 수 있다. 이러한 축약형태에서 비독립적인 요소를 접어(clitic)라고 한다.

20) 접어, 접사, 어미는 약간씩 다른 개념이다. 접어는 2개의 단어가 축약된 경우로서 아직 2개의 단어로 인식된다. 영어의 'we'll'은 조동사 'will'이 접어화 한 것이다. 접사(affix)와 어미(ending)는 별도의 단어로 인식되지 않고 단어의 일부로 인식된다. 접사는 접두사(prefix)와 접미사(suffix) 등을 말하는데 이는 보통 단어를 만드는 과정에 관여한다. 영어의 'beautiful, realize' 등에서 /-ful, -ize/ 같은 것은 접사에 해당한다. 어미란 이렇게 형성된 단어들이 문장 가운데 들어오면서 그 환경에 따라 일으키는 형태변화를 말한다. 영어의 동사 'realizes, realized'에서 /-es, -ed/가 어미이다.

+ ‘zelf’(self)의 결합구조이다. 독일어와 프랑스어의 경우 1인칭과 2인칭에서는 재귀대명사와 인칭대명사를 구분하지 않고 사용하고 있으며 3인칭에서는 별도의 재귀대명사가 있다. 프랑스어의 이러한 재귀대명사 형식은 라틴어 전통에서 온 것으로 보인다. 즉 라틴어의 경우도 3인칭에서만 재귀대명사 형태가 따로 있으며 1, 2인칭에서는 인칭대명사를 그대로 사용한다(성염, 1994: 112). (65c)에서 프랑스어 재귀대명사 ‘se’는 라틴어의 재귀대명사와 같은 형태이다.

(65) 영어, 독일어, 프랑스어 인칭대명사와 재귀대명사

a. 영어의 인칭대명사와 재귀대명사

인칭	수	인칭대명사	재귀대명사
1인칭	단수	me	myself
	복수	us	ourselves
2인칭	단수	you	yourself
	복수	you	yourselves
3인칭	단수(남)	him	himself
	단수(여)	her	herself
	복수	them	themselves

b. 독일어의 인칭대명사와 재귀대명사

인칭	수	인칭대명사 (여격/대격)	재귀대명사 (여격/대격)
1인칭	단수	mir/mich	mir/mich
	복수	uns/uns	uns/uns
2인칭	단수	dir/dich	dir/dich
	복수	euch/euch	euch/euch
3인칭	단수(남)	ihm/ihn	**sich/sich**
	단수(여)	ihr/sie	**sich/sich**
	복수	ihnen/sie	**sich/sich**

c. 프랑스어의 인칭대명사와 재귀대명사

인칭	수	인칭대명사		재귀대명사
		일반형	강세형	
1인칭	단수	me	moi	me
	복수	nous	nous	nous
2인칭	단수	te	toi	te
	복수	vous	vous	vous
3인칭	단수(남)	le/lui	lui	**se**
	단수(여)	la/lui	elle	**se**
	복수	les/leur	eux/elles	**se**

(65a)의 현대 영어 재귀대명사 형태는 독일어나 프랑스어와는 무관한 독자적인 형태라고 할 수 있다. 고대 영어에서는 원래 인칭대명사가 재귀사로 쓰였으며[21] 여기에 'sylf'(self)라는 말이 곁들여지기도 했다. 중세영어에 들어오면서 1인칭과 2인칭에서 목적격 인칭대명사가 소유격 형태로 바뀌게 된다(Faltz, 1977: 35). 어떻든 재귀대명사를 '인칭대명사 + self' 형식으로 만드는 일은 위에서 언급한 바와 같이 게르만어인 네델란드어에서도 발견된다.

재귀구문의 용법: 위에서 우리는 재귀적 언어와 비재귀적 언어를 구분하였고 재귀적 언어의 특징은 술어 자체가 사역적 의미를 담고 있는 것이라고 하였다. 그런데 재귀적 언어에서 재귀대명사가 많이 나타나는 이유는 비단 사역적 술어 때문만은 아니며 구조적인 원인도 함께 작용한다. 즉 독일어와 프랑스어에는 영어에서는 볼 수 없는 재귀구

21) 같은 게르만어인 프리지아어는 지금도 인칭대명사를 재귀대명사로 쓰고 있다 ((64b) 참조).

문의 용법들이 많이 있으며 그 결과 재귀대명사가 더 자주 나타날 수 밖에 없는 구조적 특징을 가지고 있는 것이다.

① **재귀적 용법과 강조적 용법**: 재귀구문의 이러한 다양한 용법에 대해 자세히 살펴보면서 영어, 독일어, 프랑스어 재귀구문을 비교하기로 한다. 우선 영어 문법에서 보통 재귀대명사의 쓰임은 재귀적 용법과 강조적 용법으로 나눈다. 재귀적 용법이란 주어의 행위가 다시 주어에게로 돌아온다는 재귀대명사 본래적 용법을 말한다. 강조적 용법이란 특별히 주어나 목적어를 강조하기 위해서 재귀대명사를 곁들이는 용법을 말하며 이 경우 재귀대명사를 생략해도 무방하다. 영어 재귀대명사의 2가지 용법을 보면 (66)과 같다.

(66) 영어 재귀대명사의 두 가지 용법

[재귀적 용법]

a. Jane feeds **herself**.

b. Jane talks to **herself**.

[강조적 용법]

c. Jane wrote the report **herself**.

d. Jane **herself** presented the prize.

(Huddlestone & Pullum, 2002: 1483 참조)

독일어와 프랑스어에도 당연히 이 2가지 용법이 있다. 재귀적 용법은 재귀구문의 1차적 기능이기 때문에 모든 언어에 나타나는 용법이고 강조적 기능도 개별 언어에 널리 나타나는 기능인데 언어에 따라 형식이 다를 수 있다. 영어는 이때 재귀대명사를 그대로 사용하지만 독일어와 프랑스어는 이와 다르다.[22] 독일어는 'selbst'(self)라는 별도의 강조사를 사용한다. (67)은 독일어의 재귀대명사와 강조사가 쓰인 예문이다.

(67) 독일어의 재귀사와 강조사(König & Siemund, 2005: 194)

a. Paul sah **sich** im Spiegel.
Paul saw himself in the mirror
'Paul saw himself in the mirror.'

b. Paul **selbst** kritisierte den Direktor.
Paul 강조사 criticized the director
'Paul himself criticized the director.'

(68) 프랑스어 재귀사와 강조사

a. Paul **se** lave.
Paul himself washes
'Paul washes himself.'

b. Paul a joué **lui-même** dans la pièce.
Paul has played himself in the room
'Paul himself played in the room.'

프랑스어도 (68)과 같이 일반 재귀대명사와 강조사를 구분한다. 강조사는 (65c)의 강세형 인칭대명사에 강조첨사 'même'를 붙여서 만든

22) 지구상의 언어를 조사해 보면 영어와 같이 재귀대명사를 강조사로 함께 사용하는 것이 더 일반적이다(König & Siemund, 2000: 50).

다.[23] 프랑스어 문법에서는 이를 2차적 재귀대명사라고 부르기도 한다. 'même'는 원래 명사나 대명사 바로 뒤에 놓여 'ooo-가/를 직접'과 같이 강조하는 기능을 하는데 대명사와 함께 쓰일 때에는 (68b)와 같이 이음줄(–)로 연결한다. 이때 대명사는 강세형을 사용한다(이숙현, 2005 참조).

재귀적 용법과 강조적 용법은 개별언어에 일반적으로 나타나는 현상이기 때문에 재귀적 언어와 비재귀적 언어를 구분하는 기준이 되지는 못한다. 재귀적 언어인 독일어와 프랑스어에는 이밖에도 비재귀적 언어인 영어에 없는 다양한 용법들이 있는 것이다. Geniušienė(1987)은 전형적인 재귀적 언어인 러시아어를 자료로 재귀구문의 용법을 13가지로 구분한 바 있다. 이숙현(2005)도 프랑스어 재귀구문의 용법을 세분하면 러시아어의 용법과 대동소이하다고 보았다. 재귀적 언어에 나타난 재귀구문의 중요한 용법들을 몇 가지 보면 다음과 같다.[24]

② **여격 재귀대명사**: 영어에서는 재귀대명사가 타동사의 목적어로 쓰이는 것이 보통이고 여격으로 쓰이는 일은 거의 없다. 이에 반해 재귀적 언어에서는 재귀대명사가 여격으로 쓰이면서 매우 다양한 기능을 갖는다. 여격(與格)이란[25] 원래 'give/주다' 동사의 간접목적어의 격인데 언어에 따라 그밖에 여러 가지 다른 환경에서 쓰이기도 한다. (69)는 독일어에서 볼 수 있는 여격 재귀대명사의 예이고 (70)은 프랑스

23) 프랑스어 강조첨사 'même'는 라틴어의 강조첨사와 강조 지시사에 기원을 두고 있다(이숙현 · 심을식, 2008b: 443).

24) 이하 재귀구문의 용법은 송경안(2008; 2019)을 참고한 것이다.

25) 여격(與格)에서 '여(與)'는 '수여한다/주다'의 의미이다. '주다' 동사 구문에 쓰이는 '-에게'의 격을 말한다.

어의 예이다. 영어에서는 이들을 여격 재귀대명사를 사용해서 표현할 수 없다.

(69) 독일어 여격 재귀대명사의 예

a. Ich kaufe **mir** ein neues Radio.
I buy myself a new Radio
'I buy a radio (for myself).'

b. Ich suche **mir** eine Wohnung.
I seek myself a house
'I'm looking for a house (for myself).'

c. Wünschst du **dir** noch ein Kind?
wish you yourself still a child
'Do you want one more child?'

(70) 프랑스어 여격 재귀대명사의 예(이숙현, 2005: 1, 10)

a. Paul **se** achète un chapeau.[26)]
Paul himself buys a hat
'Paul buys a hat for himself.'

b. Paul **se** lave les mains.
Paul himself washes the hands
'Paul washes his hands.'

26) "se achète"는 "s'achète"와 같이 일반적으로 축약해서 표기하지만 여기서는 이해를 돕기 위해 풀어서 쓴다.

③ **수동적 용법**: 재귀적 언어에서 또 한 가지 광범위하게 쓰이는 재귀구문의 용법은 '타동사 + 재귀대명사'의 형식을 빌려 수동의 의미를 나타내는 것이다. (71)은 이에 대한 독일어의 예문이고 (72)는 프랑스어의 예이다. 독일어에는 물론 수동태 구문이 따로 있지만 흔히 이처럼 재귀구문을 이용해서 수동의 의미를 표현하기도 한다. 재귀적 언어인 러시아어나 프랑스어의 상황도 이와 비슷하다. 이때 행동주가 나타나지 않는 것이 특징인데 이러한 식의 수동표현을 언어학에서는 중간태라고[27] 부른다.

(71) 독일어 재귀구문의 수동적 용법

a. Die Tür öffnet sich.
the door opens itself
'The door is opened.'

b. Das Buch verkauft sich gut.
the book sells itself well
'The book sells well.'

(72) 프랑스어 재귀구문의 수동적 용법

a. Le rideau se ouvre.
the curtain itself opens
'The curtain is opened.'

b. Ici tout se paye.
here everything itself pays
'Here everything is paid for.' (이숙현, 2005: 4, 9)

---

27) 중간태(middle voice)란 능동태와 수동태의 중간 단계라는 뜻이다.

④ **상호동사 구문**: 상호동사란 '만나다'와 같이 'A가 B를 만나면 B도 A를 만나게 되는 동사'를 말한다. 이때 'A와 B가 만나다'와 같이 표현할 수도 있는데 영어나 한국어의 경우 이 상황에서 재귀대명사를 쓰지 않는다((73) 참조). 재귀적 언어인 독일어나 프랑스어의 경우 이때 재귀대명사를 사용한다. (74)-(75)는 독일어와 프랑스어 상호동사 구문의 예이다.

(73) 영어와 한국어의 상호동사 구문

a. 우리는 광주역에서 만났다.
b. We met at the station.

(74) 독일어의 상호동사 구문

a. Wo treffen wir uns am Montag?
where meet we ourselves on Monday
'Where will we meet on Monday?'

b. Wann sehen wir uns wieder?
when see we ourselves again
'When will we see again?'

(75) 프랑스어 상호동사 구문(노윤채, 2005: 195; 이숙현, 2005: 7)

a. Ils se sont rencontrés dans un café.[28)]
they REFL are met in a café
'They met in a café.'

---

28) 이 문장에서 'sont rencontrés'는 'BE + 과거분사' 형식으로 단순한 과거시제를 표현한다((48) 참조). REFL = reflexive(재귀대명사)

b. Jean et Marie se aiment
John and Mary REFL love
'John and Mary love each other.'

⑤ **자동사와 재귀대명사의 결합**: 재귀대명사가 자동사와 결합하는 것은 한국인의 언어 감각으로는 이해하기가 쉽지 않다. 그러나 재귀적 언어에서는 이러한 구조가 흔히 있는 일이다. 프랑스어의 경우 주로 재귀대명사와 결합해서 사용하는 자동사들이 많다. 프랑스어 문법에서는 이들을 본래적 대명동사라고 부른다(서정철·이창순, 2010: 309). 독일어에는 이렇게 본래적 재귀동사로 쓰이는 자동사는 없고 '자동사 + 재귀대명사 + 부사'의 구조로 동작의 결과를 나타내는 용법이 있다. 이에 대한 독일어의 몇 가지 예를 보면 (76)과 같다.

(76) 독일어의 자동사와 재귀대명사 결합구조

a. Er arbeitete sich müde.
he worked himself tired
'그는 일을 해서 피곤하다.'

b. Essen Sie sich satt![29]
eat you yourself enough
'배부르도록 드십시오! (많이 드십시오!)'

c. Peter muss sich gesund schlafen.
Peter must himself healthy sleep
'피터는 충분히 잠을 자서 건강해져야 한다.'

(Schluz & Griesbach, 1982: 162 참조)

---

29) 독일어 존칭 명령형으로 이 경우 주어 'Sie'가 들어가야 한다.

영어의 재귀대명사는 어디로 갔을까?: 위에서 우리는 유럽의 3가지 주요 언어군, 즉 게르만어, 로만스어, 슬라브어가 모두 재귀적 언어들인데 영어는 비재귀적 언어라고 하였다. 그러니까 유럽의 언어들이 일반적으로 재귀적 언어에 속하는데 영어가 이 점에서 예외인 셈이다. 더구나 역사적으로 볼 때 영어는 독일어와 프랑스어를 모체로 한다고 했는데 독일어와 프랑스어는 아직도 전형적인 재귀적 언어로 남아 있고 현대 영어에서는 재귀구문이 거의 사라지고 없는 것이다. 영어의 이러한 상황에 대해 무언가 설명이 필요한 것 같다.

① **수동구문 및 형용사 술어구문으로 전환**: 오늘날 영어가 게르만어나 로만스어의 전통에서 벗어나 재귀대명사를 거의 사용하지 않는 것은 원래의 재귀구문들을 다른 구문으로 대치시켰거나 단순화시켰다는 뜻이다. 이와 같은 상황은 위 (63)의 대조표를 보면 어느 정도 알 수 있다. (63)-①~④의 경우 독일어와 프랑스어의 재귀구문이 영어에서는 수동구문으로[30] 표현되고 있다. 이러한 구문들은 또 영어에서 형용사 술어로 표현되기도 한다((77) 참조). (63)의 독일어 'sich freuen'은 영어의 'be happy'로 표현되기도 하고 'sich ärgern'은 'be angry'로 표현할 수도 있다.

(77) 독일어 재귀구문과 영어 형용사 술어문

독:	Ich	freue	mich	sehr,	Sie	zu	sehen.
	I	please	myself	much,	you	to	see

30) 영어 문법에서 'be surprised, be worried' 등을 수동구문으로 보지는 않는다. 그러나 구조적으로 보면 이들은 수동구문이다.

'I am very glad to see you.'

영: I am very glad to see you.

② **재귀동사의 자동사화**: 영어에서 재귀구문을 단순화하는 또 한 가지 방법은 재귀대명사를 그냥 생략해 버리는 것이다. 이 경우 원래 타동사로 쓰였던 술어가 자동사가 된 셈이다. (63)에서 보면 (63)-⑤, ⑥, ⑧ 등이 그 예이다. 현대 영어에서 이와 같은 자동사화가 아직 진행 중인 것으로 볼 수 있는 경우들이 있다. 'wash, shave, dress, hide prepare' 등이 여기에 속한다(Quirk et al., 1985/2007: 358). 즉 예문 (78)에서 보는 바와 같이 이들 동사들은 재귀대명사를 쓸 수도 있고 쓰지 않을 수도 있다.

(78) 자동사화 되어 가는 영어의 재귀동사

a. He has to shave *himself* twice a day.
b. He has to shave twice a day.
c. She dressed *herself* with care.
d. She dressed with care.

③ **상호 재귀동사의 자동사화**: '만나다'와 같은 상호동사도 기본적으로는 타동사인데 이 사건의 참여자들이 모두 주어로 쓰일 경우 언어에 따라 문장 구조가 다르게 나타난다. (74)-(75)에서 보는 것처럼 독일어나 프랑스어는 이 경우 재귀대명사를 목적어로 사용해서 '주어 + 동사 + 목적어'의 구조, 즉 타동사 구문을 유지한다. 그러나 영어나 한국어의 경우 이때 목적어를 따로 사용하지 않는다. 타동사 구조가 자동사 구조로 바뀐 것이다. (74a)의 독일어 문장을 영어, 한국어와 비

교해 보면 (79)와 같다. 독일어나 프랑스어의 상호동사 구문에 있는 재귀대명사를 영어는 생략해 버림으로써 상호동사를 자동사화 하였으며 이는 결국 재귀구문의 단순화로 이어졌다고 하겠다.

(79) 독일어, 영어, 한국어 상호동사 구문

독:	Wo	treffen	wir	uns	am Montag?
	where	meet	we	ourselves	on Monday

영: Where will we meet on Monday?

한: 월요일 날 우리 어디서 만나?

④ 여격 재귀동사의 일반 타동사화: 재귀적 언어에서는 여격 재귀대명사 구문이 매우 다양하게 발달해 있으며 이는 그 언어의 재귀적 성격을 잘 드러낸다. 여격동사 구문은 'give' 동사 구문에서 보는 것처럼 목적어가 2개 있다. 여격이 발달한 언어에서는 'give, send, buy'와 같은 전형적인 여격동사 구문 이외에도 다양한 환경에서 여격이 사용된다. (69)의 독일어 문장이 좋은 예이다. 편의상 (80)에 이 예문을 반복한다. 이 경우 문장의 구조는 '주어 + 동사 + 여격명사 + 대격명사'와 같이 여격동사 문장의 구조가 되며 여격명사가 주어와 동일한 사람일 경우 여격 재귀대명사가 쓰이게 된다. 그러나 (80)의 영어 번역문에서 보는 것처럼 이때 영어 문장에서는 재귀대명사를 사용하지 않으며 문장구조는 '주어 + 동사 + 목적어'와 같이 일반 타동사 구문이 된다. 독일어의 여격 재귀동사 구문이 영어에 들어와서는 재귀대명사를 사용하지 않는 일반 타동사 구문이 된 것이다. 영어에서 재귀구문이 단순화 된 또 한 가지 중요한 이유이다.

(80) 독일어 여격 재귀대명사의 예 (= (69))

a. Ich kaufe **mir** ein neues Radio.
I buy myself a new Radio
'I buy a radio (for myself).'

b. Ich suche **mir** eine Wohnung.
I seek myself a house
'I'm looking for a house (for myself).'

c. Wünschst du **dir** noch ein Kind?
wish you yourself still a child
'Do you want one more child?'

⑤ **영어에 남아 있는 재귀적 언어의 흔적들**: 이상에서 본 것처럼 영어는 재귀적 언어인 독일어와 프랑스어를 모체로 하지만 재귀구문을 단순화시켜 비재귀적 언어가 되었다. 영어가 독자적인 길을 가고 있는 것이다. 그런데 조금 자세히 보면 영어에 이러한 재귀적 언어의 흔적이 남아 있는 것을 알 수 있다. 위 (78a,c)의 예문들이 대표적인 예이다((81) 참조). 이들은 현재 자동사화가 진행 중이기는 하지만 재귀구문이 아직 남아 있는 것은 재귀적 언어의 흔적이라고 하겠다.

(81) 자동사화 되어 가는 영어의 재귀동사 (= (78a,c))

a. He has to shave *himself* twice a day.
b. She dressed *herself* with care.

한편 아주 드물기는 하지만 영어에도 (82)와 같이 필수적으로 재귀대명사를 목적어로 취하는 동사들이 있다. 프랑스어의 대명동사나 독일어의 재귀동사에 해당하는 동사들인데 이 역시 과거 재귀적 언어의 흔적으로 보인다.

(82) 영어 재귀동사의 예 (Jespersen, 1933: 111)

a. She prides *herself* on her good looks.
b. He absented *himself* from all committee meetings.

영어의 재귀적 언어의 흔적은 (83)의 예문에서도 볼 수 있다. 즉 자동사는 일반적으로 목적어나 재귀대명사를 취할 수 없는데 (83)과 같이 재귀대명사와 부사어를 붙여서 행위의 결과를 나타내는 경우가 있다(Huddlestone & Pullum, 2001: 261, 262, 1487). 이 예문들은 위 (76)의 독일어 구문들과 아주 흡사하다. 재귀적 언어인 프랑스어와 러시아어에는 재귀사의 이러한 용법이 없다. (83)은 따라서 독일어에서 물려받은 재귀적 언어의 흔적이라 하겠다.

(83) 영어에서 자동사가 재귀대명사를 취하는 예

a. He cried *himself* to sleep that night.
(그는 그날 밤 울다가 지쳐 잠들었다.)

b. He talked *himself* hoarse.
(그는 이야기를 많이 해서 목이 쉬었다.)

c. He drank *himself* into a stupor.
(그는 많이 마셔서 인사불성이 되었다.)

지금까지 우리는 영어, 독일어, 프랑스어의 재귀대명사 현상을 살펴보았다. 재귀적 언어인 독일어와 프랑스어에서 재귀대명사가 많이 쓰이는 이유는 비재귀적 언어에서 재귀대명사 없이 표현하는 구문들을 재귀적 언어에서는 재귀대명사를 사용해서 표현하기 때문이다. 이에 대한 가장 큰 이유는 재귀적 언어에서는 술어들이 기본적으로 사역적 의미를 나타내기 때문이며 이밖에 구조적 특징들도 이들 언어에서 재귀구문의 용법을 풍부하게 하고 있는 것이다.

영어는 대표적인 비재귀적 언어이며 이는 유럽 언어 가운데서 오히려 예외적인 경우이다. 독일어와 프랑스어를 모체로 하는 영어가 비재귀적 언어로 바뀐 것은 이 언어가 재귀구문에서 재귀대명사를 생략해 버리고 문장구조를 단순화시켰기 때문이다. 그러나 영어를 조금 자세히 들여다보면 이 언어에 아직 재귀적 언어의 흔적이 남아 있는 것을 알 수 있다. 한편 영어의 이러한 흔적은 재귀적 언어에 익숙하지 않은 한국인이 이해하기 어려운 부분일 것이다.

2.5. 의문문과 부정문

이 단원에서는 영어, 독일어, 프랑스어의 의문문과 부정문의 형식을 비교해 보고자 한다. 전체적으로 보면 세 언어가 공통점을 보이기도 하고 나름대로의 특징을 보이기도 한다.

의문문: 언어유형론적으로 볼 때 개별언어는 의문문을 만들기 위해 (84)와 같이 8가지의 방법을 사용한다(Ultan, 1978; Siemund, 2001 참조).[31)] (84a)의 억양은 거의 모든 언어에 나타나는 현상이다. (84b)는 의문문을 위해 특별한 단어나 구절표현을 사용하는 방식이며 (84c)는 술어어미를 사용하는 방식이다. (84d)는 조동사를 사용하는 방식이고 (84e)는 어순을 이용하는 것이며 (84f)는 영어의 부가의문문처럼 문장 뒤에 꼬리표를 붙이는 형식이다. (84g)는 '먹어 안 먹어?'와 같이 긍정문과 부정문을 결합하는 방식이다. (84h)의 의문사는 모든 언어에서 사용하는 보편적인 현상이다. 개별언어에 따라 이러한 방식들을 선별적으로 사용한다.

(84) 의문문의 8가지 실현형식

a. 억양(intonation)
b. 의문첨사(interrogative particles)
c. 술어 어미(verbal inflection)
d. 의문문 조동사(interrogative auxiliary)

---

31) 이에 대한 자세한 것은 송경안(2019) 제20장 참조.

e. 어순변화(order of constituents)
f. 의문 부가사(interrogative tags)
g. 이접구조(disjunctive constructions)
h. 의문사(interrogative words)

① **영어, 독일어, 프랑스어 의문문의 형식**: 의문문의 형식은 유럽언어 가운데서도 상황이 조금씩 다르다. 예를 들면 러시아어는 (84)의 8가지 기제 가운데서 억양을 주로 사용한다. 다른 유럽언어에서 흔히 나타나는 어순의 변화는 일어나지 않는다. 게르만어와 로만스어는 의문문에서 기본적으로 어순의 변화가 일어나는데 그 구체적인 양상은 조금씩 다르다. 독일어는 의문문에서 어순의 변화를 이용하는 전형적인 언어이며 그 예를 보면 (85)와 같다. (85a)는 독일어의 서술문이고 (85b,c)는 의문문인데 의문문에서는 주어와 술어의 위치가 바뀌는 것을 알 수 있다.

(85) 독일어의 어순변화에 의한 의문문

a. Peter schläft jetzt.
Peter sleeps now
'Peter is sleeping now.'

b. Schläft Peter jetzt?
sleeps Peter now
'Is Peter sleeping now?'

c. Wo schläft Peter?
where sleeps Peter
'Where is Peter sleeping?'

프랑스어도 의문문에서 기본적으로는 어순의 변화가 일어난다고 할 수 있는데 그 양상이 독일어보다는 훨씬 복잡하다. 먼저 프랑스어에서 일반적으로 쓰이는 의문문의 형식은 (86)과 같이 서술문 앞에 'est-ce que'를 붙이는 것이다.

(86) 프랑스어 'est-ce que'에 의한 의문문

a. Paul aime Marie. (서술문)
Paul loves Mary
'Paul loves Mary.'

b. Est-ce que Paul aime Marie? (의문문)
의문표지 Paul loves Mary
'Does Paul love Mary?'

(86)에서 'est-ce que'는 의문문에 쓰이는 특수한 표현이라고[32] 할 수 있고 얼핏 보면 이 의문문 형식은 어순과는 관련이 없는 것처럼 보인다. 프랑스어 문법에서도 이 의문문을 어순과 관련해서 설명하지는 않는다(노윤채, 2005: 266). 이렇게 보면 프랑스어의 대표적인 의문문 형식이라고 할 수 있는 'est-ce que' 구조는 (84b)의 의문첨사 방식에 해당한다. 이는 언어학적으로 크게 무리가 없는 설명이다. 그러나 이 구조를 조금 자세히 들어다 보면 어순변화의 흔적을 찾을 수 있다. 즉 'est-ce que'는 문자적으로 보면 영어의 'is it that~'에 해당하며 여기에 '동사 + 주어'의 도치구조가 들어 있는 것이다.

32) 이러한 특수 기능어를 언어학에서는 '첨사(particle)'라고 부른다. 중국어의 의문문 '你好嗎?'에서 '嗎'가 대표적인 의문문 첨사이다.

현대 프랑스어에서 'est-ce que'는 단순한 의문첨사로 보는 것이 더 적절하며 엄밀히 말하면 (86b)를 어순변화에 의한 의문문이라고 볼 수 없다(이숙현, 2004: 5). 그러나 프랑스어는 이와는 다른 형식으로 의문문을 만들기도 하는데 이 형식들이 어순의 변화를 수반한다. 먼저 주어가 대명사일 때 프랑스어는 (87)과 같이 의문문에서 보통 도치 방식을 사용한다. (87b)에서 동사가 문장 맨 앞에 나와 있으며 주어는 뒤로 물러나 접어화 하였다.

(87) 프랑스어 대명사 주어문의 도치에 의한 의문문

a. Il aime le café. (서술문)
he likes the coffee
'He likes coffee.'

b. Aime-t-il le café? (의문문)
likes-삽입음-he the coffee
'Does he like coffee?' (노윤채, 2005: 266)

주어가 일반명사일 때도 프랑스어는 (88)과 같은 형식으로 의문문을 만들 수 있다. 즉 일반명사 주어는 문장 앞에 그대로 두고 동사 뒤에 대명사를 반복하는 방식인데 여기에서도 '술어 + 대명사 주어' 형식의 도치현상이 나타난다고 볼 수 있다.

(88) 프랑스어 일반명사 주어의 도치방식 의문문

a. Paul aime Marie. (서술문)
Paul likes Mary
'Paul likes Mary.'

b. Paul aime-t-il Marie?
Paul likes-삽입음-he Mary
'Does Paul like Mary?' (이숙현, 2004: 5)

프랑스어에는 이와 같이 크게 3가지의 의문문 형식이 있는데 이 가운데 (87)의 방식에서만 분명한 어순변화가 일어나며 가장 일반적으로 쓰이는 'est-ce que' 방식에서는 어순변화가 일어나지 않는다. 즉 '주어 + 동사 + (목적어)'의 구조를 유지하고 있는 것이다. (88)의 방식도 어순변화와 아주 무관한 것은 아니지만 크게 보면 해당 서술문 (88a)에 나타난 '일반명사 주어 + 동사 + 목적어'의 구조를 유지하고 있다고 볼 수도 있다. (87)과 같이 대명사가 주어로 쓰인 것은 특별한 경우라고 할 수 있기 때문에[33] 결국 프랑스어의 의문문의 기본구조는 '주어 + 동사 + (목적어)'의 어순이라고 할 수 있다. 서술문의 어순을 그대로 유지하려는 경향이라고 하겠다.

고대 프랑스어의 경우 (85)의 독일어 문장에서 보는 것처럼 주어와 동사의 위치를 바꾸는 것이 일반적인 의문문 구성 방식이었으며 'est-ce que' 방식은 나중에 발달한 구조이다(김영모, 2008: 77). 프랑스어가 의문문에서 '왜 어순변화 방식을 포기하고 서술문의 어순을 유지하려고 했을까?'에 대한 대답은 쉽지 않을 것이다. 그러나 한 가지 실마리는 명사 격변화 어미의 상실에서 찾을 수 있을지 모르겠다. 복잡한 명사 격변화 체계를 가진 라틴어는 자유어순의 언어였는데 로만스어로 넘어오면서 이 격변화 체계가 없어지고 프랑스어는 고정어순의

33) 보통명사가 주어로 오는 경우가 일반적인 문장구조라고 할 수 있다. 보통명사 구조에 비하면 대명사는 특수한 명사구라고 할 수 있고 개별언어에서 대명사가 쓰일 때와 보통명사가 쓰일 때의 어순이 다른 경우가 흔히 관찰된다.

언어로 변한다. '주어 + 동사 + 목적어'의 순서를 유지하려는 경향이 강하게 나타난 것이며 이러한 경향이 의문문 구조에도 영향을 미쳤을 것으로 보인다.

영어의 의문문은 (84d, e)의 조동사 방식과 어순변화 방식을 사용한다((89) 참조). 어순변화 방식은 고대 영어의 의문문 만드는 방법이며(박영배, 2000: 186) 현대 독일어에까지 내려온 게르만어의 전통이다. 어순변화 방식은 또 고대 프랑스어의 일반적인 의문문 실현방식이었기 때문에 현대 영어에서 이 방식을 사용하는 것은 특별할 것이 없다.

(89) 영어의 의문문 형식

a. Do you like Mary? (조동사 방식)
b. Is the boy good? (어순변화 방식)
c. May I use the phone? (어순변화 방식)

영어 의문문에서 특별히 주목할 만한 것은 조동사 'do'를 이용한 방식이다. 이는 독일어나 프랑스어는 물론 다른 유럽 언어에서도 나타나지 않는 독특한 방식이기 때문이다. 영어의 독자적인 의문문 실현방식이라고 하겠다. 이 방식은 고대 영어에는 나타나지 않는 현상이며 중세영어에 들어와서 나타나기 시작한다(박영배, 2000: 185, 269).

'영어에 어떻게 해서 이 독특한 의문문 실현방식이 도입되었을까?'에 대한 대답은 간단하지 않을 것이다. 그러나 프랑스어에서와 마찬가지로 이 역시 명사 격어미의 상실에서 그 동기를 찾을 수 있지 않을까 싶다. 즉 격어미의 상실은 영어가 자유어순의 언어에서 고정어순의 언어로 넘어 가는 것을 의미하는데 이 과정에서 '주어 + 동사 +

(목적어)'의 고정어순을 유지하기 위한 장치로 의문문에 조동사 'do'를 사용했을 가능성이 있는 것이다.

한편 중세영어 시기에 이와 같은 조동사 'do'는 의문문에 갑자기 나타난 것이 아니고 (90)과 같은 방식으로 일반 서술문에서도 흔히 쓰이던 조동사이며 이것이 의문문과 부정문으로 확대된 것으로 보인다. (90b)는 시제표시를 조동사에 붙이고 본동사는 기본형을 쓰는 구조이다. 이와 같은 용법을 현대 영어에서 강조용법이라고 하는데 중세영어에서는 강조의 기능 없이 일반구문에서 흔히 쓰이던 구조이다(박영배, 2000: 268). 조동사를 시제표시에 사용하는 예는 현대 독일어와 프랑스어의 'HAVE/BE + 과거분사' 구조에서도 볼 수 있다. 위에서 본 바와 같이 독일어에서는 이를 완료형이라고 부르고 프랑스어에서는 복합과거라고 부르는데 이들은 모두 단순한 과거시제 기능을 한다.

(90) 중세영어에서 'do'가 일반 조동사로 쓰인 모형

a. She meets the man.
b. She does meet the man.

이와 같은 상황이라면 중세영어에서 일반구문에 쓰이던 조동사 'do'를 의문문 조동사로 사용하는 것은 특별할 것이 없고 어려운 일도 아니다. (91a)와 같은 일반 조동사 구문을 고대영어 및 게르만어의 전통에 따라 (91b)와 같이 어순만 바꾸어 주면 되기 때문이다. 이후 (91a)의 구조는 현대 영어에 들어와 강조 기능만 담당하게 되었고 (91b)의 구조는 영어의 대표적인 의문문 구조가 되었다.

(91) 초기 조동사 'do'의 쓰임과 의문문

a. She does meet the man. (일반 조동사 구문)
b. Does she meet the man? (어순변화에 의한 의문문)

위 프랑스어의 의문문에서 (86)의 'est-ce-que' 방식과 (88)의 일반명사 도치방식이 어순변화라는 전통적인 방식과 고정어순이라는 새로운 흐름을 아우르는 방법이라고 하였는데 (91b)의 조동사 'do'를 이용한 영어 의문문도 같은 맥락에서 이해할 수 있다. 즉 (91b)의 구조는 초기에 어순변화라는 전통적인 방식을 수용하면서 한편으로는 '주어 + 술어 + (목적어)'라는 고정어순을 흩트리지 않았던 것이다. 자세히 보면 (89b,c)의 방식도 '어순변화'와 '고정어순'이라는 2가지 목표를 모두 충족시키고 있다고 할 수 있다. 즉 BE-동사와 조동사를 이동시킴으로써 어순변화라는 목표를 충족시킨 셈이고 그런 가운데서도 '주어 + 내용술어(본동사/형용사) + (목적어)'라는 '고정어순'의 기본틀을 유지하고 있는 것이다. 결과적으로 보면 (89)의 3가지 영어 의문문의 기저에는 '주어 + 내용술어 + (목적어)'라는 이 기본틀이 공통적으로 깔려있고 이는 고정어순이라는 현대 영어의 특징을 반영하고 있다고 하겠다.

이러한 틀에서 보면 영어 의문사 의문문에서 조동사의 사용과 관련해서 일어날 수 있는 한 가지 의문에 대해 답할 수 있다. 의문사가 문장 맨 앞으로 이동하는 것이 유럽 언어의 특징인데 나머지 문장 요소들은 이와 관계없이 의문문의 어순을 취한다. 이에 따라 (92a,b)에서는 조동사 'should'가 주어 앞에 위치함으로써 의문문의 어순을 보이고 있다((89c) 참조). (92c,d)의 경우 'should' 같은 조동사가 없기 때문에 조동사 'did'를 넣어 의문문의 어순을 보이고 있다((89a) 참조).

(92a-d)의 공통점은 '주어 + 내용술어 + (목적어)'의 구조를 유지하고 있다는 점이다. 그런데 의문사가 주어로 와 있는 (92e,f)의 경우 상황이 다르다. 즉 이들 문장에서는 자연스럽게 '주어(의문사) + 내용술어 + (목적어)'의 어순이 형성되어 있기 때문에 조동사 'did'가 따로 필요하지 않는 것이다.

(92) 영어 의문사 의문문과 조동사

a. Why should John eat the apple?
b. Why should John come today?

c. Why did John eat the apple?
d. Why did John come today?

e. Who ate the apple?
f. Who came today?

② **부가의문문과 대답문 첨사**: 영어, 독일어. 프랑스어 의문문과 관련해서 또 눈에 띄는 것은 부가의문문와 대답문 첨사이다. 부가의문문은 영어 문법에서 우리에게 익숙한 개념이고 대답문 첨사란 질문에 대한 대답에서 나타나는 'yes/no'를 말한다.

부가의문문이란 (93)의 영어 예문에 나타난 의문문 형식을 말하며 언어유형론적으로는 (84f)의 의문 부가사에 의한 방식에 해당한다. 영어로는 이를 'tag question'이라고 하는데 'tag'란 꼬리표를 말한다. 문장 뒤에 꼬리표 같은 것을 붙여서 만드는 의문문이라는 뜻이다.

(93) 영어의 부가의문문

a. Peter met Mary, **didn't he**?
b. Peter didn't meet Mary, **did he**?

영어 문법에서 부가의문문은 중요한 사항이고 정확히 가르치고 배워야 한다. 그런데 독일어, 프랑스어, 한국어 문법에서는 '부가의문문'이라는 용어 자체가 없다. 왜 그럴까? 이들 언어에서도 물론 (94)와 같은 표현을 할 수는 있다. 그러나 이것이 영어에서처럼 별도의 형식으로 체계화되어 있지는 않아서 이들 언어에서는 부가의문문을 별도의 의문문 형식으로 다루지 않는다. 한국어의 경우 특별한 형식이 없이 '그렇지?/안 그래?/그렇지 않아?' 같은 말을 붙이면 되는데 독일어와 프랑스어도 비슷하다.

(94) 독일어, 프랑스어의 부가의문문

독: Peter liebt Marie, **nicht wahr**?
Peter loves Mary, **not true**
'Peter loves Mary, doesn't he?'

프: Paul aime sa femme, **n'est-ce pas**?[34)]
Paul loves his wife, **not1-is-it not2**
'Paul loves his wife, **doesn't he**?'

(이숙현·심을식, 2008c: 252)

이와 같이 영어는 부가의문문에서 독특한 형식을 사용하고 있는데

34) 프랑스어에서는 'n'- ~ pas'가 영어의 'not'에 해당한다.

이는 영어의 중요한 특징이라고 할 수 있다. 유럽 지역에서 이렇게 특별한 형식의 부가의문문이 발달해 있는 언어는 아직 확인되지 않고 있으며 아시아 지역에서도 마찬가지이다. 부가의문문은 따라서 영어의 독특한 현상이라고 하겠다.

대답문 첨사는 영어의 'yes/no'나 한국어의 '예/아니오'를 말하는데 그 양상이 언어에 따라 약간씩 차이가 있다. 우선 부정 의문문에 대한 대답에서 영어의 'yes/no'와 한국어의 '예/아니오'가 반대라는 것은 잘 알려진 사실인데 유럽 언어 가운데서 로만스어와 게르만어는 영어와 같은 유형이고 슬라브어는 한국어식이다(허성태·임흥수, 2008: 277).

한편 대답문 첨사와 관련해서 독일어와 프랑스어가 특별한 양상을 보인다. 즉 보통 대답문 첨사는 영어의 'yes/no'나 한국어의 '예/아니오'와 같이 2가지로 나타나는데 독일어와 프랑스어는 3가지이다. 영어의 'yes'가 긍정의문과 부정의문에서 다른 것이다. 한/영/독/프 대답문 첨사의 대응관계를 정리하면 (95)와 같다. (96)은 3가지 프랑스어 대답문 첨사의 예이다.

(95) 한/영/독/프 대답문 첨사 대응관계

	영어	독일어	프랑스어	한국어
긍정 의문	yes	ja	oui	예
	no	nein	non	아니오
부정 의문	yes	doch	si	아니오
	no	nein	non	예

(96) 프랑스어의 3가지 대답문 첨사 (이숙현·심을식, 2008c: 254)

a. Est-ce que　Paul　aime　Marie?
　의문첨사　Paul　love　Mary

'Does Paul love Mary?'

Oui, il l'aime.
yes, he her.loves
'Yes, he loves her.'

Non, il ne l'aime pas.
no, he not1 her.love not1
'No, he does not love her.'

b. Est-ce que Paul ne aime pas Marie?
의문첨사 Paul not1 love not2 Mary
'Doesn't Paul love Mary?'

Si, il l'aime.
yes, he her.loves
'Yes, he loves her.'

Non, il ne l'aime pas.
no, he not1 her.love not2
'No, he does not love her.'

부정문: 부정은 (97)과 같이 다양한 방식으로 표현된다. 이 가운데 (97a)와 같은 방식을 표준부정이라고 한다. 문장 전체 부정이라고 볼 수도 있고 술어 부정이라고 볼 수도 있는데, 우리가 보통 부정문이라고 할 때는 이 표준부정을 의미한다. (97b-e)는 수량사 부정, 부정대명사, 부사 부정, 부정부사에 의한 부정 표현이다. 언어에 따라 부정 표현이 이보다 더 다양하게 나타날 수도 있고 이 가운데 일부 표현이 불가능한 언어도 있다. 예를 들면 한국어에서는 (97a)와 같은 표준부정을 제외하면 나머지 방식은 원활하지 못하다. 즉 한국어에서는 이들

이 그냥 표준부정 형식으로 표현된다.

(97) 다양한 방식의 부정 표현 (Payne, 1985)

a. Peter does not love Mary.
b. Not many students passed.
c. None of the students passed.
d. Not always do I pay taxes.
e. Never did he say anything about it.

개별언어에서 표준부정은 (98)과 같이 대개 3가지 방식으로 나타난다. 첨사 방식은 특수한 단어나 구절표현을 이용한 것이고 접사 방식은 술어에 부정 접두사나 접미사를 붙이는 형식이다. 조동사 방식은 부정문을 위해 특별한 조동사를 사용하는 경우이다. 한국어에는 이 3가지 방식이 모두 나타나는데 그 예를 보면 (99)와 같다.

(98) 표준부정의 실현형식

a. 부정 첨사(negative particle)
b. 부정 접사(negative affix)
c. 부정문 조동사(negative auxiliary)

(99) 한국어의 3가지 표준부정 실현형식

a. 철수는 집에 안/못 간다. (첨사 방식)
b. 그것은 비위생적이다/불완전하다. (접사 방식)
c. 집에 가지 말지!/철수는 집에 가지 않는다. (조동사 방식)

개별언어에서는 (98)의 3가지 방식 가운데 첨사 방식이 가장 많이 쓰이고 그 다음으로 접사 방식이 많이 쓰인다. 첨사 방식의 언어에서는 일반적으로 영어의 'not'에 해당하는 부정 첨사를 술어 앞에 붙이는데 몇 가지 예를 들면 (100)과 같다(송경안, 2019: 437).

(100) 부정 첨사 방식 언어의 예

한국어: 부정 첨사 '안, 못'
철수는 학교에 안 다닌다.
철수는 오늘 학교에 못 간다.

중국어: 부정첨사 '不'
我們 **不** 學習 英語。
we **not** learn English
'We do not learn English.'

러시아어: 부정 첨사 'ne'
Pyotr **ne** lyubit Mari-i.
Peter **not** love Mary
'Peter doesn't love Mary.'

스페인어: 부정 첨사 'no'.
Pedro **no** quiere a María.
Peter **not** love 목적격 Mary
'Peter doesn't love Mary.'

아랍어: 부정 첨사 mā, ā
ā yuḥibbu Buṭrusu Maryam.
not love Peter Mary
'Peter doesn't love Mary.'

(100)의 상황에 비추어 보면 영어, 독일어, 프랑스어의 표준부정은 모두 독특한 면이 있는데 세 언어 가운데서 (100)의 형식에 가장 가까운 것은 프랑스어이다. 즉 프랑스어는 (101)과 같이 부정 첨사 'ne'를 동사 앞에 붙이는데 동사 뒤에 다시 'pas'를 덧붙인다. 프랑스어 문법에서는 'ne ~ pas'를 합쳐서 하나의 부정 첨사로 간주한다. 일종의 불연속 첨사라고 할 수 있다. 원래 'ne'가 영어 'not'에 해당하고 'pas'는 영어의 'pace'(발짝)에 해당한다. 'ne ~ pas'의 문자적 의미는 따라서 '한 발짝도 ~ 하지 않다'이다. 어떻든 'pas'를 덧붙이는 것을 제외하면 프랑스어 표준부정의 형식은 (100)의 언어들과 같다.

(101) 프랑스어 불연속 부정 첨사 'ne ... pas'

Je **ne** aime **pas** Marie.[35)]
I not1 love not2 Mary
'I don't love Mary.'

(101)은 프랑스어 일반동사 구문인데 영어, 독일어와의 비교를 위해 프랑스어 조동사 구문과 BE-동사 구문의 부정표현 구조를 더 보면 (102)와 같다. (101)-(102)의 구조를 보면 프랑스어의 부정 첨사의 위치는 일관성 있게 나타나는 것을 알 수 있다. 항상 '인칭변화 하는 동사 앞'에[36)] 위치하는 것이다.

---

35) 'ne' 다음에 모음이 오면 접어화 시켜 'n'aime'와 같이 표기하는데 여기서는 편의상 풀어서 쓰겠다.

36) '인칭변화 하는 동사'는 영어로 'finite verb'라고 한다. 인칭과 시제 등이 정해진 동사라는 뜻이다.

(102) 프랑스어 BE-동사 구문과 조동사 구문의 부정

a. Paul **ne** est **pas** heureux.
Paul not1 is not2 happy
'Paul is not happy.'

b. Paul **ne** peut **pas** aller à l'école.
Paul not1 can not2 go to the.school
'Paul cannot go to school.'

독일어 부정 첨사의 위치는 조금 복잡하고 프랑스어와 완전히 다르다. (103)은 독일어 일반동사 구문의 부정문인데 부정 첨사가 문장 끝에 위치해 있다. (104a)는 BE-동사 구문인데 부정 첨사가 BE-동사 뒤에 위치해 있다. (104b,c)는 조동사 구문인데 부정 첨사가 조동사 뒤에 위치해 있다.

(103) 독일어 일반동사 구문의 부정

a. Peter schläft nicht.
Peter sleeps not
'Peter does not sleep.'

b. Peter liebt Marie nicht.
Peter loves Mary not
'Peter does not love Mary.'

(104) 독일어 BE-동사 구문과 조동사 구문의 부정

a. Peter ist nicht groß.
Peter is not tall

'Peter is not tall.'

b. Peter will nicht schlafen.
Peter will not sleep
'Peter will not sleep.'

c. Peter will nicht Marie treffen.[37)]
Peter will not Mary meet
'Peter will not meet Mary.'

(104)에서 부정 첨사의 위치는 '인칭변화 동사의 뒤'라는 원칙을 보이고 있다. 이는 '인칭변화 동사의 앞'이라는 프랑스어의 원칙과 대치되기는 하지만 인간 언어의 경향성으로 볼 때 가능한 대비이고 '좋은 대비'라고도 할 수 있다. 문제는 (103)의 독일어 일반동사 구문의 부정 첨사 위치이다. (100)-(104)의 모든 구문에서 부정 첨사의 위치는 항상 동사의 위치와 관련해서 설명을 했는데 (103)의 구조에서는 이러한 설명이 불가능하기 때문이다. 독일어 자체적으로라도 일관성을 보이면 좋은데 이러한 일관성을 찾기도 쉽지 않아 보인다.

어떻든 (103)은 독일어의 일반적인 부정문 구조라고 볼 수 있는데[38)] 이러한 특이한 부정문 구조는 독일어의 이중적 어순구조와 연관이 있는 것으로 보인다. 앞서 어순편에서 논의한 것처럼 독일어는 SVO와 SOV의 이중적 어순구조를 보인다. 지금도 종속절의 기본어순은 SOV 구조이고 (103)의 독일어 문장을 종속절로 바꾸면 (105)와 같다. 이 종속절의 어순을 자세히 보면 이제 무슨 실마리가 보이는 듯하다. 즉 부

37) 독일어 문장에 조동사가 오면 본동사는 문장 끝으로 간다.

38) BE-동사 구문과 조동사 구문은 특수한 경우이고 일반동사 구문을 기본구조로 보아야 한다.

정 첨사가 일관되게 동사 앞에 위치해 있으며 이는 (100)의 경향과 일치한다.

(105) 종속절에서 독일어 일반동사 구문의 부정

a. Es ist wahr, dass Peter **nicht** **schläft**.
it is true, that Peter not sleeps
'It is true that Peter does not sleep.'

b. Es ist wahr, dass Peter Marie **nicht** **liebt**.
it is true, that Peter Mary not loves
'It is true that Peter does not love Mary.'

(105)의 종속절 구조를 보면 독일어의 어순이 SOV에서 출발했을 가능성이 있다. 이후 주절에서 어순이 SVO로 바뀌었는데 부정 첨사의 위치는 아직 그대로 남아 있는 것으로 볼 수 있다. (104)에서 보는 부정 첨사의 위치는 독일어가 SVO 어순으로 바뀌면서 나타난 새로운 구조일 것이다. 독일어에는 현재 원래의 부정 첨사 위치((103) 참조)와 새로운 위치((104) 참조)가 공존하고 있는 것으로 볼 수 있다. 현재의 현상만 보면 독일어 부정 첨사의 위치는 일관성이 없고 설명하기가 어렵다.

위 3가지 술어 구조에 나타난 영어 부정 첨사의 위치를 보면 (106)과 같다. 이 역시 (100)-(102)에서 보는 일반적인 경향과 거리가 있는데 (104)에 있는 독일어의 구조를 보면 영어의 구조를 이해할 수 있을 것 같다. 즉 조동사 구문과 BE-동사 구문에서는 영어와 독일어 부정 첨사이 위치가 동일하다. 모두 '인칭변화 동사(finite verb)의 뒤'이다.

(106) 3가지 술어 구조에 따른 영어의 부정문

a. Peter does not meet Mary. (일반동사 구문)
b. Peter should not meet Mary. (조동사 구문)
c. Peter is not happy. (BE-동사 구문)

(106)의 3가지 구문 가운데 가장 중요하다고 할 수 있는 일반동사 구문의 부정문에서 영어와 독일어가 큰 차이를 보이고 있는데, 독일어는 고대 게르만어의 전통을 유지하고 있는 반면 영어는 대동사 'do'를 이용해서 새로운 구조로 전환한 결과라고 하겠다. 전체적으로 보면 독일어의 부정문에는 게르만어의 전통(일반동사 구문)과 새로운 구조(조동사/BE-동사구문)가 공존하면서 부정 첨사의 위치가 일관성을 잃고 있다면 영어의 경우는 모두 새로운 구조로 전환하면서 부정 첨사의 위치가 '인칭변화 동사의 뒤'라는 일관성을 확보하고 있다고 볼 수 있다. 영어의 이러한 현상은 (100)과 같은 일반적인 경향에서 벗어나면서 독일어와도 일정한 거리를 유지하는 독자적인 길이라고 하겠다. 한편 이러한 영어 부정첨사의 위치를 우리는 '내용술어 앞'이라고 볼 수도 있는데 이 경우 (100)의 일반적인 경향과 연관시켜 해석할 수도 있을 것이다.

2.6. 수동태

수동태의 개념과 형식: 언어의 기본단위는 문장이고 문장은 기본적으로 사건을 기술하는 것이다. 사건에는 행위가 있고 행위에는 행위를 하는 사람/대상과 행위를 받는 사람/대상이 있다. 전자를 행동주(agent)라고 하고 후자를 피동주(patient)라고 한다. 인간 언어는 사건을 기술할 때 일반적으로 행동주를 중심으로 기술하는데 필요에 따라 피동주를 중심으로 기술할 수도 있다. 이것이 능동태와 수동태의 구별이다. 모든 인간 언어는 능동태를 기본태로 하며 수동태는 2차적인 파생태이다. '태'는 영어로 'voice'라고 하는데 이는 원래 '목소리'라는 의미이고 '주장, 관점'이라고 해석할 수도 있다. 사건을 보는 관점에 따른 표현 방법의 차이가 곧 'voice(태)'라는 뜻이다.

한국어에서 이를 '태(態)'라고 번역하였는데 이 용어도 이해하기가 쉽지 않다. '態(태)'는 '모습, 모양, 형태' 등의 의미인데 이는 '동사/술어의 형태'라고 이해할 수 있다(이정민·배영남·김용석, 2000: 942). 즉 어떤 명사가 주어로 오느냐에 따라 '술어의 형태가 달라지는 현상'을 말한다. 독일어 문법에서는 'Genus Verbi'라는 용어를 사용하는데 이는 '동사/술어의 종류'라는 뜻이다. 술어를 크게 능동형과 수동형으로 구분한 것이다. 한국어의 '동사/술어의 형태'라는 말과 비슷하다.

언어에 따라 수동태는 (107)과 같이 다양한 형식으로 표현된다(송경안, 2019: 제17장 참조). 수동적 동사란 동사 자체가 수동적 의미를 담고 있는 경우를 말한다. 한국어의 '맞다, 속다, 들키다, 다치다' 등이 대표적인 예이다. 한영사전에서 '맞다'를 찾아보면 'be hit, be beaten'

이라고 나온다. '맞다'를 문법적으로 수동태라고 할 수는 없고 한국어 문법에서도 이를 수동태라고 하지 않는다. 그러나 수동적 의미를 담고 있는 것은 사실이고 다른 언어와 비교할 때 흥미로운 현상이다.

(107) 수동태의 다양한 실현형식

a. 수동적 동사
b. 굴절어미 방식
c. 접사 방식
d. 모음교체 방식
e. 조동사 방식
f. 수동적 동사 + 동작명사 방식
g. 재귀구문 방식

굴절어미 방식이란 동사 인칭변화 형태로 수동태를 표현하는 경우이다. 라틴어의 수동태가 대표적인 예이다. (108)에서 보는 것처럼 라틴어는 능동태와 수동태의 인칭변화가 다르다(Keenan & Dryer, 2007: 335; 송경안, 2019: 363).

(108) 라틴어 *amare*('love')의 동형과 수동형

수	인칭	능동형	수동형
단수	1인칭	amo	amor
	2인칭	amas	amaris
	3인칭	amat	amatur
복수	1인칭	amamus	amamur
	2인칭	amatis	amamini
	3인칭	amant	amantur

(107c)의 접사 방식은 동사에 접두사나 접미사를 붙여서 수동형을 만드는 것인데 한국어의 '-이, -히, -리, -기' 방식이 여기에 속할 것이다. 모음교체 방식이란 동사의 모음이 달라지는 경우를 말한다. 조동사 방식은 영어의 'BE + 과거분사' 구조처럼 유럽 언어에서 흔히 쓰는 방식이다. 영어에서 'BE'-가 수동태 조동사이다. (107f)는 '체포, 고문, 피해'와 같은 명사에 '되다, 당하다, 받다, 입다'와 같은 수동적 동사를 붙이는 방식이다. 중국어나 일본어 같은 아시아 지역의 언어에서 흔히 볼 수 있는 방식이다. (107g)는 위 2.4.에서 본 것처럼 재귀구문을 이용해서 수동태를 표현하는 방식이다.

영어, 독일어, 프랑스어의 수동태: 영어, 독일어, 프랑스어의 수동태는 기본적으로 '조동사 + 과거분사' 구조라는 점에서 비슷한데 자세히 보면 약간씩 차이를 보인다. 이에 대해 몇 가지로 나누어 세 언어 수동태를 비교해 보기로 한다.

① **수동태 조동사**: 영어, 독일어, 프랑스어의 수동태는 (109)와 같이 '조동사 + 과거분사'의 구조를 기본으로 한다. (108)에서 본 라틴어의 수동태와는 완전히 다른 구조이며 라틴어 시기 이후에 유럽 지역에서 발달한 수동태 형식으로 보인다. 고대 프랑스어와 고대 게르만어에서도 수동태는 '조동사 + 과거분사'의 형태로 나타난다(김영모, 2008: 323; 박영배: 2000: 78). 수동태에 쓰이는 조동사는 세 언어가 모두 같지는 않다. 독일어는 BECOME-동사가 일차적인 수동태 조동사이고 프랑스어는 BE-동사를 수동태 조동사로 쓴다. 영어는 BE-동사가 수동태 조동사로 쓰이는데 이는 프랑스어의 영향으로 보인다.

(109) 영어, 독일어, 프랑스어 수동태 조동사

[영어: BE-동사]
Mary is loved by Paul.

[독일어: BECOME-동사]
Marie wird von Paul geliebt.
Mary become from Paul loved
'Mary is loved by Paul.'

[프랑스어: BE-동사]
Marie est aimé de Paul.
Mary is loved from Paul
'Mary is loved by Paul.' (이숙현·심을식, 2008d: 561)

② **상태수동과 동작수동의 구분**: 언어에 따라 동작수동과 상태수동을 구별하는 경우가 있다. (110)의 한국어 예문에서 보는 의미적 차이이다. 한국어 문법에서는 이를 동작수동과 상태수동으로 구분하지 않으며 상(想; aspect)으로[39] 구분해야 할 것으로 보인다.

(110) 동작수동과 상태수동의 의미적 차이

a. 창문이 열렸다. (동작수동)
b. 창문이 열려 있다. (상태수동)

독일어는 이 두 가지 수동태가 조동사로 구분된다. 즉 독일어는 BECOME-동사가 기본적인 수동태 조동사이지만 상태수동을 나타낼

39) 상에 대한 자세한 것은 송경안(2019) 제21장 참조.

때는 (111b)와 같이 BE-동사가 조동사로 쓰인다.

(111) 독일어의 동작수동과 상태수동

a. Das Fenster wird geschlossen. (동작수동)
the window become closed
'The window is (being) closed.'

b. Das Fenster ist geschlossen. (상태수동)
the window is closed
'The window is closed.'

영어와 프랑스어에서는 BE-동사만 수동태 조동사로 쓰이기 때문에 동작수동과 상태수동이 형태적으로 구분되지 않는다. (112)-(113)은 영어와 프랑스어로 표현되는 2가지 수동문의 예인데 조동사가 모두 BE-동사이다.

(112) 영어의 동작수동과 상태수동 표현

a. The door is closed on Sunday.
(일요일 날 문이 닫혀 있다; 상태수동)

b. The door is closed at 7:00 every day.
(매일 7:00시에 문이 닫힌다; 동작수동)

(113) 프랑스어의 동작수동과 상태수동 표현

a. La porte est fermée le dimanche.
the door is closed the Sunday
'The door is closed on Sunday.

b. La porte est fermée à 7:00 chaque jour.
the door is closed at 7:00 every day
'The door is closed at 7:00 every day.'

(서정철·이창순, 2010: 325)

③ **중간태**: 수동태와 관련해서 한 가지 중요한 것은 재귀구문을 이용한 수동표현이다. 위 2.4.에서 보았던 것처럼 유럽 언어에는 재귀구문이 잘 발달해 있고 재귀구문의 다양한 용법 가운데 하나가 수동표현이다. 언어학에서는 이를 중간태라고 부른다. 유럽 언어들은 대부분 재귀적 언어이며 중간태가 발달해 있다. (114)는 독일어와 프랑스어 중간태 구문이다.

(114) 독일어와 프랑스어 중간태 구문

독: Die Tür öffnet sich.
the door opens itself
'The door is opened.'

프: Le rideau se ouvre.
the curtain itself opens
'The curtain is opened.'

위에서 언급한 것처럼 영어는 이 부분에서 예외적인 현상을 보이고 있다. 즉 다른 유럽 언어들과는 달리 영어는 재귀구문을 거의 사용하지 않는 언어이며 (114)와 같은 재귀구문을 이용한 중간태 구문도 나타나지 않는다. 의미적으로 보아 중간태 표현이라 할 수 있는 구문들은 영어에도 물론 있다. 예를 들면 (115)의 예문들은 수동적 의미를 담고 있지만 행동주(agent)가 나타나지 않는 표현들로서 의미적으로 볼 때 '중간태'라고[40] 할 수 있다. 그러나 영어 문법에서 이들을 따로 중간태라고 구분하지는 않는다. 중요한 것은 독일어나 프랑스어에서 흔하게 나타나는 재귀구문을 이용한 중간태가 영어에서는 나타나지 않는다는 점이며 이는 곧 영어가 이 부분에서 독자적인 길을 가고 있다는 뜻이기도 하다.

(115) 영어의 중간태적 표현

a. The book sells well.
b. I must get dressed for dinner.
c. Children might get lost here. (Stein, 1979: 50 참조)

④ **자동사의 수동**: 영어 문법에 익숙한 사람에게는 자동사 구문을 수동태로 만든다는 것이 매우 생소할 것이다. 그러나 다른 언어에서는 자동사를 수동태로 만드는 것이 흔히 있는 일이다(Siewierska, 1984: 93; Keenan, 1985: 273; Postal, 1986: chap 3). (116)은 독일어 자동사 수동구문의 예이다. (116a)는 일반 자동사 구문이고 (116b)는 그에 대한 수동형이다. 자동사 구문을 수동형으로 바꿀 때 주어로 세울 명사가 마땅하지 않기 때문에 비인칭 대명사를 주어 대신 사용한다. 이에 따라 언어학에서는 보통 이를 '비인칭 수동'이라고 부른다.

(116) 독일어 자동사 수동구문

---

40) 중간태란 행동주 표시가 어려운 수동표현을 말한다.

a. Man arbeitet am Sontag nicht.[41]
one works on Sunday not
'We do not work on Sunday.'

b. Es wird am Sontag nicht gearbeitet
it becomes on Sunday not worked
'We do not work on Sunday.'[42]

우리에게 익숙한 타동사 수동문의 관점에서 보면 (116b)와 같은 수동구문은 이해하기가 매우 어렵다. 이 2가지 수동구문 사이에 공통점이 있다면 행동주(agent)가 이야기의 중심, 즉 주어로 나타나지 않는다는 점이다. 이에 따라 독일어 문법에서는 수동태를 무행동주 태(täterfreie Diathese)라고[43] 부르기도 한다.

프랑스어에도 이러한 자동사 수동이 나타난다. (117)은 자동사 'dormir'(sleep)이 수동구문에 쓰인 예이다. 독일어와 마찬가지로 프랑스어 문장에서도 비인칭 대명사 'il'이 주어로 쓰이고 있다.

(117) 프랑스어의 자동사 수동구문

Il a été dormi dans ce lit.
it has been slept in this bed
'Someone slept in this bed.'

---

41) 'man'은 일반적인 주어를 나타내는 부정대명사(indefinite pronoun)이다. 영어의 'one'이나 프랑스어의 'on' 정도에 해당한다.

42) 문자적 의미는 'It is not worked on Sunday.'이다.

43) 'agent-free diathesis = agent-free voice'

이와 같이 독일어와 프랑스어에 자동사의 수동이 일반화되어 있는데 비해 영어 문법에서는 보통 '자동사의 수동'이라는 개념을 사용하지 않는다.[44] 독일어와 프랑스어에는 잘 발달되어 있는 현상이 영어에는 없다는 뜻이다. 특히 (116)-(117)과 같이 비인칭 대명사를 주어로 사용하는 자동사 수동구문은 영어에서 발견되지 않는다. 영어가 이 문법 영역에서도 독자적인 길을 가고 있다는 뜻이 될 것이다.

전문적인 언어학 연구에서는 영어의 '자동사 수동'에 대해 논의하는 경우가 있다. 극히 제한적이긴 하지만 영어에서도 자동사 구문을 수동화하는 일이 있다는 것이다. 몇 가지 예를 보면 (118)과 같다. (118a,b)는 조동사 'get'이 자동사의 과거분사와 결합하는 형태인데 이 용법은 아주 제한적인 것으로 이를 영어에서 독립적인 수동태 유형이라고 말하기는 어려울 것 같다. (118c-e)의 경우는 자동사와 전치사의 결합 구조에서 전치사 목적어를 수동태의 주어로 사용하는 구문으로서 이는 특정한 동사에만 제한된 것이 아니고 영어에서 상당히 폭넓게 쓰이는 구조이다. (118c-e)는 독일어나 프랑스어에서는 나타나지 않는 독특한 구문으로 영어에서 독자적으로 발전한 수동태 형식이라고 하겠다.

(118) 영어 '자동사 수동'의 예 (Stein, 1979: 62, 81)

a. She got fixed up.
b. It was impossible to get started.
c. The bed had not been slept in.

---

44) 예를 들면 Quirk et al.(1985), Greenbaum & Quirk(1990), Huddleston & Pullum(2002) 등은 '자동사의 수동'이라는 용어를 사용하지 않는다.

d. The grass had been trodden on.
e. This room was lived in a thousand years ago.

⑤ **간접목적어와 수동**: 우리는 영어 문법에서 여격 동사 구문 (119a)는 (119b-c)와 같이 2가지 수동구문이 가능하다고 배웠다. 간접목적어와 직접목적어가 모두 수동태의 주어로 올 수 있는 것이다.

(119) 영어 여격동사 구문의 2가지 수동구문

a. Peter gave Mary a book.
b. A book was given to Mary by Paul.
c. Mary was given a book.

그런데 독일어와 프랑스어는 상황이 다르다. 즉 두 언어에서는 직접목적어만 수동태의 주어로 올 수 있고 간접목적어는 주어로 올 수 없다. (120)-(121)은 각각 독일어와 프랑스어 여격동사 구문과 해당 수동태 구문의 예이다. (120c)나 (121c)와 같이 간접목적어를 수동태의 주어로 세우면 틀린 문장이 된다.

(120) 독일어 여격동사 구문과 수동태

a. Paul gibt Marie ein Buch.
Paul gives Mary a book
'Paul gives Mary a book.'

b. Ein Buch wird Marie von Paul gegeben.
a book is Mary by Paul given
'A book is given to Maryby Paul.'

c. *Marie wird ein Buch von Paul gegeben.[45)]
Mary is a book by Paul given
'Mary is given a book by Paul.'

(121) 프랑스어 여격동사 구문과 수동태

a. Paul donne un livre à Marie.
Paul gives a book to Mary
'Paul gives a book to Mary.'

b. Un livre est donné à Marie par Paul.
a book is given to Mary by Paul
'A book is given to Mary by Paul.'

c. *Marie est donné un livre par Paul.
Mary is given a book by Paul
'Mary is given a book by Paul.' (서정철·이창순, 2010: 325)

언어에 따라 수동태의 주어로 올 수 있는 명사에 제약이 있다. 독일어와 프랑스어에서는 능동태의 직접목적어만 수동태의 주어로 쓰이는데 영어는 간접목적어도 수동태의 주어로 쓸 수 있다. 영어, 독일어, 프랑스어를 비교할 때 이 역시 영어의 독자적인 길이라고 할 수 있으며 수동태 주어 제약과 관련해서 (118c-e)의 구문 역시 영어의 독특한 수동태 구성 방식이라고 하겠다.

⑥ **행동주 표시 'by-von-par'**: 영어, 독일어, 프랑스어 수동태와 관련

45) 문장 앞의 별표(*)는 잘못된 표현이라는 뜻이다.

하여 또 한 가지 눈의 띄는 것은 수동문의 행동주 표시 방식이다. 행동주란 능동문의 주어에 해당하는 명사를 말하며 수동문에서는 이것이 언어에 따라 또 같은 언어 안에서도 동사에 따라 다양한 방식으로 표시된다. 예를 들면 영어에서는 (122)와 같이 여러 가지 전치사로 표시되는데 이 가운데 대표적인 방식은 물로 'by'이다. 영어의 'by'는 'by car, by email' 등에서 볼 수 있는 것처럼 수단/방법을 나타내는 전치사이다. 영어 수동구문에서 행동주는 일반적으로 '수단/방법'을 나타내는 전치사로 표시된다는 뜻이다.

(122) 영어 수동문의 행동주 표시

a. The window was broken **by** Peter.
b. They were surprised **at** the news.
c. The mountain was covered **with** snow.
d. He is known **to** us all.

독일어는 수동구문에서 행동주를 (123)과 같이 일반적으로 전치사 'von'으로 표시한다. 이 전치사는 영어의 'from'에 해당하며 '출발점'이나 '원인'을 나타낸다.

(123) 독일어 수동문의 행동주 표시

Das Fenster wurde **von** Peter zerbrochen.
the window became by Peter broken
'The window was broken by Peter.'

프랑스어는 수동문의 행동주 표시에서 영어 방식과 독일어 방식을 둘다 사용한다((124) 참조). 즉 수단/방법을 나타내는 전치사 'par'(by)가 일반적이기는 하지만 동사에 따라 '출발점/원인'을 나타내는 전치사 'de'(from)가 사용되기도 한다(이숙현 · 심을식, 2008d: 565).

(124) 프랑스어 수동문의 2가지 행동주 표시

a. La fenêtre a été cassée **par** Paul.
the window has been broken by Paul
'The window was broken by Paul.'

b. Cette secrétaire est aimée **de** ses collégues.
this secretary is loved from her colleagues
'This secretary is loved by her colleagues.'

이렇게 볼 때 수동문의 행동주 표시 방법은 영어와 프랑스어가 가깝고 독일어는 조금 다르다고 할 수 있다. 영어와 프랑스어에서는 일반적으로 수단/방법을 나타내는 전치사 'by'와 'par'가 쓰이고 독일어에서는 보통 '출발점/원인'을 나타내는 전치사 'von'(from)이 사용된다. 영어의 'by train'은 프랑스어로 'par le train'(by the train)이라고 하고 흔히 항공우편을 나타내는 프랑스어 'Par Avion'은 문자적으로 'by airplane'이라는 뜻이다.

2.7. 동명사, 현재분사, TO-부정사 구문

동명사, 현재분사, TO-부정사 구문은 (125-127)과 같은 영어 구문들을 말한다. 이들은 영어에서 아주 자주 쓰이는 중요한 구문들인데 프랑스어와 독일어의 현상을 비교해 보면 그 양상이 약간씩 다르다.

(125) 영어의 동명사 구문

a. He enjoys playing practical jokes.
b. Watching television keeps them out of mischief.
c. Your driving a car to New York in your condition disturbs me greatly. (Greenbaum & Quirk, 1990: 312)

(126) 영어의 현재분사 구문

a. She is mowing the lawn.
b. We saw him leaving the post office.
c. Not having read his book, I can't comment.
(Huddleston & Pullum, 2002: 1220)

(127) 영어의 TO-부정사 구문

a. He likes to relax.
b. I am eager to meet her.
c. To be neutral in this conflict is out of question.
(Greenbaum & Quirk, 1990: 311)

동명사: 우선 동명사는 영어로 'gerund'라고 하는데 이 용어는 라틴어 문법에서 이미 사용된 용어이다(성염, 1994: 246). '동명사'라는 용어가 말해 주듯이 이는 TO-부정사와 함께 동사를 명사로 만드는 기능을 한다. (125)에서 영어의 동명사는 주어의 역할과 목적어의 역할을 하고 있고 (125c)에서는 한정사 'your'가 붙어 있다. 동명사의 명사성을 보여주는 부분이다. 그런가 하면 이들 동명사들은 목적어를 취하고 있고 (125c)에서는 2개의 부사구를 취하고 있다. 이는 동명사의 동사성을 보여주는 것이다.

원래 라틴어 문법에서 'gerund'라는 용어는 어원적으로 보면 '동명사'라는 개념과는 거리가 멀다. 즉 이 라틴어의 용어는 'to be carried out'이라는 뜻이며(인터넷 자료 [6] 참조), 이 영어 표현을 한국어로 번역하면 '수행되어야 할' 정도의 뜻으로 이를 '동명사'의 기능과 연결시키기는 어렵다. 라틴어 문법에서 이 용어는 수동태 미래분사를 가리키는 것인데 이 수동태 미래분사가 의미적으로 'to be carried out'을 나타낸다.[46] 이 'to be carried out'이라는 영어 표현 속에는 3가지의 문법적 의미, 즉 미래적 의미, 수동적 의미, 당위(necessity)의 의미가 담겨있는데 이것이 곧 라틴어 수동태 미래분사의 의미 기능인 것이다(성염, 1994: 224). 이 당위적 의미 때문에 라틴어 문법에서는 수동태 미래분사를 당위 분사라고 부르기도 한다. 그러니까 라틴어 문법에서 'gerund'라는 용어는 수동태 미래분사를 가리키는 말인데 이 미래분사가 라틴어에서 동명사로 쓰이기도 하기 때문에 'gerund'라는 용어를 그대로 사용한 것이다. 엄밀히 말하면 '동명사'는 라틴어의 수동

46) 이와 같은 식으로 표현하자면 능동태는 'carry out'이 되고 단순한 수동태는 '(be) carried out'이 될 것이다.

태 미래분사(gerund)가 갖는 한 가지 기능이라고 할 수 있다. 어떻든 라틴어의 동명사는 형태적으로 분사(수동태 미래분사)에서 온 것인데 영어의 동명사도 형태적으로 현재분사와 연관이 있다.

프랑스어 문법에도 'gérondif'라는 용어가 있다. 이는 물론 영어 문법의 'gerund'와 같은 용어인데 (125)에서 보는 영어의 동명사와는 많이 다르다. 즉 프랑스어 문법에서는 'gérondif'를 현재분사의 일부로 보고 이를 현재분사가 갖는 한 가지 특수 용법으로 간주한다. 프랑스어 문법에서 'gérondif'를 한국어로 번역할 때는 '동명사'라고 하지 않고 그냥 '제롱디프'라고 한다(노윤채, 2005: 373; 서정철·이창순, 2010: 413 참조).

프랑스어의 제롱디프는 그 용법이 아주 제한적이며 영어의 동명사와는 많은 차이가 있다. 즉 (125)에서 보는 것처럼 영어의 동명사는 명사성이 아주 강하게 나타나는데 프랑스어의 제롱디프는 (125)와 같은 용법이 없다. 즉 프랑스어에서 제롱디프는 주어나 목적어로 쓰일 수 없으며 'your'와 같은 한정사와도 함께 쓰일 수 없다. 제롱디프는 [전치사 'en'(in) + 현재분사]의 형식으로만 나타나며, 구조적으로 볼 때 이 구문은 당연히 부사적 기능만 갖게 된다. (128)은 프랑스어 제롱디프 구문의 예이다. (128b)에서 재귀대명사가 왔는데 이는 'raser'(shave) 동사가 프랑스어에서는 재귀대명사를 요구하기 때문이다.

(128) 프랑스어 제롱디프(gérondif) 구문 (1)

a. Ne li pas **en** **mangeant**!
not_1 read not_2 in eating
'Don't read while eating!'

b. Il chante **en se rasant.**
he sings in self shaving
'He sings while shaving.'
(노윤채, 2005: 373; 서정철·이창순, 2010:413)

프랑스어의 제롱디프는 전치사 다음에 온다는 점에서 문법적으로 명사적 성격을 갖는다고 볼 수 있다. 그러나 앞서 말한 대로 프랑스어 문법에서는 이를 현재분사의 특수한 용법으로 다루고 있다. (128)의 제롱디프 구문은 동시성을 표현하고 있는데 문맥에 따라 원인, 조건, 방법, 양보 등 다양한 의미 관계를 나타낼 수 있다. (129)는 이에 대한 두 가지 예이다.

(129) 프랑스어 제롱디프(gérondif) 구문 (2)

a. **En entendant** son père l'appeler, il courut à la maison.
in hearing his father him.call, he went to the house
'Because he heard the father call him, he went home.'

b. **En passant** par là, vous aurez mauvais chemin.
in passing through there, you will.have bad way
'If you go through there, you'll have a bad way.'
(서정철·이창순, 2010: 413)

영어와 프랑스어의 현상을 비교하면 두 언어에서 모두 동명사가 현재분사와 형태적으로 같다는 것을 알 수 있고 이는 라틴어에서도 마찬가지였다. 그러나 영어의 동명사가 아주 폭 넓게 쓰이는 반면 프랑스어 제롱티프의 용법은 극히 제한적이며, 엄밀하게 말하면 프랑스어에는 영어의 동명사와 같은 현상이 없다고 보는 것이 더 정확할 것이다. 그러면 영어의 동명사는 프랑스어에서 어떻게 표현될까가 문제인데 프랑스어는 이때 부정사 구문을 사용한다. 이에 대해서는 아래 'TO-부정사' 편에서 다시 논의하겠다.

독일어에도 현재분사가 있는데 독일어 문법에는 'gerund'(동명사)라는 용어 자체가 없다.[47] 그 이유는 위에서 본 영어의 'gerund'(동명사)나 프랑스어의 제롱디프와 같은 용법이 독일어에는 없기 때문이다. 영어와 프랑스어의 이 현상은 형태를 약간 변화시키면서 동사 및 동사구를 명사화하는 현상인데 독일어에는 이에 상응하는 범주를 인정하기 어렵다는 뜻이다. 독일어에서 동사를 명사로 만드는 방법은 3가지가 있기는 한데 이들은 영어와 프랑스어의 'gerund/gérondif'와는 거리가 멀다. 첫째 방법은 TO-부정사 방법인데 이는 영어와 프랑스어의 TO-부정사 방법과 같은 것으로 'gerund'(동명사)와는 관계가 없다.

둘째 방법은 동사의 기본형을 그대로 명사로 쓰는 것인데 이는 동사적인 성격은 거의 없고 명사적인 성격만 갖는다. 이 때 명사의 성의 중성이다. 즉 독일어의 이 명사화 형태는 (125)의 영어 예에서 볼 수 있는 목적어나 부사구를 취할 수 없다. (130)에서 'Rauchen, Vergeben, Vergessen'이 그 예인데 이들은 동사의 기본형을 대문자로만[48] 쓴 것이며 목적어 같은 요소들이 붙을 수 없다. 독일어에서 이러한 용법은 극히 제한적이며 독일어 문법에서 이에 대해 'gerund'(동명사)와 같은 별도의 용어를 사용하지 않는다.

---

47) 학자에 따라 독일어 문법에도 'Gerundiv/Gerundivum'이라는 용어를 사용하는 경우도 있는데 이는 라틴어 문법에서와 같은 미래분사를 가리키는 말이다 (Helbig & Buscha, 1996: 186; Engel, 1988: 431). Duden(1984, 192)는 독일어 미래분사를 라틴어 'gerund'에 해당한다고 소개한다.

48) 독일어는 명사의 첫 자를 모두 대문자로 표기한다.

(130) 독일어 동사의 명사화

a. Ich soll das **Rauchen** aufgeben.
I should the smoke give up
'I should quit smoking.'

b. **Vergeben** ist leichter als **Vergessen**.
forgive is easier than forget
'To forgive is easier than to forget.'

독일어에서 동사를 명사로 만드는 세 번째 방법은 (131)과 같이 명사화 어미 /-ung/을 사용하는 것이다. 이는 어원적으로 영어의 /-ing/와 가장 가깝다고 생각되는데 영어의 /-ing/는 거의 모든 동사에 붙일 수 있는데 반해 독일어의 /-ung/은 아주 제한적으로 쓰인다. 예를 들면 (130)의 명사화한 세 개의 동사 가운데 둘은 어미 /-ung/을 붙여서 쓰지 않는다. (131)의 독일어 명사들도 단순한 명사이며 동사성이 없기 때문에 목적어나 부사류를 덧붙일 수 없다. (131)의 현상은 독일어에서 조어(word formation) 차원의 현상이며 영어와 프랑스어의 'gerund/gérondif'와 같은 문법범주라고 할 수는 없다. 즉 문법현상으로서의 '동명사'라고 부를 수 없다는 뜻이다.

(131) 어미 /-ung/을 이용한 독일어 동사의 명사화

a. einladen(초대하다) ⇒ Einladung(초대)
b. entwickeln(발전하다) ⇒ Entwicklung(발전)
c. entstehen(발생하다) ⇒ Entstehung(발생)

그러면 (125)나 (129)의 구문들을 독일어에서는 어떻게 표현할까가

궁금해지는데 독일어는 이때 TO-부정사 구문을 사용하거나 THAT-명사절을 사용하고 아니면 의미에 따라 해당 부사절을 사용한다. (125)의 영어 구문은 명사성을 갖는 전형적인 동명사 구문인데 이러한 구문들은 독일어에서 TO-부정사 구문(명사적 용법)이나 THAT-절(명사절)로 표현된다. (129)에서 본 것처럼 프랑스어 제롱디프 구문은 기본적으로 부사성을 띄는데 이러한 구문은 독일어에서 해당 부사절로 표현된다.

영어, 독일어, 프랑스어를 비교하면 영어의 동명사가 아주 폭넓게 쓰이고 있고 프랑스어에는 제롱디프라는 현상이 있는데 그 용법이 극히 제한적이며, 엄밀하게 말하면 프랑스어에 영어의 동명사와 같은 현상은 없다고 보는 것이 더 적절하다. 게르만어인 독일어에서도 영어의 동명사와 유사한 현상을 찾기가 어려우며 독일어 문법에서는 아예 'gerund' (동명사)라는 용어 자체를 사용하지 않는다. 라틴어와 프랑스어의 'gerund/gérondif'가 형태적으로 분사와 연관이 있는 것으로 보아 현재분사와 형태를 공유하는 영어의 동명사도 라틴어 및 프랑스어의 영향을 받은 것으로 추정된다. 프랑스어의 'gérondif'는 전치사 다음에 온다는 점에서 명사성을 띄고는 있지만 주어나 목적어로는 쓰이지 않기 때문에 온전한 '동명사'라고 보기는 어렵다. 이러한 로만스어 제롱디프의 영향을 받아 출발한 영어의 동명사 현상은 이후 그 영역을 대폭 확장하여 독립적인 문법범주로서의 위상을 정립한 것으로 보인다.

현재분사: 현재분사의 쓰임도 영어, 독일어, 프랑스어에서 동명사와 비슷한 양상을 보인다. 영어가 현재분사를 가장 자주 그리고 폭넓게 사용하는 것으로 보이며 프랑스어 현재분사의 용법은 이보다 제한적이고, 독일어는 현재분사를 별로 사용하지 않는 언어이다. 영어에서 현재분사의 사용빈도가 높은 것은 일차적으로 진행형 때문일 것이다.

즉 현대 영어는 진행형의 사용빈도가 아주 높은 언어인데 이때 현재분사를 이용한다. 프랑스어에도 영어의 진행형에 해당하는 문법범주(미완결상)가 있는데 이 구문에서 현재분사를 사용하지는 않는다. 게르만어인 독일어는 상(aspect)이 빈약한 언어로서 진행형이라는 범주가 없으며 따라서 진행형에 현재분사를 사용할 일도 없다. 이와 같이 진행형과 관련해서 볼 때 일단 영어에 현재분사가 많이 쓰이는 이유를 이해할 수 있다. 진행상에 대해서는 위 〈2.3. 시제와 상〉에서 자세히 논의한 바 있다.

현재분사 구문은 이밖에 형용사적으로 쓰이기도 하고 부사적으로 쓰이기도 한다. 형용사적 용법은 분사의 기본적인 용법으로 영어, 독일어, 프랑스어에서 큰 차이는 없을 것으로 보인다. (132)-(134)는 이에 대한 세 언어의 예이다. 다만 독일어의 경우 이러한 형용사적 용법도 영어에서처럼 자주 사용하지는 않는다.

(132) 영어 현재분사의 형용사적 쓰임

a. a **sleeping** child
b. a child **sleeping in the room**

(133) 독일어 현재분사의 형용사적 쓰임

a. ein **schlafendes** Kind
a sleeping child
'a sleeping child'

b. ein **in dem Zimmer schladendes** Kind
a in the room sleeping child
'a child sleeping in the room'

(134) 프랑스어 현재분사의 형용사적 쓰임

a. un enfant **dormant**
a child sleeping
'a sleeping child'

b. un enfant **dormant dans la pièce**
a child sleeping in the room
'a child sleeping in the room'

(이숙현 · 심을식, 2008a: 391)

현재분사 구문은 다양한 부사적 기능을 가질 수 있는데 이 부분에서도 영어, 독일어, 프랑스어가 상당한 차이를 보인다. (135)-(137)은 영어 현재분사 구문의 부사적 쓰임의 예인데 형식이 조금씩 다르다(이환묵, 1999: 467-469). (135)는 분사만 쓰이는 경우이고 (136)에서는 분사 앞에 주어가 함께 쓰였으며 (137)은 분사 앞에 접속사가 나타난 구조이다.

(135) 영어 현재분사 구문의 부사적 쓰임: 분사만 쓰인 경우

a. Having known him so well, I was very distressed to hear he had had an accident.
b. Opening the closet, the gentleman took out a bottle of whisky.
c. I left the pup immediately after the fight started, not wishing to get involved with the police.

(136) 영어 현재분사 구문의 부사적 쓰임: 주어가 함께 쓰인 경우

a. No further points being raised, the chairman declared the meeting closed.

b. A little boy went past us, his scarf dragging behind him on the pavement.

(137) 영어 현재분사 구문의 부사적 쓰임: 접속사가 쓰인 경우

a. While visiting Rome, I met a friend of yours.

b. She was very relieved, when being told that she was no longer needed.

영어, 독일어, 프랑스어에서 부사적으로 쓰이는 현재분사 구문의 형식과 세부 기능을 비교해 보면 영어가 가장 폭넓고 다양하며 프랑스어는 그보다 약간 제한적이고 독일어는 아주 제한적이다. 우선 형식면을 보면 프랑스어는 (135)-(136)의 구조는 가능한데 (137)의 구조는 쓰이지 않는다. 분사구문에서 주어가 함께 쓰이는 프랑스어 예를 보면 (138)과 같다.

(138) 주어가 나타나는 프랑스어 현재분사 구문

a. **Sa nièce arrivant**, c'etait le feu dans la maison.
his niece arriving, it.was the light in the house
'As his niece arrived, it was the light in the house.'

b. **La tempête menaçant**, il est néanmoins parti.
the storm threatening, he is nevertheless left
'The storm was threatening, but he left though.'

(서정철·이창순, 2010: 412)

독일어에서는 (135)의 일반적인 분사구문 구조가 주로 사용되고

(136)의 구조는 쓰이지 않는다. (135)와 같은 단순 분사구문도 독일어에서는 원활하게 쓰이지는 않는다. 예를 들면 (135a)에서는 완료형이 분사구분으로 쓰였는데 독일어에서는 이러한 구조가 불가능하다. (135c)의 'not wishing ...'과 같은 구문도 독일어에서는 나타나지 않는다. (136a)와 (137b)에서는 수동태가 분사구문으로 쓰였는데 이 역시 독일어에서는 불가능하다. (137)과 같이 접속사가 함께 쓰이는 구조는 독일어에 나타나기는 하는데 극히 제한적이다. 예를 들면 (137a,b)의 영어 구문을 독일어에서는 분사구문으로 나타낼 수 없으며 해당 종속절로 표현해야 한다.

부사적으로 쓰이는 현재분사 구문의 세부 기능에서도 영어, 독일어, 프랑스어가 조금씩 다르다. 전체적으로 분사구문이 잘 발달한 영어의 경우 다양한 부사적 기능들이 표현된다. 이러한 영어 분사구문의 다양한 의미기능은 이미 (135)-(137)의 예에 잘 나타나 있다. 몇 가지 예를 더 보면 (139)와 같다.

(139) 영어 현재분사 구문의 부사적 기능

a. Looking at it objectively, he is definitely at fault.
b. Once having made a promise, you should keep it.
c. Driving at high speed, one may well miss direction signs.
d. Returning to my village after thirty years, I met an old school-teacher. (Quirk et al., 1985: 1069, 1078, 1080, 1086)

프랑스어의 현재분사 구문도 동시성, 원인, 양보·대립, 조건·가정 등 다양한 부사적 기능을 갖는다(노윤채, 2005; 370-371; 서정철·이창순, 2010: 411-412). 이에 대한 몇 가지 예를 보면 (140)과 같다.

(140) 프랑스어 현재분사 구문의 부사적 기능[49]

a. Je l'ai vu lisant cette lettre.
i him.have seen reading this letter
'I saw him reading this letter.' (동시성)

b. Il a refusé craignant d'être trompé.
he has refused fearing to.be deceived
'He refused fearing to be deceived.' (이유)

c. Il est parti en mer sachant la tempête imminente.
he is left in see knowing the storm imminent
'He went to sea knowing the imminent storm.' (양보)

d. Elle réussirait mieux, s'y prenant autrement.
she succeed better, self.it doing differently
'She'd succeed better, if she does things differently.' (조건)

(서정철 · 이창순, 2010: 411-412)

위에서 언급한 바와 같이 독일어의 현재분사 구문의 부사적 용법은 영어만큼 원활하지는 않으며 대부분의 독일어 문법서들은 이에 대해 별로 논의하지 않는다. 예를 들면 독일어 문법의 표준서라고 할 수 있는 Duden(1984)는[50] 현재분사 구문의 부사적 용법에 대해 별다른 언급을 하지 않는다. 그 다음으로 옛 서독 지역에서 대표적인 대중적 문법서인 Schulz & Griesbach(1982)에서는 과거분사와 현재분사의 부사

49) 프랑스어의 'HAVE/BE + 과거분사' 구조는 단순한 과거시제를 나타낸다(〈2.3. 시제와 상〉 참조).

50) Duden은 독일인들이 문법에 관한 문제가 있을 때 일차적으로 참고하는 문법서이다.

적 용법을 함께 한 쪽 분량으로 다루면서 현재분사에 대해서는 동시성(상황부사)의 표현으로 2개의 예문을 제시하고 있다. 위에서 본 바와 같이 영어나 프랑스어 문법들이 이에 대해 자세하게 소개하고 있는 것과는 대조적이다. 한편 독일어에서도 분사구문의 사용이 영어나 프랑스어만큼 원활하지는 않지만 비슷한 부사적 기능들이 확인되고 있다. 옛 동독 지역의 대표적인 문법서인 Helbig & Buscha(1996)은 이 기능을 5가지로 구분하여 제시하고 있는데 (140)에서 본 프랑스어의 용법들과 유사하다. (141)은 이에 대한 두 가지 예이다.

(141) 독일어 현재분사 구문의 부사적 기능

a. Laut um Hilfe schreiend, rannte die Frau durch die Straße.
loudly for help shouting, ran the woman through the street
'Shouting loudly for help, the woman ran through the street.'

b. Eine Erkältung befürchtend, lief das Kind schnell nach Hause.
a cold fearing, ran the child fast to house
'Fearing a cold, the child ran home quickly.'

영어, 독일어, 프랑스어를 비교하면 영어의 현재분사가 가장 폭넓게 쓰이고 있고 프랑스어는 이보다 약간 제한적이며 독일어는 전체적으로 현재분사를 별로 사용하지 않는다. 영어에 현재분사가 많이 나타나는 중요한 이유는 진행형 때문이다. 즉 영어는 진행형을 많이 쓰는 언어이고 이 진행형에 현재분사가 쓰인다. 프랑스어는 진행상이 있기는 하지만 분사를 사용하지는 않는다. 게르만어인 독일어에는 진행상이 아예 없다. 영어에 진행형이 발달한 것은 따라서 프랑스어의 영향이라고 할 수 있다.

이밖에 현재분사는 형용사적 용법과 부사적 용법을 가지고 있다. 형용사적 용법은 세 언어가 비슷할 것으로 보이는데 독일어는 이 부분에서도 다른 두 언어에 비해 쓰임이 제한적이다. 부사적 용법은 영어에서 가장 활발하게 나타나는 것으로 보이며 게르만어인 독일어는 극히 제한적이다. 프랑스어는 영어에 가깝다. 독일어 현재분사의 용법이 빈약한 것으로 볼 때 활발한 영어 현재분사의 용법은 프랑스어의 영향을 받은 것이라고 짐작할 수 있다. 이후 영어의 현재분사는 게르만어 시기, 즉 고대 영어 시기에 없던 진행형 등으로 그 영역을 넓혀 가면서 독자적인 길을 간 것이다.

TO-부정사: 지금까지 동명사와 현재분사 현상이 영어에서 가장 활발하게 나타나고 독일어는 빈약하며 프랑스어는 영어에 가까운 것을 보았다. TO-부정사 현상도 비슷하다. 영어는 TO-부정사를 많이 쓰는 언어이고 독일어는 많이 사용하지 않는 언어이며 프랑스어는 영어에 가깝다. 우선 TO-부정사의 형식을 보면 프랑스어가 다양한 반면 영어와 독일어는 단순하고 비슷하다. 즉 영어의 경우 동사 앞에 전치사 'to'를 붙이는데[51] 독일어도 영어의 'to'에 해당하는 'zu'를 붙인다((142) 참조).

(142) 영어와 독일어 TO-부정사의 형태

	GO	COME	SLEEP	VISIT
영	to go	to come	to sleep	to visit
독	zu gehen	zu kommen	zu schlafen	zu besuchen

51) 역사적으로 전치사에서 출발하기는 했지만 현대 영어에서 이 'to'의 품사를 전치사로 보기는 어렵다.

이에 비해 프랑스어는 주동사(앞서는 동사) 및 문맥에 따라 (143)과 같이 부정사가 다양하게 나타난다. 영어나 독일어에서도 (143a)와 같이 전치사류 없이 동사의 기본형만 올 경우가 있는데 이는 극히 제한적이며 예외적인 경우라고 할 수 있다. 그러나 프랑스어에서는 예외적인 경우라고 하기에는 그 숫자가 너무 많다. 즉 조동사적으로 쓰이는 동사들을 비롯해서 의견, 소원, 감정, 지각, 운동 등을 나타내는 동사들 뒤에 'TO 없는 부정사'가 쓰이는데 서정철·이창순(2010, 400-401)은 이와 관련해서 56개의 동사목록은 제시하고 있다. 영어의 'can, must, see, hear, let, make' 등의 동사 뒤에 TO 없는 부정사가 오는 것처럼 프랑스어의 이 56개의 동사 뒤에도 'TO 없는 부정사'가 쓰이는 것이다. (143b,c) 가운데에서는 영어에 가까운 'à'-구조보다는 'de'-구조가 더 일반적이다. (143d)는 문맥 및 의미적 환경에 따라 동사 앞에 전치사를 붙이는 경우인데 'pour'(for)가 대표적이다. (144)는 이에 대한 예이다. 전체적으로 부정사의 형식면에서는 영어와 독일어가 가깝고 프랑스어는 상당한 차이를 보이는 것을 알 수 있다.

(143) 프랑스어 TO-부정사의 다양한 형태

a. 전치사류를 붙이지 않는 경우
b. 전치사 'à'(to)를 붙이는 경우
c. 전치사 'de'(of)를 붙이는 경우
d. 'pour'(for) 등 그 밖의 전치사를 붙이는 경우

(144) 프랑스어 4가지 TO-부정사 형태의 예

a. Nous sommes partis **chercher** notre chien.
we are gone search our dog
'We went to look for our dog.'

b. Ce restaurant est difficile **à trouver**.
this restaurant is difficult to find
'This restaurant is hard to find.'

c. Paul m'a promis **de revenir** bientôt.
Paul me.has promised of return soon
'Paul promised me to come back soon.'

d. Il est sorti **pour rencontrer** Paul.
he is gone.out for meet Paul
'He went out to meet Paul.'

(노윤채, 2005: 356-357; 이경자·박찬훈, 2012: 253)

TO-부정사 구문의 기능면에서 세 언어를 비교하면 양상이 사뭇 다르다. 독일어는 부정사 구문의 사용이 아주 제한적인 언어이며 영어와 프랑스어는 매우 활발한 언어이다. 먼저 영어 TO-부정사 구문의 예를 보면 (145)와 같다. (145a)는 부정사 구문이 형용사 술어의 보충어로 쓰이는 예이다. (145b,c)는 부정사 구문의 명사적 쓰임으로 각각 주어와 목적어의 역할을 하고 있다. (145d)는 부정사가 형용사적으로 쓰이는 예이고 (145e)는 부사적으로 쓰인 예이다. 부정사 구분의 부사적 용법은 다시 목적, 결과, 이유, 조건 등 다양한 세부 기능으로 분류할 수 있는데 몇 가지 예를 보면 (146)과 같다.

(145) 영어 부정사 구문의 용법

a. I am eager **to meet her**.
b. **To be human** is to err.
c. He likes **to relax**.

d. I have a key **to unlock this door**.

e. We had better stop **to ask somebody the way**.

(Quirk et al., 1985: 1061-1062; 이환묵, 1999: 479)

(146) 영어 부정사 구문 부사적 용법 세부 기능의 예

a. I am glad to have been invited.

b. He went out to get help.

c. You will live to regret it.

d. I awoke one morning to find the house in an uproar.

e. He'd be stupid not to report the incident to the police.

(Quirk et al., 1985: 1079; 이환묵, 1999: 481)

프랑스어 부정사 구문의 기능은 영어와 큰 차이가 없는 것으로 보인다. 즉 (145)의 5가지 용법이 프랑스어에서도 모두 관찰된다. 다만 (143)-(144)에서 본 것처럼 부정사 구문의 형식은 영어와 많은 차이가 있다. 프랑스어의 경우 흔히 특별한 전치사 없이 동사 기본형을 바로 쓰는 것이 특징적이며, 특히 부정사가 명사적으로 주어 자리에 올 때는 이 형식이 일반적이다. 예를 들면 (147)의 프랑스어 문장에서 주어 자리에 나타나는 3가지 부정사가 모두 동사의 기본형만 쓰고 있는데 이러한 구문은 영어나 독일어에서는 불가능하다.

(147) 프랑스어 부정사 구문이 주어 자리에 오는 예

a. Étudier est toujours profitable.
study is always profitable
'Studying is always profitable.'

b. Promettre est facile, tenir ses promesses est souvent impossible.
promise ist easy, keep his promises is often impossible
'To promise is easy, (but) to keep one's promises is often impossible.'

프랑스어 부정사 구문의 부사적 용법 역시 영어와 비슷하게 아주 다양한 기능을 보인다. 서정철·이창순(2010, 399-340)은 프랑스어의 이 부사적 용법을 목적, 양태, 원인, 방법, 시간, 조건, 양보 등 7가지로 구분하고 있다. 이에 대한 몇 가지 예를 보면 (148)과 같다.

(148) 프랑스어 부정사 구문 부사적 용법의 다양한 기능

a. Il est allé **chercher** du secours.
he is gone search the help
'He went out to get help.'

b. Il est trop timide **pour oser** y aller.
he is too shy for dare there go
'He is too shy to dare to go there.'

c. **Pour être** sévère, je suis compréhensif.
for be severe, I am understanding
'Though I am severe, I am understanding.'

d. **A courir** après lui, je serais vite essouflé.
to run after him, I would.be quickly out_of_breath
'If I run after him, I would quickly be out of breath.'

e. **Pour avoir** trop **mangé** de fruits, il eut une indigestion.
for have too eaten of fruit, he had an indigestion

'Because he ate too much fruit, he had indigestion.'

(서정철·이창순, 2010: 399-340)

이상과 같이 부정사 구문의 기능면에서 영어와 프랑스어는 큰 차이를 보이지 않는데 비해 독일어는 많이 다르다. 즉 독일어는 부정사 구문의 쓰임이 매우 제한적이다. 우선 (145b,c)와 같은 명사적 용법은 독일어에서도 자주 나타난다. (145a)의 형용사 보충어적 쓰임도 독일어에서 나타나는데 영어만큼 원활하지는 않은 듯하다. 형용사적 용법과 부사적 용법은 영어나 프랑스어에 비하면 매우 제한적이다. 영어의 경우 형용사적 용법에서 피수식 명사에 대해 별로 제한이 없다. 즉 영어에서는 피수식 명사가 의미상으로 부정사 구문의 주어, 목적어, 장소부사, 시간부사, 양태부사, 동격구문[52] 등 다양한 기능을 할 수 있다. 그러나 독일어의 경우 (149)와 같은 동사적 명사 및 동격구문 정도가 부정사의 형용사적 용법에서 원활하게 쓰이며 나머지는 극히 제한적으로 쓰이거나 아니면 불가능하다. 이에 따라 Schulz & Griesbach(1982, 82)는 부정사 구문의 형용사적 용법에 대해 1/3쪽 정도를 할애하고 있고 Helbig & Buscha (1996, 658)도 1/2쪽 정도를 할애하고 있다.

(149) 독일어 부정사의 형용사적 용법

a. Seine Hoffnung, in Deutschland zu studieren, ist erfüllt.
his hope, in Germany to study is fulfilled
'His hope to study in Germany is fulfilled.'

52) 'the fact that John is honest'에서 'the fact'와 THAT-절이 동격이라고 한다.

b. Ich habe die Absicht nicht, dich morgen zu besuchen.
I have the intention not, you tomorrow to visit
'I have no intention to visit you tomorrow.'

독일어 부정사의 형용사적 용법이 제한적이라는 것은 (150)과 같은 구문에서 잘 드러난다. 즉 영어의 경우 피수식 명사로 부정사 구문의 의미상의 주어, 목적어, 장소 등이 올 수 있는데 독일어는 이것이 불가능하다. 독일어는 이때 보통 관계절을 사용하여 표현한다.

(150) 영어 부정사의 형용사 용법과 독일어 대응표현

[피수식 명사 = 자동사 부정사의 주어]

영: That is the next train to arrive.

독: Das ist der nächste Zug, der ankommt.
that is the next train, that arrives

[피수식 명사 = 타동사 부정사의 주어]

영: The man to help you is Mr. Johnson.

독: Der Mann, der Ihnen hilft, ist Mr. Johnson.
the man, who you helps, is Mr. Johnson

[피수식 명사 = 타동사 부정사의 목적어]

영: The man to see is Mr. Johnson.

독: Der Mann, den Sie sehen wird, ist Mr. Johnson.
the man, whom you see will, is Mr. Johnson

[피수식 명사 = 부정사 구문의 부사]

영: The place to stay is the guest house.

독: Der Ort, wo wir wohnen, ist das Gästehaus.
the place, where we stay, is the guest_house

부정사 구문의 부사적 용법에서도 독일어는 매우 제한적이다. 예를 들면 (146c, d)의 영어 예문에서 보는 부사적 기능은 독일어에 없으며 (146e)와 같은 구문도 원활하지 않다. (148c, d, e)의 프랑스어 예문에서 보는 부사적 기능들도 독일어에서는 찾기 힘들다. (148a, b)의 구문은 독일어에서 부정사 구문으로 나타낼 수는 있는데 (151)과 같이 이유 및 목적을 나타내는 전치사 'um'을 덧붙여야 한다.

(151) 독일어의 이유·목적을 나타내는 부정사 구문

a. Er ging hinaus, **um** Hilfe zu holen.
he went out, **for** help to bring
'He went out to get help.'

b. Sie ist zu schüchtern, **um** dorthin zu gehen.
she is too shy, **for** there to go
'She is too shy to dare to go there.'

결국 독일어 부정사의 부사적 용법은 (146a,b) 정도의 기능이 원활하며 영어나 프랑스어에 나타나는 다른 다양한 부사적 기능들은 매우 제한적으로 쓰이거나 아예 나타나지 않는다고 볼 수 있다. 이에 따라 독일어 문법서들은 부정사의 형용사적 용법과 마찬가지로 부사적 용법에 대해서도 아주 간단하게 기술하고 있으며 FOR, INSTEAD

OF, WITHOUT 등에 해당하는[53] 전치사와 함께 쓰이는 구문들을 주로 소개하고 있다(Schulz & Griesbach, 1982: 879; Helbig & Buscha, 1996, 659-160 참조).

부정사 구문과 관련해서 한 가지 더 짚고 넘어가야 할 것은 부정사의 의미상의 주어 표현 형식이다. 영어의 경우 (152)에서 보는 것처럼 전치사 'for'를 이용하여 자유롭게 부정사의 주어를 표시할 수 있다.

(152) 영어 부정사 구문의 주어 표시

a. The time **for you** to go is July.
b. The man **for you** to see is Mr. Johnson.
c. The place **for you** to stay is the university guest house.

(Quirk et al., 1985: 1266)

프랑스어의 경우도 부정사 구문의 주어 표시를 위해 인칭대명사의 여격, 전치사 'pour'(for)와 'à'(to)가 사용된다((153) 참조). 독일어의 경우 기본적으로 영어나 프랑스어처럼 부정사 구문의 주어를 따로 표시한다는 개념이 없다. 주어 표시가 필요할 경우 독일어는 그냥 종속절을 쓴다. 이러한 상황이 전체적으로 독일어 부정사 구문의 쓰임을 제한적으로 만드는 한 가지 요인일 것이다. 독일어에서도 물론 (153a,b)와 같은 구문에서 명사나 대명사의 여격 혹은 전치사 'für'(for)를 사용할 수는 있다. 그러나 독일어 문법에서 이들을 부정사 구문의 의미상의 주어라고 기술하지는 않으며, 특히 (152)와 같은 방식의 부정사

53) 'um, statt, ohne'가 이에 해당한다. 이들이 부정사 구문과 결합하면 '~하기 위해, ~하는 대신, ~하지 않고'의 의미가 된다. 그러나 이러한 다양한 의미는 전치사에서 나오는 것이기 때문에 부정사 자체의 다양한 기능이라고 보기는 어렵다.

주어 표시는 독일어에서 불가능하다.

(153) 프랑스어 부정사 구문의 주어 표시

a. Il m'est difficile de résponde.
it me.is difficult of answer
'It is difficult to me to answer.'

b. Il est important pour Paul de réussir.
it is important for Paul of succeed
'It is important for Paul to succeed.'

c. C'est difficile à Jean de faire ça.
it.is difficult to John of do it
'It is difficult for John to do it.'

이상에서 영어, 독일어, 프랑스어의 동명사, 현재분사, TO-부정사 현상을 비교해 보았다. 전체적으로 보면 영어에 이 3가지 범주가 모두 잘 발달해 있으며 독일어의 쓰임이 가장 약하다. 이를 표로 정리하면 (154)와 같다.

(154) 동명사/현재분사/TO-부정사 사용 상황[54)]

	영어	프랑스어	독일어
동명사	+++	+	-
현재분사	+++	++	+
TO-부정사	+++	+++	++

54) +++(아주 활발), ++(활발), +(약함), -(아주 약함/거의 없음)

이 3가지 문법 범주에서도 영어는 역사적으로 독일어나 프랑스어의 영향을 받았을 것으로 짐작되는데, 형태나 기능면을 고려할 때 독일어보다는 프랑스어의 영향을 받았을 가능성이 높아 보인다. 동명사와 현재분사는 영어와 프랑스어가 형식면에서 유사성이 있다. 즉 동명사와 현재분사가 형태적으로 구별되지 않는 것이다. TO-부정사 구문의 형태는 프랑스어가 가장 다양하다. 영어와 독일어는 그 가운데 한 가지를 사용하고 있다. 3가지 범주의 기능면에서는 영어와 프랑스어가 가까우며 독일어는 이들과 거리가 있다. 이와 같이 볼 때 영어는 프랑스어의 영향을 받아 이 3가지 범주를 발전시킨 것으로 보이며 이후 그 영역을 대폭 확장하면서 독자적인 길을 가고 있다고 하겠다.

2.8. 관계절

관계절이란 무엇인가? 절(節; clause)이란 문장 속의 문장을 말한다. 즉 하나의 큰 문장 속에 2개 혹은 그 이상의 문장이 들어 있을 때 큰 문장 속에 내포되어 있는 작은 문장들을 절이라고 한다. 절은 그 의미 관계에 따라 크게 대등절과 종속절로 구분한다. 대등절이란 두 개의 절이 대등한 의미 관계에 있는 것을 말하며 이는 다시 연접(conjunction), 이접(disjunction), 역접(adversative)으로 나눌 수 있다. 영어의 접속사 'and'(연접), 'or'(이접), 'but'(역접)으로 연결되는 접속을 말한다. 종속접속은 작은 문장이 큰 문장에서 주어, 목적어 등 하나의 문장성분으로 사용되는 경우를 말한다. 이때 작은 문장은 큰 문장에서 명사, 형용사, 부사의 역할을 할 수 있으며 이들을 각각 명사절, 형용사절, 부사절이라고 부른다. 이상을 정리하면 (155)와 같다.

(155) 절의 분류

- 절
  - 대등절
    - 연접('and')
    - 이접('or')
    - 역접('but')
  - 종속절
    - 명사절
    - 형용사절
    - 부사절

종속절에서 명사절이란 하나의 문장이 큰 문장에서 주어나 목적어 역할을 하는 경우를 말한다((156a,b) 참조). 부사절이란 하나의 문장이 큰 문장에서 부사적으로 쓰이는 경우를 말하며 주문장(주절)의 조건('if'), 이유('because'), 시간('when') 등을 나타낸다((156c,d) 참조).

(156) 명사절과 부사절의 예

a. It is true **that Mary is honest**.
b. I believe **that Mary is honest.**
c. We cannot go out, **if/because it is rainy outside.**
d. **When I was young,** I often met him in Boston.

형용사절이란 문장이 명사를 수식하는 경우를 말한다. (155)의 절의 구분은 모든 언어에 나타나는 보편적인 현상이며 형용사절도 마찬가지이다. (157)은 한국어 형용사절의 예이다. 밑줄 친 부분이 주어와 동사, 혹은 목적어와 동사가 있는 문장이며 이들이 각각 명사 '여학생'과 '사람'을 수식하고 있는 것이다. 한국어 문법에서는 이에 대해 형용사절이라는 용어를 사용하지 않고 대신 '관형절'이라고 부른다. 이때 '관(冠)'은 '모자, 머리, 앞' 등을 의미하며 '관형(冠形)'이란 따라서 '(명사의) 앞에서 수식한다'는 뜻이다.

(157) 한국어 형용사절의 예

a. 영준이가 어제 도서관에서 만난 여학생이 순정이다.
b. 어제 도서관에서 순정이를 만난 사람이 영준이다.

(157)의 표현들을 영어로 옮긴다면 (158) 정도가 될 것이다. 그런데 영어 문법에서도 이때 형용사절이라는 용어를 사용하지 않고 대신 관계절(relative clause)이라는 용어를 사용한다. 문장을 명사와 연결시키

는(relate) 절이라는 뜻이며 이때 'who/whom' 같은 대명사를 사용하기 때문에 관계대명사절이라고 부르기도 하고 'who/whom' 등을 관계대명사라고 한다. 유럽 언어연구의 전통에 따라 언어학에서는 보통 형용사절을 관계절이라고 부르며 (157)의 한국어의 관형절도 영어로는 'relative clause'라고 하면 된다.

(158) 영어의 형용사절/관계절

a.The student whom John met in the library yesterday was Jane.
b.The student who met Jane in the library yesterday was John.

관계절의 표지와 형식: 위의 예에서 한국어의 경우 관계절을 만들 때 /-는/-은/-ㄴ/ 같은 술어어미를 사용하고 영어는 의문대명사를 사용하고 있다. 이렇게 관계절을 만들 때 특별히 사용하는 요소를 관계절 표지(relativizer)라고 한다. 언어에 따라 관계절 만드는 방식은 다양한데 우선 관계절의 위치가 명사 앞에 올 수도 있고 명사 뒤에 올 수도 있다. 한국어는 관계절 전치형 언어이고 영어 등 유럽 언어들은 관계절 후치형 언어이다.

관계절 표지도 언어에 따라 (159)와 같이 다양하게 나타난다(송경안, 2008: 560 참조). 언어학에서 첨사(particle)란 특별한 기능을 하는 어휘를 말하는데 (159e)에서 첨사는 관계절을 만들기 위해 특별히 사용되는 어휘를 가리키며 중국어의 '的'(de)가 그 예이다. (160)에서 보는 것처럼 중국어에서는 관계절을 만들 때 해당 문장 뒤에 '的'를 붙인다. 한국어의 관계절 표지 /-는/-은/-ㄴ/이나 중국어의 관계절 표지 '的'는 문장 끝에 붙는 것이 공통점인데 한국어의 /-는/-은/-ㄴ/이 단어의 일부라면 중국어의 '的'는 독립된 단어라는 점이 차이가 있다.

(159) 관계절 표지의 유형

a. 의문사: 인도네시아어
b. 지시대명사: 아프리카 이크어(Ik)
c. 인칭대명사: 터키어, 아랍어
d. 동사어미: 한국어, 드라비다어
e. 첨사: 중국어, 타갈로그어
f. 무표지: 일본어

(160) 중국어 관계절 첨사 '的' (장려용, 2016: 169)

这 是 [我 今天 从 图书馆 借] 的 书。
this is [I today from library borrow] 첨사 book
'This is the book I borrowed from the library today.'

영어, 독일어, 프랑스어의 관계절을 비교해 보면 세 언어 사이에 공통점도 있고 차이점도 있다. 공통점이란 세 언어가 모두 유럽 언어로서 관계절 후치형 언어라는 것이고 관계절 표지로 모두 관계대명사를 사용한다는 점이다. 그러나 관계사로 사용하는 대명사의 종류가 다르다. 우선 독일어는 (161)과 같이 일반적으로 지시대명사를 관계절 표지로 사용한다. (161a)에서 'der'는 지시대명사로 쓰였는데 (161b)에서는 이 지시대명사를 그대로 관계대명사로 사용하고 있다. 한편 독일어에서는 의문사 'welch-'(which)를 관계절 표지로 사용하기도 하는데 현대 독일어에서는 거의 쓰이지 않는다. 이때 'welch-'(which)에는 어미변화를 통해 피수식 명사의 성이 구분되며 사물뿐만 아니라 사람에게도 사용할 수 있다. 영어의 경우 관계대명사를 생략할 수도 있는데 독일어에서는 이것이 불가능하다.

(161) 독일어의 지시대명사와 관계대명사[55)]

a. Ich kenne den Mann. **Der** besuchte dich heute.
I know the man. **he** visited you today
'I know the man. He visited you today.'

b. Ich kenne den Mann, **der** heute dich besuchte.
I know the man, **who** today you visited
'I know the man who visited you today.'

프랑스어는 관계절 표지로 의문사를 사용한다. (162)는 프랑스어 의문사의 예이고 (163)은 프랑스어 관계대명사의 예이다.

(162) 프랑스어의 의문사 (노윤채, 2005: 269)

a. **Qui** frappe á la porte?
who knocks at the door
'Who knocks at the door?'

b. **Que** cherchez-vous?
what search-you
'What are you looking for?'

(163) 프랑스어의 관계대명사 (이숙현 · 심을식, 2008e: 639)

a. J'ai une amie **qui** vient du Japon.
I'have a friend **who** comes from Japan
'I have a friend who came from Japan.'

55) 독일어는 종속절에서 동사가 문장 끝으로 간다.

b. Paul achète un canapé **que** je trouve comfortable.
Paul buys a settee **which** I find comfortable
'Paul buys a settee which I find comfortable.'

영어는 관계절 구성방식에서 독일어와 프랑스어 방식을 모두 사용하고 있으며 한편으로는 독자적인 길도 가고 있다. 먼저 영어는 관계절 표지에서 독일어식인 지시대명사 방식과 프랑스어식인 의문사 방식을 모두 사용하면서 무표지라는 독자적인 방식을 도입해서 쓰고 있다((164) 참조). (164c)와 같은 무표지 방식은 독일어와 프랑스어에서 나타나지 않는다.

(164) 영어의 3가지 관계절 표지

a. This is the table **that I bought yesterday.**
(지시대명사 = 독일어식)

b. This is the man **who visited me yesterday.**
(의문대명사 = 프랑스어식)

c. This is the man **I met yesterday.**
(무표지 = 독자적 방식)

영어의 관계절에서 또 한 가지 특이한 것은 전치사구 분리구조이다. 전치사구란 'in the school, for Mary' 등과 같이 전치사와 명사류가 결합한 구조를 말하는데 이때 전치사와 명사류는 항상 붙어 다니는 것이 원칙이다. (165a, b)는 전치사와 명사류(관계대명사)가 붙어 있는 구조이다. 그런데 (165c, d)에서 보는 것처럼 영어의 관계절에서는 이들이 분리되어 나타날 수 있다. 이와 같은 전치사구 분리구조 방식의 관계절은 영어에서 쉽게 찾아볼 수 있는데 독일어와 프랑스어에서는 나타나지 않는 방식이다. 즉 분리구조 방식은 영어에서 독자적으로 발전한 구조라고 할 수 있다.

(165) 영어의 전치사구 분리구조 방식의 관계절 구성

a. This is the book **about which** we talked yesterday.
b. This is the bed **in which shc slcpt.**
c. This is the book **which** we talked **about** yesterday.
d. This is the bed **which she slept in.**

영어의 이러한 전치사구 분리구조는 (166)에서 보는 바와 같이 의문문이나 부정사 구문에서도 나타난다. 독일어나 프랑스어에서는 이러한 구조가 불가능하다.

(166) 영어 의문문과 부정사 구문의 전치사구 분리구조

a. **What** are you talking **about**?
b. **Who** are you looking **for**?
c. She is not **a person** to rely **on**.
d. This is **the instrument** to measure vibration **with**.

(Quirk et al., 1985: 1267)

2.9. 조동사

조동사의 개념과 의미영역: 조동사란 본동사에 보조적인 기능을 하는 동사를 말한다. 영어로는 이를 'auxiliary' 혹은 'auxiliary verb'라고 하는데 'auxiliary'는 '돕다, 보조하다'의 뜻이다. 한국어 문법에서는 보조동사, 보조형용사라는 용어를 사용하는데 본동사에 보조적인 기능을 하는 것이 동사뿐만 아니라 형용사도 있다는 뜻이며 이 둘을 합해서 보조용언이라고 한다. 영어로는 이들을 모두 'auxiliary'라고 하면 된다. 이 책에서는 편의상 그냥 조동사라는 용어를 사용하겠다.

하나의 문장에 동사가 2개 나타나는 일은 흔히 있는 일인데 이들을 모두 조동사 구문이라고 하지는 않는다. (167)-(168)은 모두 한 문장에 동사가 2개 나타나는 예인데 (167)은 조동사 구문이지만 (168)은 조동사 구문이 아니다. 즉 (168)은 부정사 구문이 보충어가[56] 되는 구문이며 우리는 이때 'promise, persuade'를 조동사라고 하지 않는다.

(167)과 (168)의 차이는 어느 동사가 문장 전체의 구조를 결정하느냐의 차이이다. (168)에서 문장 전체의 구조를 결정하는 것은 동사 'promise, persuade'이다. 예를 들면 이 문장에 주어로 올 수 있는 명사는 사람이어야 하며 동물이나 식물 또는 무생물이 되어서는 안 된다. 또 이 예문에서 'Mary'의 자리에 올 수 있는 명사도 사람이어야 하고 'Mary' 다음에는 부정사 구문이 따라와야 한다. 이 모든 문장의 구조

56) 보충어(complement)란 동사가 문장을 구성하기 위해 꼭 필요로 하는 요소를 말한다.

를 결정하는 것이 동사 'promise, persuade'이다. (167)의 'should, may'는 이와 다르다. 즉 이들은 어떤 명사가 주어로 와야 하는지를 결정하지 못하며 본동사 'meet'와 'watch'가 이 일을 결정한다. (167)에서 어떤 명사가 목적어로 와야 하는지도 'meet'와 'watch'가 결정하며 'should, may'는 이와 상관이 없다.

(167) 영어 조동사 구문의 예

a. John should meet his parents.
b. John may watch TV at home now.

(168) 영어 부정사 보충어 구문

a. John promised Mary to go home.
b. John persuaded Mary to go home.

조동사는 대개 본동사에서 유래한 경우가 많으며 처음에 본동사로 쓰이던 것이 시간이 가면서 본래의 의미가 탈색되고 본동사에 보조적인 의미를 더해 주는 역할을 하게 된 것이다. 본동사가 조동사로 변화하는 것은 어휘소가 문법소로[57] 변하는 것인데 이 변화과정은 보통 (169)와 같이 4가지 단계를 거친다(송경안 외, 2015: 246). (169a)는 문법화가 일어나기 전의 본동사 단계이다. (169b)에서 '보겠습니다'는 두 가지 해석이 가능하다. 문법화로 가는 징검다리의 역할을 한 문맥

57) 언어표현은 어휘소와 문법소로 나눌 수 있다. 어휘소란 어휘적 의미를 갖는 것을 말하고 문법소란 문법적 의미를 갖는 것을 말한다. 예를 들면 '아이가 잔다.'에서 '아이, 자'가 어휘소이고 /가, -ㄴ, 다/는 문법소이다.

이다. (169c)에서 '보았다'는 더 이상 'see'라는 의미로 해석하기 어려운 상황이며 새로운 기능으로 전환된 상태라고 할 수 있다. (169d)에서는 '눈을 감다'와 '보다'라는 모순적인 표현이 결합되어 있다. '보다'에 새로운 의미기능을 부여하지 않으면 해석이 불가능한 상황이다. 즉 여기에서 '보다'는 (169a)의 '보다'와는 완전히 다른 동사, 즉 조동사로 보아야 한다.

(169) 한국어 '보다'의 조동사화 과정

a. 초기단계: 영아는 상자 하나를 보았다.
b. 경과문맥: 제가 한 번 가 보겠습니다.
c. 전환문맥: 영수는 그 음식을 먹어 보았다.
d. 관용화 단계: 철수는 눈을 감아 보았다.

이와 같이 조동사는 일종의 문법소로서 본동사에 대해 '문법적 의미'를 부여하는 제2동사 혹은 2차적 동사라고 할 수 있는데 여기서 문법적 의미란 시제(時制; tense), 상(相; aspect), 태(態; voice), 양상(樣相; modality) 등을 말한다. 조동사가 시제를 나타내는 예는 위 2.3.에서 본 바와 같이 영어의 조동사 'will'이나 독일어의 미래조동사 'werden'이 있다. 독일어 'werden'은 원래 'become'이라는 뜻의 본동사인데 (170)에서는 미래 조동사로 쓰였다. 독일어에서는 또 HAVE(haben)-동사와 BE(sein)-동사가[58] 본동사의 과거분사와 결합해서 과거시제를 표현하고 프랑스어도 이와 비슷한 현상이 있다.

---

58) HAVE, BE와 같이 대분자로 쓸 때는 영어의 'have, be'에 해당하는 표현이라는 뜻이다.

(170) 독일어 미래조동사 'werden'

Peter wird morgen Marie besuchen.[59)]
Peter become tomorrow Mary visit
'Peter will visit Mary tomorrow.'

상(相; aspect)이란 '사건의 진행국면'을 나타내는 문법기제를 말하는데 영어의 진행형이나 완료형이 대표적인 예이다. 영어에서 이 상들을 표현하는데 'be'-동사와 'have'-동사가 쓰이는데 이때 'be, have'가 바로 조동사이다. (171)의 한국어 예문에서도 '있다'가 '사건의 진행국면', 즉 상을 나타내는 조동사이다. (171a)에서 '있다'는 사건이 '진행중'이라는 것을 나타내고 (171b)에서 '있다'는 사건이 '이미 끝나서 결과가 남아 있는 상태'를 나타낸다.

(171) 한국어 상 표현 조동사 '있다'

a. 영희가 사과를 먹고 있다.
b. 영희가 오늘은 파란 반지를 끼고 있다.

태(voice)란 능동태/수동태의 구분을 말하는데 수동태 문장을 만들 때 흔히 제2동사, 즉 조동사를 사용한다. 영어와 프랑스어에서는 수동태 조동사로 BE-동사가 쓰이며 독일어에서는 BECOME-동사와 BE-동사가 쓰인다(2.6. 참조). 한국어에서도 수동문에 쓰이는 '-(어)지다, -(게) 되다'를 수동태 조동사로 볼 수 있다. (172)는 프랑스어 수동태 조동사의 예이다.

---

59) 'wird'는 'werden'의 3인칭 단수 현재형이다.

(172) 프랑스어 수동태 조동사

Marie est aimé de Paul.
Mary is loved from Paul
'Mary is loved by Paul.' (이숙현·심을식, 2008d: 561)

양상(modality)이란 진술 내용에 대한 화자의 태도표현을 말한다. 확신의 정도와 의무/필연성의 정도를 나타내는 표현들이다. 이러한 화자의 태도는 여러 가지 형식으로 표현될 수 있는데 한국어에서 몇 가지 예를 보면 (173)과 같다(송경안, 2019: 480).

(173) 한국어의 다양한 양상 표현

a. 양상부사: 아마, 분명히, 확실히, 혹시, 어쩌면
b. 양상술어: 틀림없다, 분명하다, 확실하다, 보다, 싶다, 같다, 보인다, 가능하다
c. 양상부사구: 어떻게 보면, 분명하지는 않지만, 잘은 모르겠지만, 모르긴 해도
d. 양상술어구: ~야 한다/된다, ~도 된다/좋다, ~ㄹ 수 있다, ~ㄹ 것이다, ~지도 모른다, ~ㄹ 것으로 본다, ~하면 좋겠다, ~하는 것이 낫겠다

이러한 양상이 조동사로 표현되는 경우가 있는데 영어와 독일어가 대표적인 예이다. 즉 영어의 'can/must/may/should' 등의 조동사들이 여기에 속하는데 이들을 특별히 양상조동사(modal auxiliary)라고 부르기도 하고 이들은 영어의 대표적인 조동사들이기 때문에 영어에서 '조동사'라고 하면 보통 이 양상조동사를 가리키기도 한다. 영어의 양상조동사는 독일어에도 비슷하게 나타나는데 이는 게르만어의 전통

이라고 하겠다. 영문법의 영향을 받아 우리는 흔히 조동사라고 하면 의례히 'can/must/may/should' 등을 떠올리지만 사실은 이 양상조동사들은 영어/독일어에 특별히 잘 발달해 있는 조동사들이며 유럽 언어라도 해도 로만스어나 슬라브어에는 양상조동사가 영어/독일어에서처럼 별도의 범주로 발달해 있지 않다. 양상조동사에 대해서는 아래에서 별도로 자세히 논의하겠다.

이상에서 우리는 조동사가 2차적 동사로서 본동사에 시제, 상, 태, 양상 등의 문법적 의미를 부여한다고 했는데 이밖에 다른 문법적 의미를 표현할 수도 있다. 예를 들면 (174)와 같이 한국어에서는 '주다, 버리다'가 조동사로 쓰이는데 이들의 문법적 의미는 위의 4가지 의미와 다르다.[60)]

(174) 한국어 '주다, 버리다' 조동사

a. 영희가 철수에게 문을 열어 **주었다**.
b. 영희가 철수의 사과를 먹어 **버렸다**.

영어에는 이밖에도 조동사로 분류할 만한 동사들이 더 있다. 부정문이나 의문문에 쓰는 'do', 수동태에 쓰는 'get'이 그 예이고 그밖에 'need, be going to, be about to, had better, have to, used to, ought to, would like to' 등도 넓은 의미에서 이 부류에 속한다. 이에 대한 몇 가지 예를 보면 (175)와 같다.

---

60) (174a)는 도움/이익을 주는 상황이고 다른 (174b)는 피해를 주는 상황이다. 언어학에서는 이때 'benefactive/malifactive'라는 개념을 사용한다. 이 역시 일종의 문법적 의미라고 할 수 있다.

(175) 영어의 2차적 조동사

a. He **got** fired.
b. John **is going to** come to the party.
c. There **need** not be more light in this room.
d. That is why I **ought to** work hard at school.
e. I **used to** walk, but I take the public bus now.
f. You **had better** read aloud when reading books.
g. How many of you **would like to** live in the jungle?

프랑스어 문법에서는 영어의 완료구문에 해당하는 'HAVE/BE + PP'구조에 쓰이는 HAVE('avoir') 동사와 BE('être') 동사만을 조동사로 분류하고 그밖에 몇 가지 준조동사를 구분한다(노윤채, 2006: 182-187; 서정철·이창순, 2010: 316-323). 한 가지 흥미로운 것은 영어의 'can/must/may' 등 양상조동사에 해당하는 동사들을 프랑스어 문법에서는 1차 조동사로 분류하지 않고 준조동사로 분류하고 있다는 점이다. 영어의 'can/must/will'에 해당하는 'pouvoir/devoir/vouloir' 이외에 프랑스어에서 중요한 준조동사로 분류되는 동사는 GO('aller') 동사와 COME('venir') 동사이다. 이때 GO('aller')/COME('venir')은 각각 근접미래와 근접과거를 나타낸다((176) 참조).

(176) 프랑스어 준조동사 GO('aller')/COME('venir')

a. Le bébé **va** s'endormir.
the baby goes fall asleep
'The baby is about to fall asleep.'

b. Il **vient** de pleuvoir.

it comes of rain
'It rained just before.'

위 예문에서 프랑스어의 GO('aller')/COME('venir') 동사가 조동사로 쓰이는 예를 보았는데 GO-동사가 조동사로 쓰이는 예는 위 (175b)의 영어 문장에서도 보았고 (177)과 같이 한국어에서도 '가다/오다' 동사가 조동사로 쓰일 수 있다. 영어와 프랑스어는 영향관계에 있기 때문에 그렇다 치더라도 한국어에서 비슷한 현상이 나타나는 것은 설명하기 어렵다.

(177) 한국어 이동 동사의 조동사화

a. 꽃이 시들어 간다.
b. 방이 식어 간다.
c. 날이 어두워 온다.

앞서 2.3.에서도 비슷한 현상을 소개한 적이 있다. 영어, 한국어, 중국어, 일본어에서 존재 동사를 이용해서 진행형을 만드는 현상이다. 논의의 편의상 (178)에 앞서 본 예문을 반복한다.

(178) 존재동사의 진행형 조동사화

영: John is hunting. (cf. John is on hunting.)

한: 영희는 사과를 먹고 있다.

일: John-ga hon-o yon-de iru.
John-주어 book-목적 read-어미 exist

'John is reading a book.'

(Kuno, 1973: 148; Steele, 1978: 22 재인용)

중: 他 在 寫 信。

he exist write letter

'He is writing a letter.' (안기섭·송진희, 2008: 369)

(179) 조동사의 근원동사 패턴(Heine, 1993: 31, 47)

	근원 패턴	근원 의미	조동사의 의미
1	X is at Y	있다	진행, 진입, 지속
2	X moves to/from Y	이동	진입, 미래, 완료, 과거
3	X does Y	행위	진행, 진입, 지속, 완결, 완료
4	X wants Y	원함	진입, 미래
5	X becomes Y	되다	진입, 미래
6	X is (like) a Y	동일	결과, 진행, 완료, 미래
7	X is with Y	동반	진행
8	X has Y	소유	결과, 완료, 미래
9	X stays in a Y manner	방법	진행

이에 대해 독일 쾰른대학 Heine(하이네) 교수는 세계 여러 언어를 조사한 결과 조동사화 하는 근원동사에 (179)와 같이 몇 가지 패턴이 있는 것을 관찰하였다. (178)은 (179_1)의 패턴에 해당한다. 즉 '~에 있다'는 구문이 진행형으로 발전한 것이다. (176)-(177)은 (179_2)의 패턴에 속한다. 이동 동사가 조동사로 발전한 것이다. 영어, 독일어, 프랑스어의 HAVE + PP 구문은 (179_8)의 패턴에 속한다. 소유를 나타내는 동사가 조동사로 발전한 경우이다. 이러한 관점에서 보면 (176)의 프랑스어 GO('aller')/COME('venir') 동사는 준조동사가 아니라 HAVE('avoir') 동사나 BE('être') 동사와 똑같이 완전한 조동사로 보

아도 무방할 것이다.

한편 위 (167)-(168)에서 우리는 조동사와 본동사의 차이에 대해 언급한 바 있는데 Heine 교수는 조동사의 특징을 (180)과 같이 21가지로 열거하고 있다(Heine, 1993, 22-24: 이기갑, 2008: 310 참조).[61]

(180) 조동사의 특징

(a) 조동사는 주로 시제, 상, 양상을 표현하며 다른 문법적 의미도 표현할 수 있다.
(b) 수가 한정되어 있다.
(c) 완전히 어휘적이거나 완전히 문법적인 단위가 아니다.
(d) 본동사로도 쓰일 수 있다.
(e) 문법적 기능을 수행하면서도 다른 한편에서는 형태·통사적으로 동사적 특징을 보인다.
(f) 형태·통사론으로 동사적 특징을 갖는다 하더라도 불구적인[62] 경우가 많다.
(g) 절의 주술어(main predicate)가 되지 않는 경우가 많다.
(h) 완형과 축약형의 두 가지 수의적 변이형이 있을 수 있다.
(i) 무강세이거나 또는 대조적 강세를 받을 수 없다.
(j) 접어(clitic)로 쓰이는 경향이 있으며 필수적으로 접어화 하는 경우도 있다.
(k) 술어와 관련된 모든 형태적 정보를 갖출 수 있다.
(l) 주어와의 일치 표지는 본동사보다 조동사에 붙는다.
(m)언어에 따라 조동사는 한정절(finite clause)의 필수적인 성분으로 쓰이지만, 비한정절(nonfinite clause)이나 명령문에서는

61) 이기갑 교수의 내용을 필자가 부분적으로 보완하였다.

62) 일반동사와 똑같이 온전하게 형태변화를 하지 않는 경우를 말한다. 예를 들면 영어의 조동사들은 3인칭 단수형에서 변화를 하지 않으며 과거분사형도 없다.

필수적이 되지 못한다.

(n) 조동사는 보통 다른 조동사에 의해 지배되지[63] 않지만 예외적인 경우도 있다.

(o) 조동사는 고유한 (어휘적) 의미를 갖지 못하고 본동사와 결합하면서 문법적 의미를 갖는다.

(p) 본동사와 분리되어 나타난다.

(q) 이웃한 요소에 의존적일 때가 있다.

(r) 일반동사와 달리 조동사는 명사화나 합성어 형성이 안 된다.

(s) 조동사는 문장에서 고정된 위치와 어순을 갖는다.

(t) VSO 언어에서는 조동사가 본동사 앞에 오는 경향이 있고, SOV 언어에서는 조동사가 본동사 뒤에 오는 경향을 보인다.

(u) 조동사가 있을 경우 본동사는 활용하지 않는다.

(v) 조동사가 있을 때 본동사는 처격의 형태론적 특징을 보이는 경우가 있다.

양상조동사: 위에서 언급한 바와 같이 양상(modality)이란 진술내용에 대한 화자의 태도표현을 말하는데 이것이 조동사로 표현되는 것을 양상조동사(modal auxiliary)라고 한다. 예를 들면 영어의 조동사 'can/may/must/shall/will' 등이 여기에 속한다. 언어학적으로 볼 때 이들은 특수한 동사군에 해당하며 특히 영어, 독일어, 프랑스어를 비교할 때는 별도로 논의를 해야 할 부분이다.[64]

이와 관련하여 먼저 한 가지 짚고 넘어갈 일은 우리 한국 사람들이 가지고 있는 조동사에 대한 일반적인 인식이다. 즉 우리는 영어교육의 영향을 받아 'can/may/must/shall/will' 등만 조동사라고 생각

63) '지배(govern)'라는 말은 전문용어이며 동사가 문장에 들어갈 요소들을 결정하는 것을 말한다.

64) 이하 이 장의 내용은 송경안·김순임(1998)을 수정·보완한 것이다.

하는 경향이 있고 그러다 보니 심지어 '한국어에는 조동사가 없다'고 생각하는 경우도 있다. 이러한 개념을 나타내는 표현이 한국어에는 조동사로 발달해 있지 않기 때문이다. 그러나 한국어에 'can/may/must/shall/will' 등의 개념을 표현하는 조동사는 없어도 (171), (174)에서 본 것처럼 다른 종류의 조동사는 많이 나타난다. 다만 한국어 문법에서는 '조동사' 대신 '보조동사' 혹은 '보조용언'이라는 용어를 사용하고 있으며 영어로 하면 모두 'auxiliary'이다. 한편 영어에서도 이들이 대표적인 조동사이기는 하지만 이밖에 진행형, 완료형, 수동태에 쓰이는 'have/be'-동사나 (175)에서 보는 조동사 등 다른 조동사들도 많이 있다. '양상조동사만 조동사'라는 인식은 잘못된 것이라는 뜻이다.

영어와 한국어를 비교하면 영어에는 양상조동사가 발달해 있고 한국어에는 그러한 조동사가 없다. 그러면 '영어의 현상이 일반적일까 아니면 한국어의 현상이 더 일반적일까?' 하는 질문을 해 볼 수 있는데 여기에서도 우리는 자칫하면 오류에 빠지기 쉽다. 즉 우리는 무의식중에 영어의 현상이 '표준적'이라고 생각하는 경향이 있기 때문이다. 그러나 언어현상을 넓게 보면 이는 큰 착각이라는 것을 알 수 있다. 앞서 말한 대로 양상조동사들은 영어/독일어를 비롯한 게르만어에 특별히 잘 발달해 있는 조동사들이며 유럽 언어라도 해도 로만스어나 슬라브어에는 양상조동사가 영어/독일어에서처럼 별도의 범주로 발달해 있지 않다. 이제 양상조동사의 발달과 관련해서 '영어의 현상이 일반적일까 아니면 한국어의 현상이 더 일반적일까?' 하는 질문에 대한 답은 분명해졌다. 한국어의 현상이 더 일반적이고 영어의 현상은 오히려 특수한 경우에 속한다.

① **과거-현재형 동사**: 영어, 독일어의 양상조동사와 프랑스어의 관련 동사목록을 보면 (181)과 같다. 이 표를 보면 영어의 조동사가 형태적으로 독일어와 매우 유사하고 프랑스어와는 완전히 다르기 때문에 영어의 조동사들이 독일어에서 왔다는 것을 알 수 있다. 독일어 조동사의 어미 '–en'은 기본형에 붙는 어미이며 이것을 빼 버리면 영어의 조동사와 더 유사하게 보인다.[65)]

(181) 영어 독일어 프랑스어 양상조동사 목록

영	can	may	must	shall	will	(may)
독	können	mögen	müssen	sollen	wollen	dürfen
프	pouvoir		devoir		vouloir	

영어의 양상조동사 하면 먼저 떠오른 것이 현재인칭변화가 다른 동사들과는 다르다는 점일 것이다. 즉 3인칭 단수에서 어미변화를 하지 않는 것이다. 양상조동사들의 이 특이한 현상은 독일어를 보면 더 분명해진다. (182)는 영어와 독일어의 일반동사 COME과 양상조동사 WILL의 현재인칭변화를 비교한 것이다. 영어는 현재인칭변화에서 게르만어의 어미를 거의 상실하고 3인칭 단수에 /-s/만 남아 있는데 양상조동사들은 이것마저 생략한다.

독일어는 게르만어의 인칭변화체계를 아직 유지하고 있는데 (182)에서 보는 것처럼 일반동사와 양상조동사의 변화가 많이 다르다. 즉 양상조동사는 1인칭과 3인칭 단수에서 어미를 취하지 않았으며 단수

65) 'may/mögen'의 쌍에서 영어는 /y/를 쓰고 독일어는 /g/를 쓰고 있는데 두 언어 사이의 이러한 /y-g/ 대응은 다른 단어에서도 나타난다. 예: day-Tag, yesterday-gestern, way-Weg, say–sagen.

형에서 어간의 모음이 특이하게 변화했다. 독일어 동사의 현재인칭변화에서 모음이 변하는 경우가 있기는 하지만 (182)와 같이 [o > i]로 변하는 패턴은 없다. 또 이 표를 보면 영어의 'will'이 독일어의 기본형 'wollen'이 아니라 단수 현재형 'will'에서 왔다는 것도 짐작할 수 있다. 영어의 3인칭 단수형에서 어미변화를 하지 않는 이유를 독일어 3인칭 단수형을 보면 알 수 있다.

(182) 영어와 독일어 양상조동사의 현재인칭변화

		영어		독일어	
		come	will	kommen	wollen
단수	1인칭	come	will	komm-**e**	**will**
	2인칭	come	will	komm-**st**	**will-st**
	3인칭	**comes**	**will**	komm-**t**	**will**
복수	1인칭	come	will	komm-en	woll-en
	2인칭	come	will	komm-t	woll-t
	3인칭	come	will	komm-en	woll-en

그러면 이 독일어 조동사 'will'의 특이한 형태가 어디에서 왔으며 인칭변화가 일반동사 'kommen'과 다른 이유는 무엇일까? 이를 설명하려면 독일어 및 게르만어의 역사를 거슬러 올라가야 한다. 역사적으로 'will'은 'wollen'의 과거형이었고 이 동사의 단수형 인칭변화는 과거시제의 인칭변화를 따르고 있는 것이다. 독일어 일반동사의 과거형 및 과거인칭변화와 (183)에서 'wollen' 동사의 인칭변화를 비교해 보면 이 점이 분명해진다. (183)은 2가지 독일어 일반동사의 과거인칭변화와 'wollen' 동사의 현재인칭변화를 비교한 것이다.

(183) 독일어 일반동사의 과거형과 'wollen'의 현재형

기본형		lieben('love')	kommen('come')	wollen('will')
단수	1인칭	liebte	kam	will
	2인칭	liebte-**st**	kam-**st**	will-**st**
	3인칭	liebte	kam	will
복수	1인칭	liebte-**n**	kam-**en**	woll-**en**
	2인칭	liebte-**t**	kam-**t**	woll-**t**
	3인칭	liebte-**n**	kam-**en**	woll-**en**

이 표에서 'lieben'(love)은 규칙동사이고 'kommen'(come)은 불규칙동사이다. 규칙동사는 과거형에서 어간의 모음이 그대로이지만 불규칙동사 'kommen'은 어간의 모음이 변화를 보인다. 위에서 'will'이 원래 'wollen'의 과거형이었다고 했는데 [o > i]의 어간모음 변화는 바로 과거형에서 보인 변화 패턴인 것이다. (183)의 단수 1,3인칭에서 'will'이 어미변화를 하지 않고 있는데 이 역시 일반동사의 과거인칭변화와 일치한 것을 알 수 있다. 복수형의 어미변화는 현재형과 과거형에서 차이가 없는데 (182)-(183)에서 'wollen'의 복수형들은 어간모음을 그대로 유지하면서 일반동사의 현재인칭변화를 따르고 있다.

그러니까 (182)의 'will'은 원래 과거형이었던 것을 현재형으로 쓰고 있는 것인데 이와 같이 과거형을 현재형으로 사용하는 것은 고대 게르만어에 종종 있었던 일이며 이러한 동사를 언어학에서 과거-현재형 동사(preterito-presentia)라고 부른다. 현대 독일어의 양상조동사의 변화는 이러한 과거-현재형 동사의 특징을 잘 나타내고 있으며((184) 참조) 영어의 양상조동사가 3인칭 단수 현재형에서 어미변화를 하지 않는 것도 바로 이 과거-현재형 동사의 흔적이라고 할 수 있다.

(184) 독일어 양상조동사의 현재인칭변화

수	인칭	**können ('can')**	**mögen ('may')**	**müssen ('must')**	**sollen ('shall')**	**wollen ('will')**	**dürfen ('may')**
단수	1	kann	mag	muss	soll	will	darf
	2	kann-st	mag-st	musst	soll-st	will-st	darf-st
	3	kann	mag	muss	soll	will	darf
복수	1	könn-en	mög-en	müss-en	soll-en	woll-en	dürf-en
	2	könn-t	mög-t	müss-t	soll-t	woll-t	dürf-t
	3	könn-en	mög-en	müss-en	soll-en	woll-en	dürf-en

(185) 독일어/영어 조동사의 역사적 변화과정[66]

WG	kann/kunnum /kunÞa	OG	kann/kunnum/konda	MG	kann/können/konnte
		OE	can/cunnon/cuÞe	ME	can / ø / could
WG	Þarf/Þurbum /Þorfta	OG	darf/durfum/dorfta	MG	darf/dürfen/durfte
		OE	Þearf/Þurfon/Þorfte	ME	ø
WG	skal/skulum /skolda	OG	scal/sculum/scolda	MG	soll/sollen/sollte
		OE	sceal/sculon/scolde	ME	shall / ø /should
WG	mag/magum /mahta	OG	mag/magum/mahta	MG	mag/mögen/mochte
		OE	mœg/magon/meahte	ME	may / ø / might
WG	mōt/mōtum /mōssa	OG	muoz/muozun/muoza	MG	muß/müssen/mußte
		OE	mōt/mōton/mōste	ME	must/ ø /must
WG	wiljan	OG	wellen	MG	will/wollen/wollte
		OE	willian	ME	will / ø / would

독일어와 영어의 양상조동사들의 역사적 변화과정을 보면 (185)와 같다(Birkmann, 1987. 351 이하; 송경안 · 김순임, 1998). 이 표는 Birkmann(1987)에서 독일어와 영어의 양상조동사에 관한 주요 부분만을

66) WG = West-germanic, OG = Old German, OE = Old English, MG = Modern German, ME = Modern English

발췌하여 정리한 것이다. 각 조동사의 형태들은 현재형/기본형/과거형의 순이며 'wollen(독)/will(영)'의 이전 형태는 이 자료에서 추적할 수 없어서 기본형만을 발췌한 것이다. (185)의 두 번째 조동사 'dürfen'은 현대 영어에 와서 소멸되었는데 이에 따라 (181)에는 이에 해당하는 영어의 조동사가 없다.

과거-현재형 동사는 원래 양상조동사에만 국한된 것이 아니고 다른 동사에서도 나타난 현상이며 이들 사이에 의미적 공통점은 없었다. 중세 독일어까지만 해도 양상조동사 이외에 3개의 동사가 과거-현재형을 유지하고 있었는데[67] 의미적 공통점에 따라 양상조동사군이 확립되면서 다른 동사들은 여기에서 떨어져 나가게 된다. 이 가운데 현재까지 남아 있는 동사는 'wissen'(know) 동사이다. 현대 독일어 'wissen'(know) 동사의 현재인칭변화를 보면 (186)과 같다.

(186) 독일어 'wissen'(know)의 현재인칭변화

수	인칭	변화형	수	인칭	변화형
단수	1	weiß	복수	1	wissen
	2	weißt		2	wisst
	3	weiß		3	wissen

이를 (184)와 비교해 보면 단수 형태의 변화에서 공통점을 발견할 수 있다. 1,3인칭에서 어미변화가 없으며 어간모음이 바뀌었다. 양상조동사 이외에 현대 영어에 남아 있는 과거-현재형 동사는 'ought'이다.

과거-현재형 동사는 게르만어에 나타난 현상이며 로만스어인 프랑스어에는 이러한 현상이 관찰되지 않는다. (181)의 프랑스어 양상조

67) gunnen/günnen('allow'), tugen/tügen('help'), wizzen('know')

동사의 현재인칭변화는 (187)에서 보는 것처럼 일반동사와 차이가 없다. 프랑스어 동사의 인칭변화가 동사군에 따라 조금씩 차이가 있는데 양상조동사 중에서도 'pouvoir/vouloir'는 같은 계열이고 'devoir'는 다른 계열에 속한다. (187)에서 'valoir'(be worth)는 'pouvoir/vouloir'와 같은 변화계열의 일반동사이고 'recevoir'(receive)는 'devoir'와 같은 계열의 일반동사이다.

(187) 프랑스어 양상조동사와 일반동사의 변화

수	인칭	**valoir ('worth')**	**pouvoir ('can')**	**vouloir ('will')**	**recevoir ('receive')**	**devoir ('must')**
단수	1	vaux	peux	veux	reçois	dois
	2	vaux	peux	veux	reçois	dois
	3	vaut	peut	veut	reçoit	doit
복수	1	valons	pouvons	voulons	recevons	devons
	2	valez	pouvez	voulez	recevez	devez
	3	valent	peuvent	veulent	reçoivent	doivent

그러면 과거-현재형 동사에서 어떻게 과거형이 현재시제를 나타내게 되었는지에 대해 'wissen'(know) 동사를 예로 알아보기로 한다. 이 동사는 '보다'라는 의미를 가진 인도-게르만어 동사어근 /*ueid-/에서 나온 말로써 라틴어 /vidi-, videre-/와 같은 어원이다. 그 과거형은 /*ouid-/로서 '보았다'라는 뜻이다. 이 '보았다'의 과거형이 게르만어에 들어와 '알다/알고 있다'라는 현재의 의미로 해석되어 과거-현재형 동사를 형성하게 된 것이다.[68] 이후 게르만어에서는 이들 동사들에 대해

68) 한국어에 '닮았다, 잘났다, 못났다' 등의 술어도 과거-현재형 동사와 비슷한 현상이 아닐까 싶다.

새로운 과거형태가 발달하게 된다(Birkmann, 1987: 2). (188)에서 보는 바와 같이 현대 독일어에서 양상조동사의 과거형은 기본적으로 규칙동사의 패턴을 따르고 있다. 이 표에서 어미 /–te/는 규칙동사의 과거형에 붙는 어미이다. 규칙동사는 어간의 모음이 변화하지 않는데 양상조동사는 어간모음이 약간 변화하는 것이 규칙동사와 차이가 있다.

(188) 현대 독일어 양상조동사의 과거형

können('can')	konn-te	**sollen('shall')**	soll-te
mögen('may')	moch-te	**wollen('will)**	woll-te
müssen('must')	muss-te	**dürfen('may')**	durf-te

② 영어, 독일어, 프랑스어 양상조동사의 특징: 양상조동사는 유럽 언어에서 대표적인 조동사군이라고 할 수 있다. 이 단락에서는 이제 영어, 독일어, 프랑스어 양상조동사의 특징을 조금 더 자세히 살펴보고자 한다(Welke, 1965; Buscha et al., 1971; Standwell, 1979; Nehls, 1986; Palmer, 1987; Heine, 1995; 송경안 · 김순임, 1998 등 참조). 영어와 독일어는 양상조동사가 독특한 어형변화를 하기 때문에 특별한 동사군, 즉 대표적인 조동사로 인식되고 분류하기도 쉽다. 그러나 프랑스어의 양상조동사는 형태적으로 일반동사와 구분이 잘 안 되기 때문에 프랑스어 문법에서는 이들을 특별한 동사군으로 인식하지 않는 것으로 보이며 보통 준조동사로 분류한다(노윤채, 2006: 182-187; 서정철 · 이창순, 2010: 316-323). 그러나 자세히 보면 프랑스어 양상조동사들도 나름대로 일반동사와 구별되는 특징을 지니고 있음을 알 수 있다.

영어의 양상조동사들의 특징으로 흔히 NICE-특질을[69] 든다(An-

69) 'NICE-property'라도 하며 'NICE'는 *N*(negative marker), *I*(Invert), *C*(Code posi-

derson, 2000: 810). 부정문에서 부정소와 결합할 수 있고, 의문문에서 주어와 도치되며, 응답문에서 본동사 없이 조동사만으로 쓰일 수 있고, 강조문에서 강세를 받을 수 있다는 뜻이다. 다른 문헌들을 참고해서 영어의 양상조동사들의 특징을 조금 더 자세히 보면 (189)와 같다 (Welke, 1965; Buscha et al., 1971; Standwell, 1979; Nehls, 1986; Palmer, 1987; Heine, 1995; 송경안 · 김순임, 1998 재인용).[1)]

(189) 영어 양상조동사들의 특징

(a) 3인칭 단수에서 /–s/를 붙이지 않는다. 위에서 본 바와 같이 이는 게르만어 과거-현재형 동사의 흔적이다.
(b) 기본형(원형), 현재분사형, 과거분사형, 동명사 등 부정형태 (infinite forms)가 없으며 필요에 따라 'have/had to, have been/be able to' 등 대체표현을 사용한다.
(c) 'could, should, would, might' 등 과거형이 있기는 하지만 간접화법에서 형식적으로 쓰이는 정도이고 그밖에는 'could, would'가 경우에 따라 과거시제로 쓰일 뿐 기능면에서는 시제의 기능을 별로 하지 않는다.
(d) 부정소 'not'과 결합하여 축약형을 형성할 수 있다.
(e) 명령문을 만들지 못한다.
(f) 수동형을 만들 수 없다.
(g) 완료형을 만들 수 없다. 즉 'I have could speak English.'과 같은 표현이 불가능하다는 뜻이다.
(h) 의문문과 부정문에서 별도의 조동사 DO를 사용하지 않는다.
(i) 부가의문문에서도 별도의 조동사 DO를 사용하지 않는다.

---

tion), *E*(emphasis)의 첫 자를 딴 것이다.

1) 이하 이 장의 내용은 송경안 · 김순임(1998)을 수정 · 보완한 것이다.

(j) 의문문의 대답에서 대동사 DO를 쓰지 않는다.
(k) 한 문장에서 다른 조동사와 결합해서 사용할 수 없다. 즉 'She must can come.' 같은 문장이 불가능하다는 뜻이다.
(l) 관련 본동사 앞에 'to'를 붙이지 않는다.
(m) 동사구에서 맨 앞에 위치한다.
예: She could have been speaking English.

영어의 양상조동사들은 게르만어에서 온 것으로 독일어와 유사할 것으로 보이지만 자세히 보면 두 언어 사이에는 상당한 차이가 있음을 알 수 있다. 먼저 독일어 양상조동사들의 특징을 정리하면 (190)과 같다.

(190) 독일어 조동사들의 형태적 통사적 특징

(a) 게르만어 과거-현재형 동사의 특징을 유지하고 있다. 단수형의 현재인칭변화에서 모음교체가 일어나며 1, 3인칭에서 어미변화를 하지 않는다((189a) 참조).
(b) 영어와는 달리 기본형과 과거분사형을 가지며 현재분사형은 없다((189b) 참조).
(c) 시제의 기능을 하는 과거형태가 별도로 있다((189c) 참조).
(d) 명령문을 만들지 못한다((189e) 참조).
(e) 특수한 경우를 제외하고는 기본적으로 수동형을 만들 수 없다((189f) 참조).[2]
(f) 관련 본동사 앞에 'zu'(to)를 붙이지 않는다((189l) 참조).
(g) 영어와는 달리 조동사 문장에서 본동사는 후치한다.
(h) 부정형태(infinite forms)가 있기 때문에 대체표현이 필요 없으

2) 'Diese Aufgabe wurde von allen gekonnt.'(= This task could be done by everyone.) (König, 1970: 249).

며 따라서 한 문장에서 서로 결합해서 나타날 수 있다((189b, k) 참조).

Er muss kommen können.
he must come can
'He must be able to come.'

(i) 독자적으로 목적어를 취할 수 있다. 일반 타동사와 같이 쓰이는 것이다.

Sie kann Englisch.
she can English
'She can speak English.'

(j) 방향이나 목표를 나타내는 부사와 본동사 없이 직접 결합할 수 있다.

Ich muss nach Berlin.
I must to Berlin
'I must go to Berlin.'

(k) 영어의 조동사는 부정문과 의문문에서 일반동사와 다른 통사적 특징을 갖는데 반해 독일어의 조동사는 이 두 가지 구문에서 일반동사와 특별히 구별되지 않는다((189h) 참조).

(l) 영어는 의문문의 대답에서 대동사 DO만을 쓰든가 아니면 조동사만을 쓸 수 있는데((189j) 참조), 독일어는 이러한 구조가 불가능하며 간단히 대답할 때는 'ja/nein'(yes/no)으로만 한다.

Kannst du Tennis spielen? Ja. / Nein.
can you tennis play yes./ no.
'Can you play tennis? Yes, I can.'

(m) 영어의 조동사는 *to*-부정사 구문을 만들 수 없는데 독일어에

서는 가능하다.

Es macht mich traurig, jeden Tag das tun **zu müssen**.
it makes me sad, every day that do to must
'It makes me sad to have to do it every day.'

(n) 독일어의 조동사 'wollen'(will)과 'möchte'(want)는[3] 종속절을 목적어로 취할 수 있다.

Ich will nicht, dass er so früh geht.
I will not, that he so early goes
'I don't want him to go so early.'

Ich möchte nur, dass sie mir glauben.
I want only, that they me believe
'What I only want is that they believe me.'

(o) 독일어의 조동사는 'HAVE + PP' 형식의 완료형을 만들 수 있다. 이때 본동사가 없을 때는 조동사의 과거분사를 쓰고 본동사가 있을 때는 조동사의 과거분사형 대신 기본형을 사용한다((189g) 참조). 아래 예문에서 'gekonnt'가 과거분사형이고 두 번째 예문의 'können'은 과거분사 대신 쓰인 기본형이다. 독일어에서 완료형은 과거시제의 기능을 한다.

Er hat Deutsch gekonnt.
he has German can.pp
'He was able to speak German.'

Er hat Deutsch sprechen können.
he has German speak can.inf

3) 'möchte'는 어원적으로 영어의 'might'에 해당하는데 용법은 완전히 다르다.

'He was able to speak German.'

(p) 영어의 'should/could have + PP' 형식의 완료 문장도 독일어에서 가능하다((189g) 참조). 독일어에서 이러한 완료형의 기능은 해당 영어 완료형 구문의 기능과 비슷하다.

Er	muss	Deutsch	gelernt	haben.
he	must	German	learned	have

'He should have learned German.'

영어와 독일어의 양상조동사는 게르만어 기원으로 형태적으로나 기능적으로 유사한 데가 많다. 그러나 자세히 보면 차이도 많이 난다는 것을 알 수 있다. 전체적으로 보면 독일어의 조동사가 일반동사의 특징을 상당 부분 보존하고 있는데 반해 영어의 조동사에서는 일반동사가 갖는 특징이 거의 없어지고 오히려 일반동사와 분명하게 구분되는 경향을 보인다. 독일어 조동사의 일반동사적 특징은 (190b,c,h-o)에서 잘 드러난다. 독일어와 비교할 때 영어의 조동사는 문법화가 훨씬 많이 진행되었으며 이 점에서 영어의 조동사는 독자적인 길을 가고 있다고 할 수 있을 것이다.

프랑스어 양상조동사들의 형태는 독일어와 영어 사이에서 나타나는 유사성과는 거리가 멀고, 로만스어 계열인 스페인어, 이태리어, 포르투갈어와 같은 계열이다(Wandruszka, 1969: 412-425 참조). 그러나 프랑스어 양상조동사도 통사적 측면에서는 독일어나 영어와 유사한 특징을 보이고 있다. 이것은 독일어와 프랑스어 및 영어 사이의 관계라기보다는 유럽 언어의 조동사에서 일반적으로 나타나는 특징이라 할 수 있다. 프랑스어 조동사의 형태 및 통사적 특징은 아래 (191)과 같다.

(191) 프랑스어 양상조동사의 특징

(a) 조동사 다음에는 순수 부정사, 즉 'TO' 없는 부정사가 오는데 이는 일반동사에서도 흔히 볼 수 있는 현상이다(2.7. 참조).
(b) 기본형, 과거분사형, 현재분사형 및 복합시제 형태를 가지며 일반동사와 동일한 어형변화 체계를 가진다.
(c) 일반동사와 마찬가지로 'avoir/être'(have/be)를 가지고 'HAVE + PP' 형식의 완료형을 만든다.
(d) 독일어와 마찬가지로 조동사들이 한 문장에서 서로 결합해서 나타날 수 있다((190h) 참조; 강성영, 1981: 12).

Il dois pouvoir travailler.
he must can work
'He must be able to work.'

(e) 본동사 없이 일반 타동사처럼 쓰일 수 있다((190i) 참조).

Je fais ce que je peux.
I do what I can
'I do what I can.'

Il le doit.
he it must
'He must do it.'

(f) 부정문이나 의문문에서 독일어의 조동사와 마찬가지로 일반동사와 구분되는 다른 통사적 특징을 갖지 않는다((190k) 참조).

(g) 의문문의 대답에서 조동사를 쓸 수 있다((190l) 참조).

Je peux aller jouer un peu?
I can go play a little
'Can I go to play a little?'

Oui, tu le peux.
yes, you it can
'Yes, you can.'

Non, te ne peux pas.
no, you not1 can not2
'No, you can't.'

(h) 대명동사로 사용될 수 있으며, 비인칭으로 사용되면 고유한 의미기능을 갖는다.

Le juge se veut équitable.
the judge self will fair
'The judge want to be fair.'

Ils se doivent beacoup.
they self must much
'They should do much (for each other).'

(i) 조동사 'vouloir'(will)는 목적어를 취할 수 있다. 이와 같은 기능은 'devoir'(must)와 'pouvoir'(can)에서도 찾아 볼 수 있다 ((190i) 참조).

Il veux une cerise.
he will a cherry
'He wants a cherry.'

Nous lui devons tout.
we him must all
'We should do everything for him.'

Il peut tout.
he can all

'He can do everything.'

(j) 'vouloir'(will)는 독일어의 'wollen'(will)과 마찬가지로 종속절을 목적어로 취할 수 있다((190n) 참조).

Je veux que vous sortirez.
I will that you go
'I want you to go.'

(k) 'devoir'(must)와 'vouloir'(will)는 명령형이 있으며 vouloir는 명령법을 만들 수 있다.

Veuillez quitter la pièce immédiatement!
will leave the room immediately
'Please leave the room immediately!'

이상에서 프랑스어 양상조동사의 특징을 살펴보았는데 어떻게 보면 이들은 프랑스어 양상조동사가 갖는 고유한 특징이라기보다는 영어 및 독일어와 비교해서 프랑스어가 갖는 특징이라고 할 수 있다. 전체적으로 보면 영어의 양상조동사는 문법화가 많이 진행되어 일반동사와 분명하게 구별되는 동사군을 형성하고 있고 독일어의 양상조동사는 일반동사의 특징을 아직 상당 부분 유지하고 있는 것을 알 수 있다. 프랑스어 양상조동사는 독일어보다 훨씬 더 일반동사에 가까우며 양상동사와 일반동사 사이에 차이가 거의 없다고 보는 것이 더 타당할 것 같다. 요약하자면 영어의 양상조동사는 게르만어에서 출발하였으나 이후 독일어와는 다른 독자적인 길을 가고 있으며 독일어의 양상조동사는 과거-현재형 동사에서 출발해서 독특한 동사군을 형성하고는 있지만 일반동사적 성격이 강하게 남아 있다. 프랑스어 양상조동사는 의미적으로는 '양상'을 나타내고 있지만 일반동사와 구별되는 특징을 거의 보이지 않는다. 프랑스어 문법에서 이들을 2차적 조동사로 분류하는 이유가 바로 여기에 있을 것이다.

제3부

어휘편

3.1. 개관

제2장 구조편에서 우리는 영어, 독일어, 프랑스어의 구조를 비교하였다. 이를 통해 우리는 영어가 독일어와 프랑스어의 영향을 받아 이 두 언어의 특징을 모두 가지고 있지만 영어 나름의 독자성도 많이 보이고 있음을 알 수 있었다. 이제 제3부에서는 어휘 차원에서 영어, 독일어, 프랑스어를 비교하고자 한다.

어휘 면에서 볼 때 영어는 프랑스어와 매우 유사하다.[1] 많은 한국어의 어휘가 중국어에서 온 것과 비슷한 상황이다. 독일 학자 Aronstein(1925, 64)에 따르면 영어의 어휘 55%가 라틴어-프랑스어에서 유래했고 35%가 게르만 전통이며 나마지 10%는 다른 언어에서 온 것이다(Scheler, 1977: 10 재인용). 역시 독일 학자 Finkenstaedt(1973)은 『The Shorter Oxford English Dictionary』(1964)의 주요 어휘 80,096개를 분석하였는데[2] 그 가운데 58.5%가 라틴어-프랑스어 기원이었고 26.3%가 게르만 기원이었다(Scheler, 1977: 10 재인용).

이상을 보면 통계에 약간씩 차이가 있는데 이는 분석방법에서 올 수도 있고 분석의 범위 때문에 나온 결과일 수도 있다. 앞의 두 연구는 전체 어휘의 30% 정도를 정밀하게 분석하지 못 했기 때문에 정확한 통계는 유동적이다. 또 분석의 범위에 따라 통계가 달라질 수 있는

1) 물론 프랑스어의 어휘는 라틴어와 그리스어에서 온 것이 대부분이다. 이와 관련해서 영어 어휘의 기원에 대한 연구로는 McKnight(1923), Scheler(1977), Shipley(1984), Hughes(2000) 등이 있다.

2) 이 사전 제3판(1980)에는 163,000여 개의 어휘가 수록되어 있다.

데 분석대상을 기초어휘에 한정시키면 게르만어 비중이 높아지고 분석대상을 넓게 잡으면 게르만어 비중이 낮아질 것이다. 앞서 말한 대로 영어의 기층부에는 게르만어가 얇게 깔려 있고 프랑스어가 두꺼운 상층부를 형성하고 있기 때문이다.

쉽게 이야기 하면 영어에서 '가다, 오다, 자다, 먹다'와 같은 기초어휘는 주로 게르만 기원이고 추상적인 고급어휘는 프랑스어에서 온 것이라는 뜻이다. 이와 관련해서 간단한 예를 들면 (1)과 같다. 즉 기초어휘라고 할 수 있는 '오다/가다' 동사는 영어와 독일어가 가깝고 그보다 약간 추상적인 '도착하다/지나가다' 동사는 영어와 프랑스어가 가깝다.

(1) 영/독/프 '오다/가다' 동사와 관련 동사

	영어	독일어	프랑스어
'가다'	go	gehen	aller
'오다'	come	kommen	venir
'도착하다'	arrive	ankommen	arriver
'지나가다'	pass	vergehen	passer

위에서 우리는 절반에 가까운 영어의 어휘가 프랑스어에서 유래했다는 것을 보았다. 한편 필자들은 김순임·송경안(1998), 송경안·김순임(2000), 송경안(2015), 김순임(2016) 등에서 영어, 독일어, 프랑스어의 어휘구조를 비교하였는바 이 장에서는 이 선행연구들을 기초로 세 언어의 어휘구조에 대해 소개하고자 한다.

이와 같은 비교분석을 위해서는 그 분석대상 및 범위를 결정하는 것이 어렵고 중요한 문제이다. 대학생들의 학습용 영어사전만 하더라고 보통 10만개 정도의 어휘가 수록되어 있는데 이렇게 방대한 분량의 데이터를 분석하는 것은 한두 명의 연구자가 짧은 기간에 할 수 있는 일이 아니다. 또 외국어(영어) 사전들은 보통 하나의 표제어에 여러 개의 (한국어) 대응표현을 소개하기도 하는데 영-한 어휘를 비교한다고 할 때 어느 것을 대응표현으로 설정하고 분석할 것인가도 어려운 문제이다. 영어, 독일어, 프랑스어 등 세 언어의 어휘를 비교하려면 문제는 훨씬 복잡해질 것이다.

이러한 문제를 해결하기 위해 본 연구자들은 독일 뮌헨(München)의 Orbis 출판사에서 출간된 Goursau, H. & Goursau, M.(1991)의『유럽어 사전』(Europäisches Wörterbuch)을 분석자료로 삼았다. 이 사전은 [표1]과 같이 영어, 프랑스어, 독일어, 이태리어, 포르투갈어 등 유럽 6개 언어의 어휘 7,826개가 한 표제어에 각각 한 단어씩 병렬적으로 수록되어 있다. 본 연구는 이 가운데 독일어, 영어, 프랑스어 부분만을 발췌하여 분석대상으로 삼을 것이다. 종종 한 표제어에 다른 언어에서는 복수의 낱말이 대응되는 경우가 있는데 본 연구자들은 의미적 측면은 배제하고 형태만을 비교하기 때문에 이들을 복수의 표제어로 간주하고 분석하였다.

Englisch	Französisch	Deutsch	Spanisch	Italienisch	Portugiesisch
a, an	un, e	ein, e	uno, una	uno, una	um, uma
abandon, leave	abandonner	preis~geben; auf~geben	abandonar	abbandonare	abandonar
abbey	abbaye	Abtei(f)	abadía	abbazia, badia	abadia
abbreviation	abréviation	Abkürzung(f)(Wort)	abreviatura	abbreviazione	abreviatura
abdicate	abdiquer	ab~danken	abdicar	abdicare	abdicar
abdomen	abdomen	Unterleib(m)	abdomen	addome	abdómen
ability, aptitude	aptitude	Fähigkeit(f)	aptitud(es)	attitudine	aptidão, talento
ability, skill	habileté	Geschicklichkeit(f)	habilidad	abilitá	habilidade
able, qualified	apte, compétent	fähig; tauglich	apto, a	adatto, a	apto, a
able to(be)	capable de	fähig	capaz de	capace di	capaz de
aboard	à bord	an Bord	a bordo	a bordo	a bordo
abolish	abolir	ab=schaffen	abolir	abolire	abolir
abort	avorter	ab=treiben	abortar	abortire	abortar
abortion	avortement	Abtreibung(f)	aborto	aborto	aborto
about	environ	ungefähr	aproximadamente	circa	cerca de
above	au-dessus	über	encima(por, de)	sopra(al di)	cima(por); acima de
above	ci-dessus	oben(-stehend)	arriba(más)	sopra(qui)	acima
above, on, over	dessus(au-; par-)	über	arriba, encima	sopra	em cima, sobre
above all	surtout	besonders	sobre todo	soprattutto	sobretudo
abroad	étranger(à l')	Ausland(im)	extranjero(en el)	estero(all')	estrangeiro(ao)
abrupt, sudden	brusque	brüsk	brusco, a	brusco, a	brusco, a

[표 1] 분석대상 유럽어 사전의 제1면

이 어휘편은 동사, 명사, 형용사, 기능어 등 4부분으로 구성되어 있다. 문법기술에서는 보통 여러 가지 품사를 이야기 하는데 동사, 명사, 형용사를 제외한 품사는 모두 기능어에 포함시켜 분석한 것이다. 기능어란 문법적인 기능을 담당하는 어휘들을 말한다. 인간 언어에서 단어들은 크게 어휘적 의미를 갖는 경우와 문법적 의미를 갖는 경우로 나눌 수 있는데 동사, 명사, 형용사가 전자에 속하고 나머지 품사들이 후자에 속한다. 이를 어휘적 범주(lexical category)와 기능적 범주(functional category)라고 구분하기도 하는데(Baker, 2003; Schachter, 1985/2007; Sasse, 1993 참조) 명사, 동사, 형용사가 어휘적 범주에 속하고 관사, 지시사, 대명사, 전치사, 접속사, 조동사 등이 기능적 범주에 속한다. 부사는 그 경계에 있는 어류라고 할 수 있으며 형용사에서 파생된 부사까지를 고려한다면 이 역시 어휘적 범주에 포함시킬 수 있을 것이다(Bisang, 2011 참조). 이를 정리하면 [표2]와 같다. 따라서 이 어휘편에시 동사, 명사, 형용사, 기능어를 분석하면 어휘의 대부분을 분석한 것이라고 할 수 있다.

<table>
<tr><td rowspan="2">어휘</td><td>어휘적 범주</td><td>명사, 동사, 형용사 (부사)</td></tr>
<tr><td>기능적 범주</td><td>관사, 지시사, 대명사, 전치사, 접속사, 조동사, 계사</td></tr>
</table>

[표2] 어휘의 2가지 범주

어휘적 범주는 전체 어휘에서 차지하는 비율이 높고 또 수시로 그 수가 늘어 날 수 있기 때문에 개방범주라고 한다. 반면에 전치사, 접속사, 지시사 등의 기능적 범주는 그 수가 제한되어 있고 쉽게 변하지도 않아서 이들을 폐쇄범주라고 부른다. 앞서 말한 유럽어 사전에서 이 4가지 범주가 차지하는 비율을 보면 [표3]과 같다. 이 표를 보면 명사가 60% 정도로 단연 많고 술어 범주라고 할 수 있는 동사와 형용사가 40% 가까이 차지하고 있다.

어류	표제어 수	백분율
명사	4,702	60.08
동사	1,420	18.14
형용사	1,199	15.32
기능어	136	1.73
기타	369	4.71
계	7,826	99.98

[표3] 어휘범주별 비율

세 언어 동사, 명사, 형용사의 유사도를 보면 [표4-표6]과 같다. 이 통계에서 우리는 프랑스어의 영어에 대한 어휘적 영향이 절대적임을 알 수 있다. 먼저 [표4]의 동사 어휘구조 분석을 보면 영어의 동사와 프랑스어의 동사가 유사한 경우가 34.01%에 달한다. 세 언어가 모두 같은 경우가 7.67%인데 이들은 대부분 프랑스어 및 범 로만스어적인 기원이다. 이 두 가지를 합하면 결국 영어 동사의 41.68%가 프랑스어에서 기원했다는 뜻이 된다. 이에 비해 영어-독일어 유사항목은 12.18%로서 영어의 동사에 순수 게르만적 요소는 13% 정도 밖에 되지 않는다는 것을 알 수 있다.

[표3]에서 보는 것처럼 명사는 총 어휘의 60%를 차지하는데 이에 대한 영어, 독어, 프랑스어 유사성의 통계를 보면 [표5]와 같다. 이 통계에서도 영어의 명사와 프랑스어의 명사가 유사한 경우가 27.97%에 달하며, 세 언어가 모두 같은 경우가 23.88%인데 이들 역시 대부분 프랑스어 및 범 로만스어적인 기원으로서 이 두 가지를 합하면 51.85%가 된다. 영어 명사의 절반 이상이 프랑스어에서 기원했다는 뜻이 된다. 이에 비해 영어-독일어 유사항목은 10.00%로서 영어 명사에 순수

게르만적 요소는 10% 밖에 남아 있지 않다는 것을 알 수 있다.

언어별 동일형태(동사)	표제어 수	백분율 (%)
영어/독어/프랑스어 동일형태	109	7.67
영어/프랑스어 동일형태	483	34.01
영어/독어 동일형태	173	12.18
세 언어 모두 다른 경우	655	46.12
계	1,420	100(%)

[표 4] 영어, 독어, 프랑스어의 동사 어휘구조 비교

언어별 동일형태(명사)	표제어 수	백분율 (%)
영어/독어/프랑스어 동일형태	1,123	23.88
영어/프랑스어 동일형태	1,315	27.97
영어/독어 동일형태	470	10.00
독어/프랑스어 동일형태	162	3.45
세 언어 모두 다른 경우	1,632	34.70
계	4,702	100(%)

[표 5] 영어, 독어, 프랑스어의 명사 어휘구조 비교

언어별 동일형태	표제어 수	백분율 (%)
영어/독어/프랑스어 동일형태	255	21.26
영어/프랑스어 동일형태	478	39.86
영어/독어 동일형태	123	10.25
독어/프랑스어 동일형태	13	1.08
세 언어 모두 다른 경우	330	27.52
계	1,199	100(%)

[표 6] 영어, 독어, 프랑스어의 형용사 어휘구조 비교

[표6]의 형용사 어휘구조 통계에 따르면 영어에서 순수 게르만어 기원의 형용사는 10.25%로 극히 미미하게 나타난다. 반면 로만스어(프랑스어) 기원은 39.86%로 40%에 육박하고 있다. 이 역시 영어에 대한

독일어와 프랑스어의 영향 관계를 극명하게 보여주는 것이라 하겠다.

[표4]-[표6]을 종합하면 [표7]과 같다. 동사, 명사, 형용사 등 어휘적 범주는 상황이 비슷해서 전체적으로 보면 영어의 어휘가 프랑스어의 영향을 많이 받았고 게르만어적 전통은 상대적으로 약하게 남아 있다고 하겠다. 기능어의 상황은 조금 다르다. 즉 [표2]에서 보는 관사, 지시사, 대명사, 전치사, 접속사, 조동사 등에서는 영어가 게르만어의 전통을 잘 보존하고 있어서 영어와 독일어의 어휘가 아주 유사하다. 자세한 것은 아래 〈3.5. 기능어〉 편에서 논의하겠다.

언어별 동일형태	표제어 수	백분율 (%)
영어/독어/프랑스어 동일형태	1,487	20.31
영어/프랑스어 동일형태	2,276	31.08
영어/독어 동일형태	766	10.46
독어/프랑스어 동일형태	175	2.39
세 언어 모두 다른 경우	2,617	35.74
계	7,321	100%

[표 7] 영어, 독어, 프랑스어의 어휘 유사성 종합

전체적으로 보면 독일어는 오랜 시간에 걸쳐 내려온 게르만어의 어휘들을 잘 보존하고 있으며 프랑스어는 라틴어에서 넘어오는 과정에서 문법체계와 어휘가 모두 라틴어화 하였다. 역사적으로 게르만어에서 출발해서 이후 프랑스어의 영향을 받은 영어는 어휘 면에서 두 언어의 특징이 혼합된 양상을 보이긴 하지만 어휘 전반에서 프랑스어의 영향이 두드러지게 나타나며. 전치사나 접속사 등 문법기능을 나타내는 기능어에서는 게르만적 특징을 유지하고 있다. 이제 영어, 독일어, 프랑스어의 어휘 상황을 동사, 명사, 형용사, 기능어의 순으로 자세하게 비교·분석해 보기로 한다.

3.2. 동사 어휘 비교[3)]

3.2.1. 전체 동사 항목의 형태적 유사성

Goursau, H. & Goursau, M.(1991)의 『유럽어 사전』에 수록되어 있는 총 어휘항목은 7,826개이며 이 가운데 동사에 해당하는 항목은 1,400여개에 이른다.[4)] 이 동사항목들의 유사성을 비교해 보면 우리는 흥미로운 결과를 얻을 수 있다. 역사·비교언어학에서 영어와 독일어는 같은 게르만어로 분류되는데, 세 언어의 동사항목 1,420개 중에서 영어와 독일어가 유사한 항목은 282개(20%)인 반면, 영어와 프랑스어가 유사한 항목은 592개(42%)로 나타났다. 즉 영어/프랑스어의 경우 거의 절반에 가까운 동사들이 형태적으로 유사한데 비해 영어/독일어의 경우 동사 전체의 1/5 정도가 유사성을 띄고 있다.

동사들의 유사성을 더 자세히 들여다보면 우리는 영어/독일어의 유사정도가 더 떨어진 것을 알 수 있다. 즉 위에서 말한 유사한 항목 가운데는 세 언어에서 모두 유사성을 띈 경우가 109개로 조사되었는데 이 가운데 84개가 프랑스어 기원이다. 즉 이 84개의 동사는 로만스어에서 기원한 어휘로서 독일어에서는 프랑스어 어간에 독일어식 어미 /–ieren/을 붙여서 만들어진다. 이들은 물론 대부분 영어에도 있는 어

3) 이 장은 송경안·김순임(2000)의 내용을 수정·보완한 것이다.

4) 독일어를 중심으로 보면 1,445개, 영어를 중심으로 보면 1,420개, 프랑스어를 중심으로 보면 1,410개이다. 동사항목의 수가 서로 다른 이유는 한 쪽에서 하나의 동사로 표현되는 개념이 다른 쪽에서는 다른 방식으로 표현되기 때문이다. 이에 대한 예는 조동섭·송경안(1997), 김순임·송경안(1998) 참조.

휘들이다. 그러니까 이들은 프랑스어에서 영어와 독일어로 들어 온 어휘들이며 몇 가지 예를 보면 (1)과 같다. 자세한 목록은 이 단원의 끝에 [별첨자료 1]로 제시한다.

(1) 영/독/프 동사 유사항목의 예

프랑스어	영어	독일어
accepter	accept	akzeptieren
bloquer	block	blockieren
définir	define	definieren
exister	exist	existieren
identifier	identify	identifizieren
informer	inform	informieren
contrôler	control	kontrollieren
marquer	mark	markieren
produiere	produce	produzieren
réserver	reserve	reservieren

따라서 순수하게 영어와 독일어가 유사한 어휘 항목은 전체 1,420개 항목의 12%에 해당하는 173개에 불과하다. 이상을 정리하면 (2)와 같다. 이는 결국 동사에서 영어/프랑스어의 유사어휘는 거의 절반에 달하는 반면 영어/독일어의 순수 유사어휘는 전체의 1/10 정도에 불과하다는 뜻이 된다.

(2) 동사목록 유사성 비교(총 동사항목: 1420개)[5)]

a. 영/독/프 유사항목(대부분 로만스어 기원): 109개(7.6%)
b. 영/프 유사항목(세 언어 유사항목 포함): 592개(42%)

5) (2b, c)에는 세 언어 유사항목이 포함된 것이다.

c. 영/독 유사항목(세 언어 유사항목 포함): 282개(20%)
d. 순수 영/독 유사항목: 173개(12%)

(2d)의 순수 영/독 유사항목 173개는 영어에 남아 있는 오래된 게르만어 전통의 어휘이며 아주 기초적인 어휘라고 할 수 있다. 이에 대한 자세한 목록을 아래 [별첨자료 2]에 첨부한다. 이 173개 기초어휘의 구조를 조금 더 분석해 보면 우리는 영어와 독일어의 어휘구조의 중요한 차이를 발견할 수 있다. 이들의 구조를 분석해 보면 (3)과 같이 5가지의 유형으로 나눌 수 있다. (3)에서 기본동사란 접두사나 첨사가 붙지 않는 단순형태의 동사를 말하고 복합동사란 기본동사에 접두사가 붙는 동사형태를 말한다. 예를 들면 영어에서 'turn'은 기본동사이고 'return'은 복합동사이다. (3c)에서 첨사란 'wake up, take out, cut off' 같은 동사에서 'up, out, off' 등을 말한다. 영어의 이 첨사들은 독일어에서 접두사로 나타나서 복합동사를 형성한다. 복합동사가 많은 것이 독일어의 중요한 특징이다.

(3) 순수 독일어/영어 유사 동사의 구조 유형(총 173개)

a. 두 언어 모두 기본동사 형태: 116개
b. 영어 기본동사, 독일어 복합동사: 26개
c. 영어 기본동사 + 첨사, 독일어 복합동사: 13개
d. 두 언어 모두 복합동사: 11개
e. 독일어에서 /-ieren/으로 끝나는 동사: 7개

앞서 말한 대로 이 동사들은 기초적인 어휘들로서 게르만어적인 특징을 잘 보존하고 있을 것으로 짐작되며 이 가운데서도 특히 (3a)의 동사들이 이러한 특징을 잘 나타내고 있는 것 같다. 이에 대한 몇 가

지 예를 보면 (4)와 같다. 독일어 동사 끝에 /-en/은 모든 기본형에 붙는 어미이다. 한국어 동사의 어미 /-다/와 비슷한 것이다.

(4) 독일어/영어 유사항목 기본동사 형태의 예

영어	독일어	영어	독일어	영어	독일어
bind	binden	find	finden	help	helfen
break	brechen	fire	feuern	learn	lernen
bring	bringen	fold	falten	make	machen
come	kommen	give	geben	thank	danken
fall	fallen	go	gehen	think	denken

(3b)의 동사들은 'ab-trockn-en/dry, ab-kühl-en/cool'에서 보는 것처럼 동일한 어원의 동사들인데 독일어에서는 간단한 접두사를 붙여 표현하는 경우이다. 여기서 독일어의 /ab-/은 접두사이고 /-en/은 기본형 어미이다. 이 예에서 독일어/영어의 'trocken /dry, kühl/cool'이 같은 어원이다. (3b)의 구조에 대한 예를 몇 가지 더 보면 (5)와 같다.

(5) 독일어 복합동사/영어 기본동사 형태의 예

abfließen/flow	anbrechen/break	beenden/end
befreien/free	einladen/load	erstrecken/stretch
gewinnen/win	mitbringen/bring	verbrennen/burn

(3c)의 동사들은 'aufgeben/give up'에서 보는 바와 같이 두 가지 구성요소가 모두 같은 기원을 갖는 경우로써 이는 영어/독일어 어휘구조의 중요한 차이를 보이고 있다. 즉 영어 사전의 경우 'give up'을 'give' 항목에 포함시켜서 기술하고 있는데 이는 'give up'과 같은 형식의 표현이 많지 않기 때문에 가능한 것이다.

반면에 독일어 사전에서는 'aufgeben'과 'geben'을 별도의 표제어로 수록하고 있다. 그 이유는 독일어에 'aufgeben'과 같은 형식의 동사가 너무 많아서 영어 사전과 같은 방식으로 기술하기가 불가능하기 때문이다. 독일어에서는 'aufgeben'과 같은 형식의 동사가 전체 동사 항목의 절반 이상을 차지하고 있다. 영어/독일어 동사의 'aufgeben/give up'과 같은 예를 더 보면 (6)과 같다.

(6) 독일어/영어 'aufgeben/give up' 패턴의 예

aufstehen/stand up	aufwachen/wake up
ausgehen/go out	einbringen/bring in
wiederbringen/bring back	zurückkommen/come back

(3d)는 'abladen/unload, verstehen/understand'와 같이 영어/독일어에서 모두 동일한 어근에 접두사를 붙여 복합동사를 형성하는 경우이다. (3e)의 /-ieren/은 독일어에서 외래어에 붙는 동사 어미이다. 이러한 동사는 영어/독일어가 유사형태이기는 하지만 순수 게르만 기원은 아니며 대부분 로만스어에서 유래한 것들이다. 이에 대한 몇 가지 예를 보면 (7)과 같다.

(7) 독일어 /-ieren/ 동사와 영어 대응표현의 예

독일어	영어	독일어	영어
adoptieren	adopt	definieren	define
akzeptieren	accept	engagieren	engage
arrangieren	arrange	existieren	exist
blockieren	block	informieren	inform

(3e)의 7개 동사 가운데 4개는 프랑스어에도 유사한 형태가 있기 때문에 엄밀히 말하자면 이 유형의 동사는 3개로 보아야 한다. 즉

(3e)는 아래 (8a)와 같이 대응되는 경우를 말하는데 자세히 보면 (8b)와 같이 대응되는 경우도 있기 때문에 (3a)를 근거로 해서 독일어의 'gratulieren' 동사가 꼭 영어와만 유사하다고 주장하기는 어렵다. 따라서 독일어에서 /-ieren/으로 끝나면서 순수하게 영어/독일어 유사 동사항목은 거의 없다고 볼 수 있다.

(8) 독일어 /-ieren/ 동사의 2가지 대응 형식

	독일어	영어	프랑스어
(a)	gratulieren	congratulate	féliciter
(b)	graturieren	congratulate	congratuler

영어/독일어 동사 유사항목 총 282개 가운데 중복항목을[6] 제외하면 독일어/영어/프랑스어 세 언어가 모두 유사한 항목이 106개이고 독일어와 영어만 유사한 항목은 149개로서 이 255개 동사들을 구조에 따라 분류하면 (9)와 같다.

(9) 영어와 독일어 유사 동사항목 255개의 구조 분석

<table>
<tr><td colspan="4">독 일 어</td><td colspan="3">영 어</td></tr>
<tr><td colspan="2">동사구조</td><td colspan="2">빈도</td><td colspan="2">빈도</td><td>동사구조</td></tr>
<tr><td colspan="2" rowspan="2">-ieren 동사</td><td colspan="2" rowspan="2">87</td><td colspan="2">70</td><td>복합동사</td></tr>
<tr><td colspan="2">17</td><td>단일동사</td></tr>
<tr><td rowspan="4">-en</td><td>기본동사</td><td>119</td><td>119</td><td>120</td><td rowspan="3">156</td><td>단일동사</td></tr>
<tr><td>복합동사</td><td>24</td><td rowspan="3">49</td><td>24</td><td>단일동사</td></tr>
<tr><td>복합동사</td><td>12</td><td>12</td><td>단일동사 + 첨사</td></tr>
<tr><td>복합동사</td><td>13</td><td>12</td><td>12</td><td>복합동사</td></tr>
</table>

6) 중복항목이란 (8)과 같은 상황에서 볼 수 있다. (8)에서 프랑스어는 2개의 항목으로 계산되지만 영어와 독일어는 1개 항목으로 계산된다. 영어와 독일어에서는 이 경우 중복항목이 된다.

이 통계에 따르면 독일어에서 외래어 어간에 /-ieren/을 붙여 사용하는 동사들은 영어에서 대부분(70개; 80%) 복합동사로 나타난다. 이는 이 동사들이 기초어휘라기보다 2차적인 어휘라는 의미일 것이다. 독일어의 /-ieren/ 동사에 대응되는 영어의 단일동사들은 대부분 명사에서 전이되거나 역성된 경우,[7] 아니면 고대 프랑스어에서 차용되어 중세영어에 유입된 동사들이다.[8] 독일어에서 이 동사들은 외래어 어간에 어미 /-ieren/이 붙는 경우로서 단일동사/복합동사의 구분이 어렵다.

(9)에서 그 밖의 독일어 동사에 대응되는 영어 동사들은 대부분 단일동사 형태로 나타난다(156개; 93%).[9] 우리는 여기서 영어에 비해(12개; 7%) 독일어의 복합동사 비율이 높게 나타나는 것을(49개; 29%) 관찰할 수 있는데, 이는 조어에 있어서 무한한 가능성을 가진 언어라는 독일어의 한 단면을 잘 나타내고 있는 것이다(Fischer & Uerpmann, 1992: 77; 송경안, 1995: 46 참조). 위에서 (9)는 아주 기초적인 어휘라고 했는데 어휘의 수가 늘어날수록 독일어는 복합동사의 비율이 높아진다.

3.2.2. 접사 및 어미의 유사성

전체 어휘의 유사성에 이어 영어, 독일어, 프랑스어 동사에서 나타나

---

7) 'block, cash, exist, finance, function, sabotage, sponsor' 등(The Shorter Oxford English Dictionary on Historical Principles: 204, 291, 702, 752, 817, 1869, 2085).

8) 'copy, launch, note, plead, risk, ruin, train, sort. study' 등(같은 책: 423, 1183, 1416, 1605, 1837, 1860, 2342, 2054, 2139).

9) '단일동사 + 첨사'로 실현되는 경우도 단일동사 속에 포함시켰다.

는 접사나 어미를 비교하는 것도 이 세 언어의 어휘 및 어휘구조의 특징을 이해하는데 도움이 될 것이다. 앞에서 전체적인 동사어휘를 비교해 본 결과 우리는 어휘면에서 영어가 독일어보다 프랑스어에 훨씬 가깝다는 것을 알았다. 이를 통해 우리는 세 언어의 접사 형태소 사이의 유사성에 대해서도 어느 정도 유추할 수는 있으며 분석결과는 실지로 우리의 예상과 일치한다. 즉 독일어의 접사에서는 게르만어 고유한 형태들이 나타나는데 영어/프랑스어의 접사들은 로만스어의 특징을 보이면서 형태가 거의 유사하다. 우선 독일어에서 쓰이는 동사 접사 및 어미의 목록은 (10)과 같다.

(10) 독일어 동사 접사 및 어미[10)]

a. 접미사 및 어미로 쓰이는 형태(6개):
-en -eln -ieren -igen -lichen -schen

b. 접두사로 쓰이는 형태(56개):
ab- an- ander- auf- aus- be- bei- bloss- da- dar- durch- ein- emp- ent- er- fern- fest- fort- frei- ge- gegen- gerade- heim- her- hin- hoch- lieb- los- mit- miss- nach- nieder- ob- preis- raus- ski- teil- um- un- unter- ur- ver- voll- vor- wach- wahr- weg- weiter- wider- wieder- zer- zu- zurück- zusammen- über- übrig-

위 접사 가운데 사용빈도가 높은 것들을 분류하면 (11)과 같다.[11)]

---

10) 여기서는 동사 기본형의 어미 /-en/과 접미사를 분리하지 않았다.

11) 사용빈도라 함은 접사를 사용해서 동사를 만드는 빈도를 말한다. 본 연구자들은 이를 통계적으로 조사하였다.

(10)-(11)의 독일어 접사 목록이 독일어를 전공하지 않는 사람들에게는 매우 낯설다는 느낌을 줄 것이다. 이는 이 접사들이 게르만 전통의 접사들이고 우리에게 익숙한 영어에 거의 나타나지 않기 때문이다.

(11) 독일어 고빈도 접사

a. 접미사 및 어미로 쓰이는 형태(6개):
-en -eln -ieren -igen -lichen -schen

b. 고빈도 접두사로 쓰이는 형태(5회 이상):
bei- durch- fest- mit- miss- wider-(이상 5회) nach- wieder-(이상 6회) zer-(9회) ge- um-(이상 10회) her- zurück-(이상 11회) unter- zu-(이상 13회) vor-(18회) über-(21회) ent-(33회) auf-(34회) ab-(42회) ein-(44회) an-(47회) aus-(48회) er-(50회) be-(101회) ver-(115회)

영어에서 사용되는 동사 접사는 (12)와 같다. 독일어와는 달리 영어에서는 동사어미가 따로 없으며 제2접두어로 쓰이는 형태들은 별도로 정리하였다.[12)]

(12) 영어 동사 접사 목록

a. 제1 접두어로 쓰이는 형태(73개)
a- ac- ad- at- ag- al- an- anti- ap- as- at- bc- bene co- col- com- con- contra- cor- de- di- dif- dis- e- em- en- enter- es- ex- for- fore- il- im- in- inter- intro- ir- main- mani- manu- mis-

12) 독일어에도 물론 접두사가 2개 이상 쓰이는 경우가 있으나 따로 분석하지는 않았다. 자세한 것은 조동섭·송경안(1997) 참조.

multi- neg- o- ob- oc- of- op- over- per- pol- pos- post- pre- pro- pur- re- se- somer- sub- suc- sup- super- sur- sus- sym- syn- tele- trans- un- under- wel- with-

b. 제2 접두어로 쓰이는 형태(6개)
-ap- -as- -com- -con- -im- -in-

c. 접미사로 쓰이는 형태(8개)
-en -er -fy -ify -ise -ish -ize -le[13)]

영어 접사의 분류에 있어서 철자는 다르나 동일한 의미의 같은 계열의 접사는 (13)과 같이 한데 묶을 수 있다(Marchand, 1969: 139–208 참조). 이들은 어원적으로 같은 접사들이다.

(13) 영어 동사접사의 계열별 분류

a. a- = ac- = ad- = af- = ag- = al- = an- = ap- = as- = at-
b. co- = col- = com- = con- = cor-
c. di- = dif- = dis-
d. e- = em- = en- = es- = ex-
e. il- = in- = im- = ir-
f. main- = mani- = manu-
g. o- = ob- = oc- = of- = op-
h. sub- = suc- = sup- = sur- = sus-
i. -ify = -fy
j. -ise = -ize

13) /-er, -le/가 빈번한 또는 되풀이되는 동작을 나타내는 동사를 만드는 접사일 경우 하나의 형태소로 보았다(Marchand 1969, 273). 영어 형태소 분석에 대한 이밖에 자세한 것은 김순임·송경안(1998) 참조.

이러한 영어 동사접사들을 사용빈도에 따라 정리하면 (14)와 같다. 이제 (13)-(14)의 영어 동사 접사 목록을 (11)-(12)의 독일어 접사 목록과 비교하면 두 언어의 차이가 극명하게 나타난다. 독일어 접사들은 순수 게르만어 전통의 접사들이며 영어의 접사들은 로만스어(프랑스어) 전통의 접사인 것이다. 위치에 따른 영어 고빈도 접두사의 목록은 (15)와 같다.

(14) 영어 접사들의 사용빈도

a. 접두사들의 사용빈도
anti- bene- contra- enter- fore- intro- multi- pol- pos- post- pur- somer- tele- wel-(이상 1회), super- with- mis- neg- sym-/syn-(이상 2회), se- for- main-/mani-/manu-(이상 3회), under- be- trans- over-(이상 4회), inter-(7회), un-(8회), per-(10회), o-/ob-/oc-/of-/op-(이상 11회), pre-(13회), sub-형 pro-(이상 17회), di-형(43회), de-(54회), in-형(56회), re-(60회), co-형(60회), e-형(61회), a-형(71회)

b. 접미사들의 사용빈도
-er(10회), -le(12회), -en(12회), -ish(13회), -(i)fy(19회), -ize(24회), -ate(101회)

(15) 위치에 따른 영어 고빈도 접두사

a. '접두사+어간' 구조에 나타난 고빈도 접두사
a-형(51회), re-(51회), e-형(46회), co-형(42회), de-(37회), in-형(35회), di-형(30회)

b. '접두사+접두사+어간' 구조에 나타난 고빈도 제1접두사

dis-(7회), re-(7회)

c. '접두사+접두사+어간' 구조에 나타난 고빈도 제2접두사
-ap-/-as-(5회), -com-/-con-(4회), -im/-in-(5회)

프랑스어에서 사용되는 동사 접사 및 어미는 (16)과 같다. 프랑스어에는 특히 (16d)와 같이 접요사(infix)로 분류할 만한 형태들이 있다(Thiele, 1993: 173). 접요사란 단어의 중간에 쓰이는 접사를 말한다.[14]

(16) 프랑스어 동사 접사 및 어미 목록

a. 제1 접두어로 쓰이는 형태(88개)
a- ab- ac- ad- af- ag- al- am- an- anti- ap- ar- as- at- béné- co- com- con- cont(ra)- cor- de- des- di- dif- dis- dé- dés- é- éco- ef- em- en- entre- équi- es- ex- im- in- inter- intro- intér- ir- main- mani- multi- mé- nég- négo- o- ob- oc- of- op- par- parti- per- pol- pos- pour- pre- pro- pré- r- re- res- ré- rê- rous- se- sou- solli- souf- soup- su- sui- sub- suc- sug- sup- super- sur- sus- syn- sé- tra- tran- trans- tré- télé-

b. 제2 접두어로 쓰이는 형태(14개)
-a- -ap- -as- -com- -con- -em- -en- -in- -oc- -par- -per- -pro- -pré- -re-

c. 동사 어미로 쓰이는 형태(4개)
-er -ir -re -oir

14) 접사에는 접두사, 접미사, 접요사가 있다. 접요사(接腰辭)에서 '요'는 '허리'라는 뜻이다.

d. 접요사(infix)로 쓰이는 형태(2개)[15)]
-if- -is-

영어에서와 같이 프랑스어 접사의 분류에 있어서도 철자는 약간 다르나 동일한 의미의 접사는 (17)과 같이 하나의 계열로 묶을 수 있다.

(17) 프랑스어 동사접사의 계열별 분류

a. a-/ab-/ac-/ad-/af-/ag-/al-/am-/an-/ap-/ar- /as- /at-
b. co-/com-/con-/cor-
c. de-/des-
d. di-/dif-/dis-
e. dé-/dés-
f. em-/en-
g. im-/in-/ir-
h. inter-/intér-/intro-
i. main-/mani-
j. o-/ob-/oc-/of-/op-
k. par-/per-
l. pour-/pro-
m. pre-/pré-
n. r-/re-/res-/ré-/rê-
o. se-/sé-/sou-/souf-/soup-/su-/sub-/suc-/sug-
p. sup-/sur-/sus-
q. tra-/tran-/trans-/tré-
r. é-/ef-/es-/ex-

15) 프랑스어에는 이밖에도 /-aill-, -ass-, -et-, -ill-, -in-, -nich-, -och-, -onn / 등이 접요사로 쓰인다(Thiele, 1993: 173).

이러한 프랑스어 동사접사들을 사용빈도에 따라 정리하면 (18)과 같다. 프랑스어 동사 어미로 볼 때 조사대상 1,182개의 동사 가운데 이른바 제1군 동사가 80.5%를 차지하고 있고 제2, 제3군 동사가 각각 10%정도를 차지하고 있다((18d) 참조).

(18) 프랑스어 접사들의 사용빈도

a. 제1 접두사들의 사용빈도
anti- béné- cont(ra)- entre- mé- multi- syn-(이상 1회), super- télé-(이상 2회), de-/des-(7회) inter-/intér-/intro-/tra-/tran-/trans-/ tré-(이상 8회), o-/ob-/oc-/of-/op-(9회), par-/per-(10회), pre-/pré- (15회), pour-/pro-(20회), di-/dif-/dis-(22회), se-/sé-/sou-/souf-/ soup-/su-/sub-/suc-/sug-/sup-/sur-/sus-(30회), em-/en-(42회), im-/ in-/ir-(46회), co-/com-/con-/cor-(56회), é-/ef-/es-ex-(70회), r-/ re-/res-/ré-/rê-(98회), dé-/dés-(106회), a-/ab-/ac-/ad-/af-/ag-/al-/ am-/an-/ap-/ar-/as-/at-(108회)

b. 제2 접두사들의 사용빈도
-oc- -re-(이상 1회), -par-/-per-(2회), -in-(3회), -pro-/-pré-(6회), -com-/-con-(7회), -em-/-en-(8회), -a-/-ap-/-as-(11회)

c. 접요사들의 사용빈도
-ifi-(16회) -is-(25회)

d. 동사어미의 사용빈도
-er 952회(80.5%), -ir 113회(9.6%), -re 98회(8.3%), -oir 19회 (1.6%)[16)]

16) 프랑스어 문법에서는 /-er/ 동사를 1군동사, /-ir/ 동사를 2군동사, /-re/ 동사와 /–oir/ 동사를 3군동사라고 부른다.

위의 세 언어 접사 및 어미 분석에서 우리는 영어와 프랑스어의 접사가 거의 일치한다는 것을 한 눈에 알 수 있으며 이에 비해 독일어의 접사들은 형태적으로 독특한 게르만어적인 특징을 나타내면서 이들과 큰 차이가 있는 것을 관찰할 수 있다. 특히 우리는 고빈도 접사들의 경우 영어와 프랑스어가 형태적으로 완벽하게 일치함을 알 수 있으며, 이로써 앞서 어휘형태의 단순 유사성 비교에 이어 접사 형태들의 비교에서도 영어가 로만스어적인 성향을 강하게 띠고 있다는 것을 확인하였다.

3.2.3. 동사의 형태적 구조

동사가 어떤 형태적 구조를 갖느냐를 살펴보는 것도 한 언어의 어휘 및 어휘구조의 특징을 밝히는데 도움이 될 것이다. 구조란 어떠한 요소들이 어떻게 결합해 있는가를 말하며, 형태적 구조란 한 단어 안에서 접사, 어간, 어미 등의 형태적 요소가 어떻게 결합해 있는가를 말한다.

이 책의 분석대상인 세 가지 언어 가운데 독일어와 프랑스어는 고유한 동사 기본형 어미가 있고 영어는 이것이 없기 때문에 언어에 따라 동사의 형태적 구조를 분석하는 기준이 약간씩 다를 수 있다. 예를 들면 'falsify(영) - falschifizieren(독) - falsifier(프)' 동사를 분석하는데 있어 영어에서는 /-ify/를 접미사로 분류할 수 있는데 독일어의 경우 이를 하나의 접미사로 분류하기는 어려울 것으로 보인다. 프랑스어의 경우도 이 때 /-ifi-/를 하나의 형태로 볼 것인가가 애매한데 이 책에서는 이를 접요사로 보았다.[17]

17) 엄밀히 말하면 영어나 프랑스어의 경우 독일어보다 더 정밀하게 분석되었다고 볼 수 있다.

독일어의 동사는 크게 기본동사와 복합동사로 이루어진다. 기본동사란 접사가 붙지 않는 동사를 말하고 복합동사는 기본동사에 접사가 붙어서 형성된 것을 말한다. 본 연구자들이 분석한 독일어 동사 1,183개의 총목록 가운데 기본동사는 33% 정도이며 58%가 복합동사이다. 그밖에 우리는 외래어인 /–ieren/으로 끝난 동사를 따로 분류하였는데 이는 동사 전체의 약 9%에 해당한다. 기본동사는 85%정도가 1음절 어간과 기본형 어미 /–en/으로 이루어져 있으며 2음절 기본동사는 대부분 /–eln, -ern/으로 끝난다. 독일어 동사의 형태적 구조를 정리하면 (19)와 같다(조동섭·송경안, 1997: 97). (19)에서 전철이란 접두사를 말한다.

(19) 독일어 동사의 형태적 구조 통계

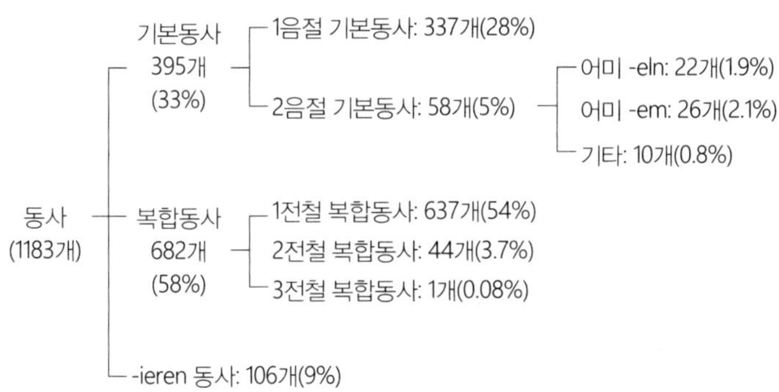

영어의 분석대상 동사 1,181개 가운데 단일동사는 562개(47.6%), 복합동사로 볼 수 있는 것은 619개(52.4%)로 나타난다. 영어 동사의 형태적 구조에 대한 통계는 (20)과 같이 정리된다(김순임·송경안, 1998: 319). 복합동사는 5가지로 분류를 했는데 이때 어간이 분명한 독립적인 의미를 갖느냐의 여부는 문제 삼지 않았다.

(20) 영어 동사의 형태 구조 통계

- 동사 (1181개)
  - 단일동사 ······ 562개(47.6%)
  - 복합동사 619개 (52.4%)
    - prefix + root ······ 408개(65.9%)
    - prefix + prefix + root ······ 20개(3.2%)
    - root + suffix ······ 107개(17.3%)
    - prefix + root + suffix ······ 79개(12.8%)
    - prefix + prefix + root + suffix ······ 5개(0.8%)

프랑스어의 경우 분석대상 동사 1,182개 가운데 단일동사가 473개(40%)로 나타났고 복합동사는 709개(60%)로 나타났다. 프랑스어 동사의 형태적 구조에 따른 자세한 분류는 (21)과 같다.

(21) 프랑스어 동사의 형태 구조 통계

- 동사 (1182개)
  - 단일동사(어근+어미) ······ 473개(40%)
  - 복합동사
    - 접두어+어근+어미 ······ 629개(53.2%)
    - 접두어+접두어+어근+어미 ······ 39개(3.3%)
    - 어근+접요사+어미 ······ 31개(2.6%)
    - 접두어+어근+접요사+어미 ······ 10개(0.8%)

위에서 우리는 독일어의 경우 외래어 /-ieren/ 동사를 따로 떼어 분석했기 때문에 세 언어를 단순 비교하기가 조금 어렵기는 하다. 독일어 분석에서 /-ieren/ 동사들을 따로 떼어낸 이유는 이들이 대부분 프랑스어 등에서 차용된 것들이기 때문에 독일어의 고유한 특징을 분석해 내기 위해서는 이들을 분리할 필요가 있다고 생각했기 때문이다. 이 점을 접어두고 비교해 보면 독일어는 다른 두 언어에 비해 기본동사의 수가 훨씬 적음을 알 수 있는데 이는 그만큼 독일어 어휘의 생산성이 높다는 뜻이 될 것이다. 생산성이란 기본 형태들이 어휘를 만들기 위해 사용되는 비율을 말한다. 독일어는 접사, 기본동사, 어미 등 소수의 기본 형태를 반복해서 사용함으로써 수많은 복합동사들을 만들어 내는 특징이 있으며 이를 생산성이 높다고 말한다.

영어와 프랑스어의 동사구조 통계에서는 큰 차이를 느낄 수 없는데 그 이유는 두 언어의 어휘와 형태소들이 대부분 일치하기 때문일 것이다. 이 두 언어의 어휘 및 어휘구조가 유사하기 때문에 이 언어들의 동사구조를 분석하는 작업도 기준이나 방법에서 큰 차이 없이 진행할 수 있었다. 그러나 어휘 및 어휘 구조면에서 이들과 근본적인 차이를 보이고 있는 독일어의 경우 같은 기준과 방법을 적용하기는 어렵다. 예를 들면 영어나 프랑스어의 경우 (12)와 (16)의 접사들을 모두 별개의 형태로 분석했는데 독일어의 경우 이렇게까지 정밀하게 분석되지 않았다. 즉 위와 같이 영어나 프랑스어의 접사를 분석해 내는 데는 그 어휘의 어원까지를 고려해야 하는데 독일어의 경우 어원까지 고려하면서 접사를 분석하지는 않았다.

3.2.4. 동사 및 동사 형태소의 생산성

어휘나 형태소의 생산성(productivity)은 그 요소가 해당 언어의 어휘 형성을 위해 얼마나 자주 이용되느냐의 정도라고 할 수 있으며, 우리는 이를 (22)와 같이 계량화할 수 있을 것이다(조동섭·송경안, 1998: 96).

(22) 생산성 산출 공식

a. 개별요소의 생산성: 이용회수 × 100 (%)
b. 요소집단의 평균 생산성: 총 이용회수 ÷ 요소의 수 × 100 (%)

이 책의 분석대상 『유럽어 사전』에 독일어의 동사는 1,183개 나타나는데 영어/프랑스어 동사와 대응하는 것을 보면 1,595가지로 나타난다. 독일어에서는 1,183개의 동사가 1,595가지의 의미로 사용된다는 뜻이다. 이를 바탕으로 독일어 동사의 생산성을 계산해 보면 (23)과 같이 135%로 나타난다. 즉 독일어의 동사는 평균적으로 100개의 동사형태를 가지고 135개의 개념을 표현한다고 볼 수 있다.

(23) 독일어 동사의 평균 생산성: 1595 ÷ 1183 × 100 = 135 (%)

또 독일어에는 2,050개의 동사 형태소가 사용되고 있는데 이 가운데 중복된 것을 제외하면 790개의 형태소를 얻게 되며, 이들 형태소들의 평균 생산성은 (24)와 같이 계산할 수 있다. 즉 독일어의 동사를 이루는 형태소들은 어휘 형성을 위해 평균 2.59회씩 사용된다고 볼 수 있다. 여기에 생산성이 대단히 높은 동사어미 –en까지를 계산해 넣으면 독일어 동사는 총 3,089개의 형태소로 분해되며 형태소의 종류는 791개로써 평균 생산성은 390%가 된다.

(24) a. 독일어 동사 형태소의 평균 생산성 (1)(기본형 어미 제외)
2,050 ÷ 790 × 100 = 259 (%)

b. 독일어 동사 형태소의 평균 생산성 (2)(기본형 어미 포함)
3,089 ÷ 791 × 100 = 390 (%)

영어의 경우 1,280개의 서로 다른 동사가 1,740개의 동사로 사용되어 동사의 전체 평균 생산성은 (25)와 같이 136%로 나타난다(김순임·송정안, 1998: 318).

(25) 영어 동사의 평균 생산성: 1740 ÷ 1280 × 100 = 136 (%)

영어는 또 1,909개의 형태소로 분석된 동사 구성소 가운데서 중복된 형태들을 제외하면 1,072개의 형태소가 남게 되어, 동사 형태소의 평균 생산성은 (26)처럼 178%로 계산된다.

(26) 영어 동사 형태소의 평균 생산성: 1909 ÷ 1072 × 100 = 178 (%)

프랑스어의 경우 동사목록의 총 숫자는 1,454개이고 중복된 것을 제외하면 1,181의 동사가 남는데 이를 바탕으로 동사의 생산성을 계산하면 (27)과 같이 123%로 나타난다.

(27) 프랑스어 동사의 평균 생산성: 1454 ÷ 1182 × 100 = 123 (%)

프랑스어 동사의 개별 형태소는 모두 1,940회로 나타나는데 중복된 것을 제외하면 910개의 형태소가 남게 되어 그 평균 생산성은 (28)과 같이 213%로 나타난다. 독일어에서와 마찬가지로 (28)에서는 동사어미를 별도로 분리해서 계산하지 않았는데 동사어미까지를 계산해 넣으면 형태소의 수는 4개가 늘어나고 총 사용빈도는 1,182개가 늘어날 것이기 때문에 평균 생산성은 341%가 된다.

(28) a. 프랑스어 동사 형태소의 평균 생산성 (1) (기본형 어미 제외)
1940 ÷ 910 × 100 = 213 (%)

b. 프랑스어 동사 형태소의 평균 생산성 (2) (기본형 어미 포함)
3122 ÷ 914 × 100 = 341 (%)

각 언어별 동사들의 중복등재 상황을 정리하면 (29)와 같다. 여기서 중복등재라는 것은 동사의 중의성을 의미하는 것이다. 예를 들면 영어에서 7회 등재되는 동사는 'run'으로 'fließen, funktionieren, verwalten, leiten, laufen, fahren, abfließen' 등 7개의 독일어의 동사가 이에 대응되어 7번 중복해서 나타난다.

(29) 언어별 동사 중복등재 상황

등재 회수	영 어		독일어		프랑스어	
	동사수	비율(%)	동사수	비율(%)	동사수	비율(%)
1회	945	73.8	868	73.4	962	81.4
2회	252	19.7	247	20.9	182	15.4
3회	54	4.2	47	4	28	2.4
4회	21	1.6	14	1.2	6	0.5
5회	4	0.31	6	0.51	4	0.3
6회	3	0.23	1	0.08	·	·
7회	1	0.08	·	·	·	·
계	1,280	99.92	1,183	100.09	1,182	100

(23)-(28)의 분석을 보면 동사의 평균 생산성에서 프랑스어가 가장 낮게 나타나고 독일어와 영어의 동사 평균 생산성은 비슷하게 나타나고 있는데, 이는 프랑스어에 가장 다양하게 동사가 발달해 있다는 뜻이 될 수도 있고 다른 한편으로는 본 연구자들의 분석대상 사전 편집자의 성향과도 연관이 있을 것 같다. 즉 이 사전은 하나의 항목에 복수의 동사를 등재하는 경우가 있으며[18] 본 연구는 이 경우 각각 별개의 동사로 계산했는데 프랑스어는 상대적으로 이러한 경우가 많이 나타나지 않는다. 세 언어의 총 동사 출현횟수가 각각 1,595회(독일

18) 예를 들면 '영: abandon, leave / 독: preisgeben, aufgeben / 프: abandonner' 항목에서는 영어와 독일어의 동사가 두 개씩 등재되어 있다.

어), 1,740회(영어), 1,454회(프랑스어)로 나타나고 있는데 이러한 차이는 바로 중복 등재 항목에서 기인한 것이고 이것이 동사의 평균 생산성에 영향을 미친 것이다.

한편 중복 사용된 경우를 제외한 세 언어 동사의 수는 1,183개(독일어), 1,280개(영어), 1,182개(프랑스어)로 나타나는데 이는 이 유럽어 사전에 나타난 동사개념 전체를 각각 이 숫자의 동사형태로 표현한다는 뜻이다. 이는 비슷한 숫자의 개념을 표현하는데 영어가 더 다양한 형태의 동사를 사용하고 있는 것이라고 볼 수 있으며 게르만어적인 어휘와 로만스어적인 어휘를 함께 가지고 있는 영어의 특성에 기인한 것일 수도 있고, 한편으로는 위에서 언급한 것처럼 사전 편집자의 성향에 기인한 것일 수도 있겠다.

동사 형태소의 평균 생산성은 독일어가 월등히 높게 나타나는데 이는 독일어의 경우 제한된 숫자의 형태소를 여러 번 사용했다는 뜻이며 영어의 경우 형태소의 수는 많고 사용빈도는 낮다는 뜻이다. 이 역시 영어가 게르만어와 로만스어 양쪽에서 다양한 형태소들을 받아들인 결과로 볼 수도 있겠다.

3.2.5. 마무리

지금까지 우리는 영어, 독일어, 프랑스어의 동사어휘를 비교하였다. 전체적으로 영어의 동사어휘는 절반에 가까운 42%가 프랑스어와 유사했고 같은 게르만어로 분류되는 독일어 어휘와의 순수 유사도는 12%에 불과했다. 동사어휘에 사용되는 접사의 경우도 영어와 프랑스어가 형태적으로 아주 유사했고 독일어와 영어는 큰 차이가 있는 것으로 나타났다.

어휘의 유사성은 동사의 형태적 구조와 밀접하게 연관될 수밖에 없을 것이다. 따라서 동사의 형태적 구조 역시 영어와 프랑스어가 유사하며 독일어는 이들과 차이가 있다. 영어와 프랑스어는 단일동사(단순동사)가 각각 47%, 40%로 나타난 반면 독일어는 33%로 나타났다. 어휘 및 형태소의 생산성에 있어서도 독일어는 독특한 특징을 보이고 있다. 즉 동사 전체의 생산성이나 형태소들의 평균 생산성에 있어서 독일어는 135%와 259%로 나타난 반면 영어는 136%와 178%로 나타났고 프랑스어는 123%와 213%로 나타났다.

[별첨자료 1]: 영어/독어/프랑스어 동사 유사항목

(1) /-ieren/으로 끝나는 동사 84개 (독일어 동사 목록만 제시함)

adoptieren, akzeptieren, amputieren, arrangieren, blockieren, definieren, degenerieren, degradieren, dekodieren, demobilisieren, denunzieren, deponieren, desinfizieren, desorganisieren, einkassieren, engagieren, entkolonisieren, existieren, explodieren, exportieren, finanzieren, funktionieren, garnieren, graturieren, identifizieren, immunisieren, improvisieren, imprägnieren, indoktrinieren, informieren, innoviere intergrieren, investieren, isolieren, kapitulieren, karikieren, kodifizieren, konfrontieren, konservieren, kontrollieren, konvergieren, konvertieren, konzentrieren, konzentriere koordinieren, kopieren, korrigieren, kritisieren, lancieren, liquidieren, lokalisieren, manipulieren, markieren, mobilisieren, motivieren, multiplisieren, neutralisieren, notieren, operieren, organisieren, plädieren, polieren, produzieren, profitieren, protestieren, ratifizieren, reagieren, reduzieren, reflektieren, irritieren, reparieren, reproduzieren, reservieren, respektieren, riskieren, ruinieren, sabotieren, spezifieren, synchronisieren, terrorisieren, trainieren, transportieren, zirkulieren, zivilisieren

(2) 그 밖의 동사 25개 (독어/영어/프랑스어 순)

abrollen/unroll/dérouler, abtreiben/drift/dériver, formen/form/former, filmen/film/filmer, fälschen/falsify/falsifier, grillen/grill/griller, hassen/hate/haïr, heulen/howl/hurler, klären/clarify/clarifier, kochen/cook/cuire, kochen/cook/cuisiner, krachen/crack/craquer, kreuzen/cross/croiser, kreuzen(sich)/cross/croiser(se), lassen/let/laisser, lassen/leave/laisser, lecken/lick/lécher, lynchen/lynch/lyncher, messen/measure/mesurer, pflanzen/plant/planter, predigen/preach/prêcher, testen/test/tester, einpacken/pack/empaqueter, verdammen/damn/damner, verformen/deform/déformer

[별첨자료 2] 영어/독일어 동사 유사항목 (세 언어 유사항목 제외)

(1) 두 언어 모두 기본동사 형태로 나타나는 경우 116개

(중복항목 14개를 빼고 102개만 제시)

antworten/answer, baden/bathe, beißen/bite, bersten/burst, binden/bind, bluten/bleed, borgen/borrow, brechen/break, bringen/bring, danken/thank, denken/think, essen/eat, fallen/fall, falten/fold, feuern/fire, finden/find, flackern/flicker, fliegen/fly, fliehen/flee, fließen/flow, folgen/follow, frieren/freeze, fühlen/feel, füllen/fill, geben/give, gehen/go, gleiten/glide, greifen/grasp, greifen/grip, haben/have, halten/hold, heilen/heal, heizen/heat, helfen/help, hören/hear, kauen/chew, kneten/knead, kommen/come, kosten/cost, kratzen/scratch, kämmen/comb, können/can, lachen/laugh, laden/load, landen/land, leben/live, legen/lay, lernen/learn, lügen/lie, machen/make, mischen/mix, müssen/must, nageln/nail, nennen/name, öffnen/open, parken/park, planen/plan, regnen/rain, rollen/roll, rudern/row, sagen/say, saugen/suck, schießen/shoot, schlafen/sleep, schwimmen/swim, schwitzen/sweat, schwören/swear, schärfen/sharpen, sehen/see, senden/send, setzen/set, setzen(sich)/sit down, sitzen/sit, singen/sing, sinken/sink, spalten/split, sprechen/speak, springen/spring, spritzen/spurt, sprühen/spray, stammeln/stammer, starten/start, stehlen/steal, stempeln/stamp, stinken/stink, stottern/stutter, suchen/seek, säen/sow, sägen/saw, tanzen/dance, toasten/toast, trinken/drink, trocknen/dry, träumen/dream, tun/do, warnen/warn, warten/wait, waschen/wash, weben/weave, wecken/wake, wiegen/weigh, wünsche/wish, zähmen/tame

(2) 영어 기본동사, 독일어 복합동사: 27개(중복항목 3개를 제외)

abfließen/flow, abkühlen/cool, abtrocknen/dry, anbrechen/break, ankleiden/clothe, anschwellen/swell, aufhängen/hang, aufwärmen/warm, beenden/end, befestigen/fasten, befreien/free, begrüßen/greet, beleuchten/light, einladen/load, erleichtern/lighten, erreichen/reach, erstrecken/stretch, gewinnen/win, mitbringen/bring, verbrennen/burn, verlassen/leave, verlängern/lengthen, vermarkten/market, zerbrechen/break

(3) 영어 기본동사 + 첨사, 독일어 복합동사: 13개

aufgeben/give up, aufhängen/hang up, aufstehen/stand up, aufwachen/wake up, ausgehen/go out, einbringen/bring in, aufgeben/give up, wiederbringen/bring back, wiedersehen/see again, zurückbringen/bring back, zurückgeben/give back, zurückkommen/come back, zurückgehen/go back

(4) 두 언어 모두 복합동사: 11개(중복항목 2개를 빼고 9개만 제시)

abladen/unload, auffalten/unfold, ausladen/unload, misstrauen/mistrust, verbieten/forbid, vergessen/forget, verstehen/understand, vorhersehen/planen, foresee/plan, widerstehen/withstand

(5) 독일어 "-ieren"으로 끝나는 동사 7개

gratulieren/congratulate, lokalisieren/locate, polieren/polish, etablieren/establish, sortieren/sort(out), sponsorisieren/sponsor studieren/study

3.3. 명사 어휘 비교[19)]

영어, 독일어, 프랑스어의 동사어휘 비교분석에 이어 본 장에서는 이 세 언어의 명사 어휘를 비교·분석하고자 한다. 앞 장의 동사어휘 분석에서 밝혀진 것은 같은 게르만어로 분류되는 독일어와 영어 동사의 유사성이 12% 정도 밖에 되지 않은 것이다. 이에 따르면 두 언어의 동사 어휘의 유사성이 예상보다 대단히 낮다고 할 수 있다. 반면에 영어의 동사어휘 42%가 프랑스어와 형태적으로 유사하다. 이러한 조사 결과는 세 언어의 관계가 언어 계통학적 차원의 예상과는 다르다는 것을 보여준다. 이제 이 장에서는 독일어, 영어, 프랑스어의 명사어휘는 어떤 상관관계가 있는지를 살펴보고자 한다.

3.3.1. 명사 목록과 형태적 유사성

언어는 문장을 기본단위로 하고 문장은 크게 보면 명사와 동사(술어)로 구성된다. 명사와 동사 이외의 표현들은 이들을 도와 문장을 정교하게 다듬는 기능을 한다. 한 문장에 술어는 보통 한 개이고 명사는 여러 개 올 수 있다. 이렇게 볼 때 인간 언어에서 사용하는 어휘는 명사와 동사(술어)가 기본이며 양적으로 명사가 훨씬 많으리라는 것을 예상할 수 있다. 3.1.의 [표3]의 통계는 바로 이러한 상황을 잘 보여

19) 이 장은 김순임(2016; 2017)의 데이터를 기초로 작성한 것이다.

준다. 명사가 전체 어휘의 60%에 달하고 동사와 형용사를 포함한 술어 범주가 40% 정도이다. 앞서 우리는 이 3가지 범주를 어휘적(lexical) 범주라고 불렀다. 이는 내용어(content words)라고도 하며 기능적(functional) 범주 및 기능어와 대칭되는 개념이다.

본 연구자들이 분석 자료로 삼고 있는 Goursau & Goursau(1991)의 『유럽어 사전』에 수록된 전체 어휘 항목 7,826개 중에서 명사 표제어 수는 4,702개로 나타났다.[20)] 영어, 독일어, 프랑스어 명사의 유사성을 분석하기 위해 본 연구자들은 유사 형태의 유형을 (1)과 같이 크게 5가지로 구분하였으며 이는 다시 10가지로 세분된다. 유형3b에서 교차적 부분 유사성이란 독일어-영어가 부분적으로 같고 영어-프랑스어가 부분적으로 같은데 독일어-프랑스어만 보면 유사성이 없어진 경우를 말한다.

(1) 명사 형태 유사성의 유형(예는 독-영-프 순서)

유형1: 독일어-영어 유사 형태[21)]
예: Apfel – apple – pomme
유형2: 영어-프랑스어 유사 형태
예: Abänderung – modification – modification
유형3: 독일어-영어-프랑스어 유사 형태
예: Agent – agent – agent
유형4: 독일어-프랑스어 유사 형태
예: Allee – path - allée

---

20) 동사 어휘 항목 1,400여 개에 비해 3배 이상 많은 분량이다. 이는 표제어의 60%에 해당하는 것으로 명사가 대략 전체 어휘의 50-60%에 달한다는 언어 연구자들의 인식과 일치한다(Erben, 1980: 124 참조).

21) 독일어에서는 명사의 첫 글자를 대문자로 쓴다.

유형5: 세 언어 모두 다른 형태
  예: Abend – evening – soir
유형1a: 독일어-영어 부분 유사 형태
  예: Absender – sender – expéditeur
유형2a: 영어-프랑스어 부분 유사 형태
  예: Abdruck – print – empreinte
유형3a: 세 언어의 부분 유사 형태
  예: Antiquitäten –antique shop – antiquités
유형3b: 세 언어의 교차적 부분 유사 형태
  예: Großvater – grandfather – grand-pére
유형4a: 독일어-프랑스어 부분 유사 형태
  예: Klimaanlage – air conditioner – climatiseur

연구 대상인 명사 어휘 목록 4,702개를 기초로 (1)의 유형에 따라 세 언어 명사의 형태적 유사성을 분석한 결과는 [표1]과 같다.[22] 이 결과에 따르면 독일어와 영어의 명사 어휘의 유사도(10.0%)는 영어와 프랑스어 사이에서 나타나는 유사도(27.97%)에 비하면 현저히 떨어지는 것을 알 수 있다. 로만스어인 프랑스어가 게르만어인 독일어보다 영어 명사 어휘에 끼친 영향이 훨씬 강한 것이다.

세 언어가 모두 유사한 경우까지를 고려하면 독일어와 영어 사이의 유사항목은 1,593(470+1,123)개로 분석되고 영어와 프랑스 사이의 유사항목은 2,438(1,315+1,123)개로 분석된다. 이들의 전체 어휘 4,702개에 대한 비율을 보면 독일어와 영어 사이의 명사 유사도는 33.03%로서 전체의 1/3에 해당하고 영어와 프랑스어의 명사 어휘 유사도는

22) 이 연구의 어휘 분석에서 사용한 코퍼스 분석도구(corpus analysis toolkit)인 소프트웨어는 AntConc 프로그램이다(인터넷 자료 [7] 참조).

51.79%로 나타난다. 영어와 프랑스어 간의 명사 어휘 유사도가 50% 이상을 차지한다는 사실은 영어의 명사 어휘의 변화 및 발달과정에서 나타난 프랑스어의 영향을 잘 말해 준다. 물론 영어에 끼친 이 영향이 전적으로 프랑스어라고만 보기 어렵겠지만 전체적으로 라틴어를 포함한 로만스어의 영향으로 해석할 수 있다.

유형	언어간 유사 관계	항목수	소계	백분율
1	독-영	428	470	10.00
1a	독-영 부분	42		
2	영-프	1,287	1,315	27.97
2a	영-프 부분	28		
3	독-영-프	1,082	1,123	23.88
3a	독-영-프 부분	38		
3b	독-영-프 교차	3		
4	독-프	159	162	3.45
4a	독-프 부분	3		
5	모두 다름	1,632	1,632	34.70
합계		4,702	4,702	100

[표1] 영어, 독일어, 프랑스어 명사의 유형별 유사도

한편 [표1]에서 영어, 독일어, 프랑스어의 유사 항목(유형 3, 3a, 3b)이 모두 1,123개로서 상당한 비율을 차지하고 있는데 이들이 대부분 로만스어 기원이기 때문에 영어 명사의 기원만을 보면 [표2]와 같이 계산될 수 있다. 이 표에서 '기타' 항목이 1,784개로 역시 상당한 비율을 차지하고 있는데 이 부분을 정밀하게 분석해 보면 전체적인 통계가 조금 달라질 수 있을 것이다. 즉 이 '기타' 항목은 대부분 영어, 독일어, 프랑스어가 다른 경우인데 이때 영어의 명사를 조금 더 조사해 보면 게르만어 기원이나 로만스어 기원을 더 밝혀낼 수 있을 것이다.

기원	항목수	백분율	[표1]의 관련 유형
게르만	470	10.0	1, 1a
로만스	2,438	51.8	2, 2a, 3, 3a, 3b
기타	1,794	38.2	4, 4a, 5
계	4,702	100.0	

[표 2] 영어 명사관련 기원 비율

3.3.2. 형태적 구조 분석

이제 영어, 독일어, 프랑스어 명사의 형태적 구조에 대해 살펴보고자 한다. 이 분석은 위 [표1]의 유사 형태의 유형에 따라 5가지 범주로 나누어 진행될 것이다. 세 언어 사이의 유사 관계를 도형으로 나타내 보면 [그림1]과 같다.

[그림1]에서 세 언어의 관계를 보면 영어와 독일어는 원래 같은 언어에서 출발했기 때문에 나란히 배치하였다. 그리고 어휘의 영향관계는 대부분 [프랑스어 ⇒ 영어] 방향이거나 [프랑스어 ⇒ 독일어]의 방향이기 때문에 프랑스어를 위쪽에 배치했다. 전체적으로 이 그림에서

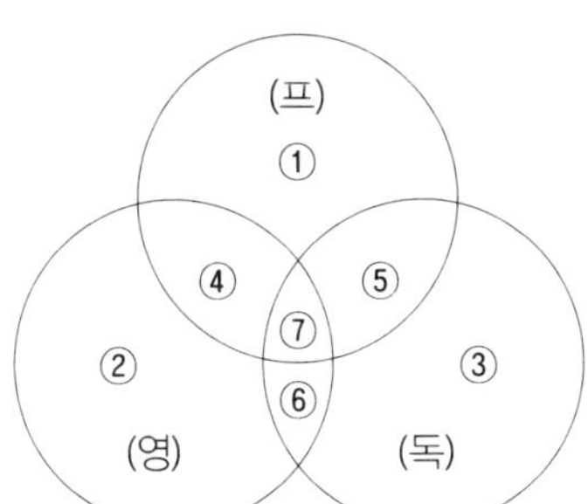

[그림 1] 영/독/프 명사어휘 유사 관계

보면 ①-④-⑤-⑦ 영역은 프랑스어 및 로만스어 기원의 어휘이고 ③-⑥ 영역은 독일어 및 게르만어 기원이다. ② 영역은 게르만어 기원일 수도 있고 로만스어 기원일 수도 있고 그밖의 제3의 기원일 수도 있는데 분석결과에 따르면 로만스어 기원이 많았다. 이제 이 유사 관계의 유형별로 어휘들을 조금 더 자세히 분석해 보면 다음과 같다.

3.3.2.1 독일어-영어 유사 항목 분석

위 [표1]에서 [1,1a] 유형에 속하고 [그림1]의 ⑥영역에 속하는 어휘들이 여기에 해당하며 관련어휘는 총 470개로 나타났다. 이에 대한 몇 가지 예를 보면 (2)와 같다.

(2) 독일어-영어 명사 유사 항목의 예

영어	독일어	프랑스어
bread	Brot	pain
thanks	Dank	remeciement
end	Ende	fin
fish	Fisch	poisson
guest	Gast	hôte

이 책의 분석에서는 이 중에서 (3)과 같이 어휘 형태의 일부만 일치하는 42개 항목을 일차적으로 분석에서 제외시켰다. 나머지 428개의 항목 가운데서 다시 중복 항목 21개를 제외시켰다. 이들은 세 언어를 비교했을 때는 독자적인 항목으로 분석되었지만 독일어와 영어만 비교할 때는 2회 이상 중복으로 나타난 경우이다. 남은 407개 영어-독일어 유사 항목의 구조를 분석한 결과는 [표3]과 같다.

(3) 어휘 형태의 일부만 일치하는 예[23)]

독: Eis(독) - 영: ice cream

독: Fangnetz - 영: fishing net

<table>
<tr><td colspan="2">어휘 유형</td><td>독어</td><td>백분율</td><td>영어</td><td>백분율</td></tr>
<tr><td colspan="2">단일어</td><td>331</td><td>81.33</td><td>319</td><td>78.38</td></tr>
<tr><td>합성어</td><td>어휘소 + 어휘소</td><td>46</td><td>11.30</td><td>45</td><td>11.06</td></tr>
<tr><td rowspan="3">파생어</td><td>접두사 + 어휘소</td><td>2</td><td rowspan="3">7.37</td><td>2</td><td rowspan="3">10.56</td></tr>
<tr><td>어휘소 + 접미사</td><td>27</td><td>40</td></tr>
<tr><td>접두사 + 어휘소 + 접미사</td><td>1</td><td>1</td></tr>
<tr><td>계</td><td></td><td>407</td><td>100</td><td>407</td><td>100</td></tr>
</table>

[표 3] 영어-독일어 명사 유사 항목 구조

이 표에서 단일어란 접사가 붙지 않는 단일한 기본형태의 명사를 말하고 합성어는 2개의 단어가 합해진 것을 말한다. 파생어는 단일어에 접사가 붙어 형성된 단어들이다. 이 세 가지 유형에 대한 영어의 예를 보면 (4)와 같다.

(4) 명사 형태의 3가지 유형

a. 단일어: table, school, phone

b. 합성어: school bus, hand phone

c. 파생어: fishing, reality, contract, prediction

[표3]에서 현저하게 눈에 띄는 것은 단일어의 비율이 높다는 점이다. 앞선 동사 분석에서 세 언어의 기본동사 비율을 보면 (5)와 같이

23) 독일어 'Eis'는 영어 'ice'와 발음이 같다. 또 독일어 'Fangnetz'는 Fang('catch') + Netz('net')의 합성어이다.

30-40% 대인데 [표3]에서 단일어의 비율은 80% 정도이다.

(5) 영어, 독일어, 프랑스어 세 언어 기본동사 비율

영어: 47.6%　　독일어: 33%　　프랑스어: 40%

이는 명사와 동사의 차이에서 온 것으로 볼 수도 있겠지만 아래 3.3.2.2.-3.3.2.4.의 다른 명사들의 분석을 보면 그렇게 보기 어렵기 때문에 [표3]에서 단일어의 비율이 높은 원인을 다른 데서 찾아야 한다. 이 원인은 영어-독일어 순수 유사 항목이 대부분 기초어휘이기 때문이라고 짐작된다. 즉 영어의 어휘는 게르만어 기원과 로만스어 기원으로 나눌 수 있는데 기초어휘들은 대부분 게르만 기원이고 이들은 기본적으로 단일어이기 때문에 [표3]의 단일어의 비율이 높은 것이다.

[표3]의 자료에 따르면 영어-독일어 합성어의 수가 거의 같은데 이들은 (6)과 같이 이 두 언어 사이에서 대부분 같은 형식으로 내응되는 것을 알 수 있다.

(6) 영어-독일어 순수 유사 명사 합성어 대응의 예

영: outside　독: Außenseite
영: elbow　독: Ellenbogen
영: film-producer　독: Filmproduzent
영: guest-house　독: Gasthaus
영: heart attack　독: Herzattacke
영: coconut palm　독: Kokuspalme

[표3]에서 파생어는 극히 소수이기 때문에 접사에 대한 통계를 내

는 것은 큰 의미가 없을 것으로 보인다. 특히 접두사는 3개 항목에서 나타나는데 이는 통계적으로 무의미한 것이다. 이 3개의 항목을 보면 (7)과 같다.

(7) 영어-독일어 순수 유사 명사의 3가지 접두사의 예

a. '접두사+어휘소' 유형
영: mistrust　　독: Misstrauen
영: compass　　독: Kompass

b. '접두사+어휘소+접미사' 유형
영: confrontation　독: Konfrontation

(7)에서 /mis-/는 게르만어 기원이고 /com-/con-/은[24] 로만스어 기원이다. 이 가운데 독일어 'Misstrauen'은 후기 중고지 독일어에 기원을 두고 있으며 영어의 'mistrust'는 중세 영어(1350- 400년)에서 기원한 것이다. 독일어 'Kompass'는 15세기에 이탈리아어에서 차용된 것이다.[25] 또 (7b)에서 독일어와 영어의 'Konfrontation'과 'confrontation'은 중세 라틴어와 중세 프랑스어에서 기원한 것이다(인터넷 자료 [9], [10] 참조). 이렇게 보면 (7)의 어휘들은 영어나 독일어의 어휘 생성 규칙에 의한 것이라기보다는 외래어로 차용된 단일어의 성격이 강하다고 볼 수도 있겠다.

[표3]에서 접미사의 출현빈도도 소수이기 때문에 통계적으로 의미를 갖기는 어려울 것으로 보인다. 이 접미사들의 목록은 (8)과 같다.

---

24) 이들은 어원적으로 같은 접두사이며 음성적 환경에 따라 나타나는 위치가 다르다.

25) 어원분석 사전(인터넷 자료 [8] 참조)

영어의 접미사 가운데 /–ing, -er, -ship/이 게르만어 기원이고 나머지는 로만스어 기원이다. 독일어 접미사에서는 /–ung, -er, -schaft, -ing/이 게르만어 기원이고 /–ion, -ant, -ent, -ist, -ment/는 로만스어 기원이다. 표본수가 적어서 (8)의 숫자가 통계적으로 큰 의미는 없지만 어떻든 영어의 경우 로만스어 전통이 강하게 나타나 있다고 하겠다.

(8) 영어-독일어 순수 유사 명사의 접미사 목록

영: -ing 22회, -er 10회, -ery, -ful, -ian, -ion –ist, -ment –or, -ship 각 1회 (총 40회).

독: -ung 9회, -er 11회, -schaft 2회, -ing, –ion, -ant, -ent, -ist, -ment 각 1회 (총 28회).

[표3]의 단일어 331개 가운데서 중복된 항목과 영/독 가운데 어느 한 쪽이라도 단일어가 아닌 경우를 제외하면 300개의 순수 단일어가 남는데 그 목록을 보면 이 단원 끝의 [별첨자료]와 같다. 앞서 말한 대로 이들은 가장 기초적인 어휘라고 할 수 있으며 대부분이 게르만어 기원이지만 'couch/Couch, diet/Diät, panic/Panik, sofa/Sofa, structure/Struktur, toilets/Toilette, vacuum/ Vakuum'과 같은 게르만어 기원이 아닌 어휘들도 포함되어 있다.

3.3.2.2. 영어-프랑스어 유사 항목 분석

[표1]의 [2, 2a] 유형, 즉 [그림1]의 ④영역에 해당하는 영어와 프랑스어 명사의 유사항목은 1,315개이다. 이 가운데 28개는 (9)와 같이 어휘구조가 1:1로 비교하기 어려운 경우로서 분석에서 제외한다.

(9) 구조가 다른 항목 (영/프 순)

print/empreinte, document case/porte-documents,
exclusive rights/exclusivité, tea-room/salon de thé

나머지 1,287개 어휘가 (10)과 같이 영어와 프랑스어 사이에서 유사성을 보이며, 독일어는 전적으로 이 두 언어와는 다른 어휘 형태소 또는 형태소 구성을 나타낸다. 이 가운데서 중복항목 6개를 제외하면 1,281개의 표제어가 남는다.

(10) 영어/프랑스어 명사 유사항목의 예

영어	프랑스어	독일어
custom	coutume	Brauch
departure	départ	Abfahrt
evidence	évidence	Beweis
modification	modification	Abänderung
visit	visite	Besuch

우선 영어-프랑스어 명사 유사항목에서 영어 명사의 구조를 분석해 보면 [표4]와 같다. 단일어는 488개로 38.10%를 차지하였고 합성어는 44개로 3.43%였다. 단일어와 합성어를 제외한 파생어는 749개(58.47%)로서 전체 분석대상의 절반 이상을 차지하고 있다.

파생어의 유형을 보면 접두사만 있는 경우가 174개, 접미사만 있는 어휘는 298개, 접두사와 접미사를 동시에 갖는 어휘는 277개로 조사되었다. 이를 종합하면 접두사를 가진 어휘는 451개, 접미사를 가진 어휘는 575개이다. 파생어는 전체의 58.47%를 차지한다.

조어유형		어휘 수	비율 %
단일어		488	38.10
합성어		44	3.43
파생어	접두사 + 어휘소	174	13.59
	어휘소 + 접미사	298	23.26
	접두사 + 어휘소 + 접미사	277	21.62
계		1,281	100

[표 4] 영/프 유사항목의 영어 명사의 구조

명사의 구조에서 접두사와 접미사의 형태를 보면 언어간 유사성이 잘 나타나기 때문에 이 접사들을 조금 더 자세히 분석할 필요가 있다. [표4]의 1,281개 영어 어휘 중 접미사를 가진 어휘는 30개 유형의 575개로서 대상 어휘의 44.89%에 해당한다. 영어 파생접미사의 목록을 보면 (11)과 같다.

(11) 영/프 명사 유사항목의 영어 접미사 목록 및 빈도

-ion(240회), –ity/-ty(63회), –er/-or(55회), -ance/-ence/-ancy/-ency(47회), -ment(34회), -age(15회), -ure, -y (각 12회), -ary, -cle, -ing, -ist(각 9회), -tude(7회), -al (6회), -ness(5회), -(e)ry, -ism, -ory(각 4회), -ant, -ee, -(i)an, -ics, -ule(각 3회), -eer/-ier, -itis, -ship(각 2회), -cy, -ess, -ician(각 1회)

이중 생산성이 가장 높은 파생 어미는 /–ion/으로서 240회 나타나며 이는 전체 접미사 파생의 41.74%에 달한다. 10회 이상의 빈도를 나타내는 접미사는 8개이며 이들은 전체 접미 파생의 84.87%(448회)를 차지한다.

이 가운데 출현빈도가 가장 높은 /–ion/은 전형적인 라틴어 및 로만스어 기원의 접미사이다. 다음으로 많이 출현하는 접미사 /–ity/ 또한 형용사에서 명사를 만드는 로만스어 접미사이다. 55회의 빈도를 보이는 '–er/–or'(24개/31개)도 라틴어의 어미 /–or/과 밀접한 연관이 있다(Plag, 2003: 9). 그 다음으로 많은 출현빈도를 보이고 있는 접미사 유형 '–ance/-ence/-ancy/-ency'는 생산성에 있어서 형용사 접미사 '–ant/-ent'와 가까우며, 동사와 형용사로부터 명사를 파생시키는 접미사들이다(Plag, 2003: 87).

1,281개의 영어 명사 어휘 중 접두사를 가진 어휘는 451개(35.21%)로서 접두 파생어도 전체의 상당 부분을 차지한다. 이 451개의 접두사는 29가지 유형으로 분류되었다. 접두사 유형의 목록 및 출현빈도를 보면 (12)와 같다.

(12) 영/프 명사 유사항목의 영어 접두사 목록 및 빈도

em-/en-/im-/in-(69개),[26] co-/com-(56개), ex-/e-/ec-(50개), re-(50개), de-(45개), a-/ac-/ad-/af-/an-/ap-/ar-/as-/at-(40개)[27] (이상 310개, 69.35%)

dis-/di-/dif-(23개), pro-(23개), pre-(17개), sub-/suc-/sup-/sus-(17개), inter-(10개) (이상 400개, 88.69%)

a-/ab-, super-/supre-/sur-(각 7개), per-(6개), ob-(5개), contra-, dia-, trans-(각 3개), circum-, epi-, hypo-, meta-, para-, peri-(각 2개), ante-,

26) 이 유형은 의미적으로 세분할 수 있으나 여기서는 고려하지 않았다.

27) 접두사 /a-, ac-, ad-/유형은 변이형이 매우 다양하다.

arch-, bene-, bi-, mal-(각 1개)(소계 51개)

(12)에 따르면 접두사는 상위빈도 6개 유형이 전체의 69.35%를 차지하고 상위 11개 유형이 전체의 88.69%를 차지한다. 이들 절대 다수는 라틴어 계열의 접두사이며 몇몇만이 그리스어에서 온 것이다.

영어-프랑스어 명사 유사항목에서 영어 명사 어휘들은 일차적으로 로만스어의 영향을 받았을 것이라는 점은 이와 같은 분석을 통해 잘 드러난다. 우선 독일어에서 합성어가 한 단어로 표기되는 것과 달리 영어와 프랑스어 경우 합성어 형태가 다양하게 나타나며 두 언어 합성명사의 성분명사 또한 거의 유사하다. 이에 대한 몇 가지 예를 보면 (13)과 같다.

(13) 영/독/프/ 명사 합성어의 예

영어	프랑스어	독일어
attaché-case	attaché-case	Aktenkoffer
fruit-juice	jus de fruit	Obstsaft
martial arts	arts martiaux	Kriegskunst
service station	station-service	Tankstelle

(13)에서 보는 것처럼 세 언어의 합성명사는 2-3가지의 형식이 있는데 독일어는 모두 붙여 쓰는 것이 특징이다. (13)의 독일어 합성명사를 분석해 보면 (14)와 같다.

(14) 독일어 합성명사의 형식

Aktenkoffer = Akte(서류) + n(복수형) + koffer(가방)

Obstsaft = Obst(과일) + saft(쥬스)

Kriegskunst = Krieg(전쟁) + s(소유격) + kunst(미술)

Tankstelle = Tank(주유) + stelle(장소)

영어와 프랑스어 명사의 형태적 유사성은 무엇보다도 접두사, 접미사에 의한 파생어 형성에서 잘 드러난다. 접사 목록은 이미 위 (11)-(12)에서 본 바와 같다. 영어와 프랑스어의 접두 파생어들을 관찰해 보면 (15)와 같이 두 언어의 어휘화 과정에서 나타난 음운상의 작은 차이들이 있으나 접두사에서의 두 언어 간의 차이는 없다고 할 수 있다.

(15) 영어-프랑스어 접두사 파생 차이의 예

영: hermit 프: ermie

영: hostage 프: otage,

영: scarf 프: écharpe

영: screen 프: écran

영: stomach 프: estomac

이제 프랑스어의 접미사 파생어에 대해 조금 더 자세히 분석해 보겠다. 분석대상은 [표1]에서 단일어와 합성어를 제외한 1,235개 명사에서 중복어휘 27개를 제외한 1,208개의 파생 명사이다. 이 자료에 나타난 프랑스어의 접미사들을 영어의 접미사에 대응시켜 보면 [표5]와 같다.

[표5]에서 우리는 영어의 접미사 대부분이 프랑스어의 영향을 받았다는 것을 다시 확인할 수 있다. 물론 영어와 프랑스어에서 동일한 접미사를 보여주는 어휘의 수가 정확히 일치하지는 않지만 그 빈도의

유사성은 두 언어 사이의 관계성을 잘 보여준다고 하겠다. 예컨대 영어에서 접미사 /–ion/이 붙은 어휘 240개 중에서 프랑스어에서 동일한 접미사로 대응되지 않는 어휘는 12개이다.

한편 프랑스어에서 어미 /–ion/이 붙은 명사는 238개인데 이중 영어에서 동일하게 대응되지 않고 다른 형태를 취하는 경우가 10개이다. 다음으로 많이 나타나는 영어의 파생접미사는 /–ity, -ty/로 이 접미사를 가진 어휘 수가 63개로 나타나는데, 프랑스어에서 하나의 어휘를 제외하고 모두 유사한 접미사로 대응된다. (16)-(18)은 접미사 /–ion/과 영어-프랑스어 3가지 대응 유형의 예이다. 물론 (16)의 유형이 대부분을 차지하고 (17)-(18)의 유형은 예외적인 경우이다.

영어 접미사		프랑스어 접미사	
유형	빈도	유형	빈도
-ion	240	-ion	238
-ity/-ty	63	–ité/(-eté/-été)/ -té	64
-er/-or	55	-eur/-er	46
-ance/-ence/-ancy/-ency	47	-ance/-ence	51
-ment	34	-ment	39
-age	15	-age	17
-ure	12	-ure	9
-y	12	-ie	13
-ary	9	-aire	14
-cle	9	-cle/-cule	9
-ing	9		0
-ist	9	-iste	7
-et	7	-et/-ette	9
-tude	7	-tude	8
-al	6	-al/-aille	5
-ness	5	-esse	6

-(e)ry	4	-ie	3
-ism	4	-isme	5
-ory	4	-oire	6
-ant	3	-ant	4
-ee	3	-é	2
-(i)an	3	-an	1
-ics	3	-tique	2
-ule	3	-ule	3
-eer/-ier	2	-	0
-itis	2	-	0
-ship	2	-	0
-cy	1	-	0
-ess	1	-	0
-ician	1	-	0
계	575	계	561

[표 5] 영어-프랑스어 명사 접미사 대응 상황

(16) 영어/프랑스어 모두 접미사 /–ion/으로 끝나는 명사의 예

영어	프랑스어	영어	프랑스어
addition	addition	civilization	civilisation
discussion	discussion	function	fonction
generation	génération	information	information

(17) 영어 접미사 /–ion/에 다른 형식으로 대응되는 프랑스어의 예

영어	프랑스어	영어	프랑스어
abortion	avortement	litigation	litige
cultivation	culture	reflection	reflet
examination	examen	regulation	réglement
indication	indice	vacation	vacances

(18) 프랑스어 접미사 /–ion/에 다른 형식으로 대응되는 영어의 예

프랑스어	영어	프랑스어	영어
arrestation	arrest	pression	pressure
commission	committee	punition	punishment
estimation	estimate	réception	receipt
importation	import	signalisation	sign

두 언어에서 파생어의 기저는 같으면서 파생 접미사가 달리 나타나는 것으로 순수 영어 접미사 /-ing, -ship/에 의한 파생어가 있다. 이들은 프랑스어 기저에 순수 영어 접미사가 더해진 유형이다. 이 유형에 대응하는 프랑스어 어휘의 접미사는 전적으로 다르다. 이에 대한 몇 가지 예를 보면 (19)와 같다.

(19) 영어 접미사 /-ing, -ship/에 대한 프랑스어의 대응 형식

colouring/colorant, cycling/cyclisme, engineering/ingénierie, functioning/fonctionnement, launching/lancement, painting/peinture, reasoning/raisonnement, rejoicing/réjouissance, suffering/souffrance, apprenticeship/apprentissage, championship/championnat

3.3.2.3. 독일어-영어-프랑스어 유사 항목 분석

세 언어의 명사 어휘가 모두 유사한 경우는 총 4,702개 표제어 중 1,123개 항목으로 전체의 23.88%에 해당한다. [그림1]의 ⑦영역에 속하는 어휘들이다. 이 책에서는 이 가운데 부분 유사 항목과 부분 교차 항목 44개를 제외하고 1,079개의 항목을 분석대상으로 삼았다. 세 언

어 명사 유사항목의 예를 몇 가지 보면 (20)과 같다.

(20)에서 우리는 영어, 독일어, 프랑스어 그리고 더 나아가 유럽 언어 전체의 중요한 단면을 볼 수 있다. 이들 언어에 이처럼 동일한 단어가 수도 없이 많다는 것이다. 한국어와 중국어, 일본어의 많은 어휘가 동일한 것과 비슷한 상황이다. (20)과 같은 어휘들은 대부분 멀리는 고대 그리스어나 라틴어에서 가깝게는 로만스어(프랑스어)에서 기원한 것들로서 구조면에서도 세 언어 사이에 큰 차이가 있을 수 없다. 세 언어 명사 유사 항목의 구조를 분석한 결과는 [표6]과 같다.

(20) 영어/독일어/프랑스어 명사 유사항목의 예

영어	독일어	프랑스어
address	Adresse	adresse
bomb	Bombe	bombe
contact	Kontakt	contact
debate	Debatte	débat
form	Form	forme
lamp	Lampe	lampe
machine	Maschine	machine
nature	Natur	nature
pair	Paar	paire
respect	Respekt	respect

[표6]을 보면 단일어, 합성어, 파생어의 비율이 세 언어에서 모두 비슷하게 나타나며 파생어의 유형별 비율도 거의 비슷하다. 접두사와 접미사의 총 빈도도 세 언어가 모두 별 차이가 없다. (20)의 10가지 어휘 항목만 보아도 이러한 분석 결과를 충분히 짐작할 수 있을 것이다. 전체적으로 보면 단일어가 55% 정도를 차지하고 합성어가 7%, 파생어가 40% 정도를 차지한다. 파생어에서는 접두사의 사용빈도가 160

회 정도이고 접미사의 사용빈도는 360회로써 접미사의 기여도가 접두사의 2배를 넘는다.

조어유형		영	(%)	독	(%)	프	(%)
단일어		587	54.40	593	54.96	588	54.50
합성어		77	7.13	77	7.13	77	7.13
파생어	접두사+어휘소	55	5.10	55	5.10	54	5.00
	어휘소+접미사	255	23.63	250	23.17	254	23.54
	접두사+어휘소 +접미사	105	9.73	104	9.64	106	9.82
계		1,079	99.99	1,079	100	1,079	99.99
접두사 총 빈도		160	-	159	-	160	-
접미사 총 빈도		360	-	354	-	360	-

[표 6] 영/독/프 명사 유사 항목의 구조 분석

접미사를 조금 더 자세히 분석해 보면 다음과 같다. 영어의 경우 접미사의 종류가 56가지이며 총 360항목에서 나타났다. 이들 56종류 중에서 10회 이상의 빈도를 보이는 접미사는 11가지이며 이들의 총 빈도는 223회로서 전체 360회의 61.90%에 해당한다.

프랑스어에서는 52종의 접미사가 사용되었으며 총 사용빈도는 영어와 똑 같이 역시 360회로 조사되었다. 이들 접미사 가운데 10회 이상의 빈도를 보이는 것은 10가지이며 이들의 총 빈도는 235회로써 전체 360회의 65.28%에 달한다. 독일어에서는 접미사가 50가지로 나타났고 총 사용빈도는 354회이다. 이 가운데 10회 이상의 빈도를 보이는 것은 11가지 접미사이며 이들의 총 사용빈도는 234회로써 전체 354회의 66.10%에 해당한다. 이와 같이 세 언어 사이의 접미사 종류와 사용빈도도 매우 유사하게 조사되었다. 세 언어의 고빈도 접미사를 보면 [표7]과 같다.

	10회 이상 빈도의 접미사	수/전체	%
영	–ion 74, -ity 23, -y 23, -or 20, -ism 17, -ence/-ency 14, -er 14, -ure 14, -ment 13, -ist 11, -ics 10	223/360	61.90
독	-ion 65, -ie 28, -ität 25, -er 20, -or 20, -ismus 15, -ung 15, -ur 13, -enz 11, -ik 11, -ment 11	234/354	66.10
프	–ion 75, -ie 30, -eur 25, -ité 23, -isme 17, -ment 17, -ure 14, -ence 12, -ique 11, -ier 11	235/360	65.28

[표 7] 영/독/프 유사 명사 항목의 고빈도 접미사

위에서 말한 바와 같이 영/독/프 유사 명사는 대부분 프랑스어에서 기원한 것이므로 접사들의 형태도 유사하리라는 것을 짐작할 수 있다. 즉 이 접미사들은 대부분 프랑스어에서 온 것으로 [표7]의 독일어에 쓰인 접미사들은 따라서 대부분 게르만어 고유 접미사가 아니다. 이 11개의 고빈도 독일어 접미사 가운데 /–er/와 /–ung/이 독일어 고유의 접미사이다.

독일어 고유의 명사화 접미사 /–ung/은 영어의 /–ing/와 같이 동사를 명사화하는 접사인데 실제 사용은 영어의 /–ing/보다 훨씬 제한적이다. 독일어의 /–ung/이 쓰이는 명사에서 영어나 프랑스어는 (21)과 같이 /–ement/나 /–ion/을 사용한다.

(21) 독일어 접미사 /–ung/과 영/프 대응의 예

독일어	영어	프랑스어
Orientierung	orientation	orientation
Regelung	regulation	réglementation
Regulierung	regularization	régularisation
Rekrutierung	recruitment	recrutement
Repatriierung	repatriation	rapatriement
Reservierung	reservation	réservation

(21)에서는 영어/프랑스어에 명사화 어미 /–ion/이 독일어 접미사 /–ung/으로 대응되고 있는데 독일어의 명사를 자세히 보면 사실은 /–ung/보다는 /–ion/을 그대로 사용하는 경우가 훨씬 많다. [표7]의 독일어 통계에서 /–ung, –ion/의 빈도를 보면 이를 알 수 있다. 영/독/프 세 언어에서 모두 /–ion/으로 끝나는 명사의 예를 몇 가지 보면 (22)와 같다.

(22) 영/독/프 모두 /–ion/으로 끝나는 명사의 예

영어	독일어	프랑스어
corruption	Korruption	corruption
invasion	Invasion	invasion
illustration	Illustration	illustration
expedition	Expedition	expédition
opposition	Opposition	opposition

세 언어에 나타난 접미사들을 유형별로 분석해 보면 언어에 따라 약간 형태가 달라지기는 하지만 접미사의 종류와 빈도에서 아주 유사한 것을 알 수 있다. 이 단락의 분석대상인 영/독/프 유사 어휘들은 대체로 로만스어 기원이기 때문에 프랑스어 접미사를 기준으로 세 언어의 대응 접미사와 그 빈도를 분석해 보면 [표8]과 같다.[28)]

이 표에서 우리는 세 언어의 주요 접미사의 형태와 빈도가 거의 비슷하다는 것을 알 수 있다. 이 가운데서 빈도가 높은 접미사, 즉 생산성이 높은 접미사를 조금 자세히 살펴보면 다음과 같다. 프랑스어에서 동사를 기저형태로 취하는 접미사 /–ion/은 가장 생산성이 높은 명사화 접미사이며(서정철 외, 1989: 444) 프랑스어의 영향을 받은 영어

28) 프랑스어를 기준으로 했기 때문에 게르만어 고유 접미사인 영어의 /–ing/(6회)과 독일어의 /–ung/(15회)은 이 통계에 포함되지 않았다.

에서도 역시 가장 높은 생산성을 나타낸다. 이 접미사가 차지하는 비율은 프랑스어에서 20.83%, 영어에서 20.56%로서 명사 접미사의 1/5을 차지하고 있다. 접미사 /–ion/의 이러한 특성은 영어/프랑스어 유사 명사어휘에서는 더욱 분명하게 드러난다. 즉 이 경우 영어와 프랑스어에 나타난 접미사 /–ion/의 비율은 각각 41.74%와 42.42%로 나타났다([표5] 참조).

프랑스어		영어		독일어	
-ion	75	-ion	74	-ion	65
-eur/-ier/ -er/-ien	47	-or/-er/-ier/ -eur/-ian	46	-er/-or/ -e-ur/-ier	49
-ie	30	-y	23	-ie	28
-ité	23	-ity	23	-ität	25
-isme	17	-ism	17	-ismus	15
-ment	17	-ment	13	-ment	11
-ure	14	-ure	14	-ur	13
-ence	12	-ence/-ency	14	-enz	11
-ique	11	-ics	10	-ik	11
-aire	8	-ary	4	-ar	5
-ose	8	-osis	7	-ose	8
-iste	7	-ist	11	-ist	9
-age	6	-age	4	-age	5
-ance	6	-ance	4	-anz	4
-ant	6	-ant	6	-ant	6
-ent	4	-ent	5	-ent	6
-té	3	-ty	4	-tät	3

[표 8] 영/독/프 명사 유사 항목 주요 접미사 유형과 빈도

[표8]에 따르면 독일어에서도 접미사 /–ion/은 생산적인 조어 기능을 보이고 있다. 영어/프랑스어에 비해 독일어에서 /–ion/의 비율은

18.36%로 다소 낮게 나타나는데 그 이유는 (21)과 같이 독일어에서 /–ion/ 대신 게르만 고유 접미사 /–ung/이 쓰이는 경우가 있기 때문이다(4.24%). 접미사 /–ung/은 독일어에서 생산성이 높은 고유 접미사인데 순수 독일어 명사 항목만 보면 이러한 특징이 잘 드러난다. 이 항목에서는 /–ung/이 전체 빈도의 50.46%를 차지한다((34) 참조).

그 다음으로 생산성이 높은 명사 접미사는 'driver/singer'의 /-er/과 같이 행위자를 나타내는 접미사들이다. 프랑스어에서는 /–eur/(25회), /-ier/(11회), /-ien/(9회) 등이 이에 해당하며 영어와 독일어에서 흔히 쓰이는 /–er/은 프랑스어에서 거의 나타나지 않는다(2회). 영어에서는 /–or/(20회)와 /–er/(14회)가 사용되며 프랑스어의 /–ien/(9회)은 영어에서 보통 /–ian/(8회)으로 나타난다. 한편 영어에서도 /–eur/와 /–ier/가 각각 2회씩 나타난다.[29)]

(23) 영/프의 /-ian, –ien/과 독일어 대응 접사

영어	프랑스어	독일어
Christian	chrétien	Christ
comedian	comédien	Komödiant
comedian	comique	Komiker
electrician	électricien	Elektriker
musician	musicien	Musiker
optician	opticien	Optiker
politician	politicien	Politiker
technician	technicien	Techniker

독일어에서 행위자 표시 접미사는 보통 /–er/(20회)와 /–or/(20회)로

29) 예: amateur, croupier

나타나는데 /–or/는 영어의 /-or/에 해당하는 것으로 라틴어에서 기원한 명사에서 나타난다. 이밖에 /–ier/(6회)와 /–eur/(3회)도 사용되는데 이들은 모두 프랑스어의 차용이라고 볼 수 있다. 프랑스어의 접미사 형태 /–ien/과 이에 대응하는 영어의 /–ian/ 형태는 독일어에서 사용되지 않았다. 이때 독일어는 보통 (23)과 같이 /–er/을 사용한다.

세 번째로 많이 나타나는 프랑스어의 접미사 /–ie/는 상태, 질 또는 조건을 나타내는 명사 접미사로서 이들은 기저형태로 명사나 형용사를 취한다(서정철 외, 1989: 445). 이에 대응하는 영어 접미사는 대부분 /–y/로 나타나고 독일어에서는 외래어 접미사 /–ie/로 나타난다. [표5]의 영어/프랑스어 유사관계 분석에서는 /–ion/ 다음으로 높은 생산성을 보였던 접미사 /–ité/는 [표8]에서 네 번째의 높은 출현빈도로 나타난다.

(24) 프랑스어 /–ment/와 영/독 대응 접미사

프랑스어	영어	독일어
argument	argument	Argument
compliment	compliment	Kompliment
croisement	crossing	Kreuzung
financement	financing	Finanzierung
rationnement	rationing	Rationierung

라틴어가 아니라 그리스어에서 기원한 프랑스어 접미사 /–isme/(영: –ism, 독: –ismus)은 주로 체제나 체계적 행위를 나타내는 것으로 세 언어 모두 빈도 면에서 비슷하다. 세 언어에서 모두 나타나는 접미사 /–ment/는 동사에서 명사를 만드는 라틴어 접미사 /–mentum/에서 유래한 것으로 프랑스어에서 다시 영어로 들어와 접미

사 /–ment/가 되었다(인터넷 자료 [11] 참조). 이 접미사는 프랑스에서 /–ement/ 또는 /–issement/로 나타난다. 독일어에서는 이때 프랑스어의 접미사 /–ment/ 대신 게르만 고유의 명사화 접미사 /–ung/이 사용되기도 하며 영어에서도 고유의 접미사 /–ing/으로 나타나기도 한다((24) 참조).

지금까지 영/독/프 명사 유사항목을 중심으로 명사 형성에 사용되는 접미사를 분석해 보았다. 이제 접두사에 대해 간략하게 살펴보겠다. 접두사는 기본적으로 명사 형성과는 관계가 없다. 분석대상의 어휘들이 대부분 로만스어에서 기원한 것이기 때문에 접미사와 마찬가지로 접두사도 비슷할 것으로 예상할 수 있다.

세 언어 명사 유사항목의 접두사는 각각 160개(영어), 159개(독일어), 160개(프랑스어)로 분석되었다. 영어를 중심으로 160개의 접두사와 빈도를 분석한 결과는 (25)와 같다. 이에 따르면 /in-/이 가장 고빈도로 나타난다. 그러나 /co-, com-, con-, cor-, col-/은 같은 계열의 접사이기 때문에 이들의 빈도를 모두 합하면 이 계열의 접두사가 33회로써 가장 높은 빈도가 된다. [표10]의 접미사 목록과 마찬가지로 이 접두사들도 모두 멀리는 고대 그리스어와 라틴어에서 기원한 것들이며 가깝게는 로만스어 및 프랑스어에서 기원한 것들이다.

(25) 영/독/프 명사 유사항목 접두사와 빈도

in- 26회, re-(23회), com-, con-, pro-(각 13회), ex-(8회), ad-, de-, dis-(각 6회), an-, dia-, trans- (각 4회), cor-, inter-, para-, pre-, sub-(각 3회), anti-, co-, col-, epi-, il-, sym-(각 2회), archi-, auto-, hypo-, im-, mono-, super-, syn-(각 1회)

3.3.2.4. 독일어-프랑스어 유사항목 분석

독일어와 프랑스어 명사 유사 목록이란 독일어와 프랑스어가 비슷하고 영어가 다른 경우를 말하며 이에 대한 몇 가지 예를 보면 (26)과 같다. 위 [그림1]에서는 ⑤영역에 해당한다.

(26) 독일어/프랑스어 명사 유사항목의

영어	독일어	프랑스어
cup	Tasse	tasse
furniture	Möbel	mobilier
sea	Meer	mer
lady	Dame	dame
library	Bibliothek	bibliothéque

위 [표1]에 따르면 전체 명사 목록 4,702개 가운데서 독일어와 프랑스어 유사 목록은 162개로서 전체의 3.45%에 해당한다. 이는 영어와 프랑스어 유사 어휘 1,315개(27.97%)에 비하면 아주 적은 분량이다. 162개의 유사 어휘 목록에서 부분 유사 목록 3개를 제외한 159개의 독일어 명사 어휘를 보면 전적으로 프랑스어의 영향을 확인할 수 있었다. 159개의 목록 중 합성어가 1개, 동일 어휘가 1개 포함되어 있다. 나머지 157개 항목을 형태적으로 다시 분류해 볼 수 있다. 이들을 분석한 결과는 다음과 같다.

먼저 두 언어에서 형태적으로 완전히 동일하게 나타나는 항목이 71개로 45.22%에 달한다. 이에 대한 예를 몇 가지 보면 (27)과 같다.

(27) 독/프 명사 유사항목의 동일 형태

프랑스어	독일어	영어
abonnement	Abonnenment	subscription
allée	Allee	path
contrôleur	Kontrolleur	inspector
étui	Etui	case
silhouette	Silhouette	outline

여기에는 완전히 동일한 형태로 간주되지만 두 언어의 고유한 표기법으로 인해 약간의 표기상의 차이가 있는 어휘도 포함되었다. 예컨대 프랑스어의 /c/는 독일어에서 /k/나 /z/로 나타난다. 또 /c/가 어말에 올 경우 독일어에서는 /ck/로 쓴다. 이에 대한 몇 가지 예를 보면 (28)과 같다.

(28) 독/프 명사 유사항목에서 표기법이 다른 경우

프랑스어	독일어	영어
bloc	Block	pad
caméra	Kamera	camera
informatique	Informatik	data processing
objectif	Objektiv	lens
parcelle	Parzelle	plot

독/프 명사 유사항목의 둘째 부류로는 두 언어 사이의 철지 또는 음운 상의 특성으로 인해 그 형태가 완전히 일치하지는 않으나 첫째 부류와 큰 차이가 없는 것으로 48개의 항목이 이에 해당한다. 이에 대한 몇 가지 예를 보면 (29)와 같다. 이들 어휘에서는 프랑스어의 어미가 독일어에 들어오면서 독일어화 하였다. 예컨대 프랑스어의 어미

/-aire/가 독일어에서 /-ar/ 또는 /-är/로 실현되고, 프랑스어의 어미 /-cle/은 독일어에서 /-kel/로 실현된다. 또 프랑스어에 자주 나타나는 어미 /-ité/는 독일어에서는 /-tät/로 나타난다.

(29) 독/프 명사 유사항목에서 형태가 약간 다른 경우

프랑스어	독일어	영어
angine	Angina	sore throat
citron	Zitrone	lemon
culte	Kult	worship
notaire	Notar	solicitor
article	Artikel	item

독/프 명사 유사항목의 셋째 부류는 유사하지만 형태적으로 다르다고 간주되는 경우로 39개의 항목이 여기에 해당한다. 독일어 고유의 접미사 /–er, –tum, -ung/ 등이 붙는 어휘도 이 부류에 포함된다. 이에 대한 예를 몇 가지 보면 (30)과 같다.

(30) 독/프 명사 유사항목에서 형태가 다른 경우

프랑스어	독일어	영어
blocage	Blockierung	jamming
bourgeoisie	Bürgertum	middle class
bourgeois	Bürger	middle class
cloche	Glocke	bell
fenétre	Fenster	window

독/프 명사 유사항목 157개에서 프랑스어 명사에 나타난 접미사는 18종 40개로 조사되었다. 한편 독일어 접미사는 22종 40개로 조사되

었으며, 이 중 독일어 고유 접미사 4개(-chen, -er, -tum, -ung 각 1회)를 제외하면 모두 로만스어 기원이다. 독일어가 프랑스어의 영향을 강하게 받은 것이다.

이에 대응하는 영어 어휘들을 살펴보면 흥미로운 점이 발견된다. 독일어와 프랑스어에서는 합성어가 1개 발견되는데 반해 영어에서는 합성어 32개로 20.13%에 달한다. 이 결과는 앞서 기술한 영어/프랑스어 명사 유사항목 1,281개를 분석한 결과와 상당한 차이를 보인다. 이 영역의 합성어는 영어 44개(3.43%), 프랑스어 46개(3.59%)로 나타났기 때문이다. 독/프 유사항목에서 영어 대응표현이 합성어로 나타나는 예를 보면 (31)과 같다.

(31) 독/프 유사항목에서 영어가 합성어로 표현되는 경우

프랑스어	독일어	영어
bourgeois	Bürger	middle class
commissariat	Kommissariat	police station
informatique	Informatik	data processing
inventaire	Inventur	stock-list
rédaction	Redaktion	editorial staff

3.3.2.5. 순수 독일어 명사어휘 분석

지금까지 우리는 유사 관계의 유형에 따라 영어, 독일어, 프랑스어 명사의 구조를 비교해 보았다. 이 분석 명사들은 위 [그림1]에서 ④,⑤, ⑥, ⑦ 영역에 해당한다. 편의상 [그림1]을 아래에 반복한다.

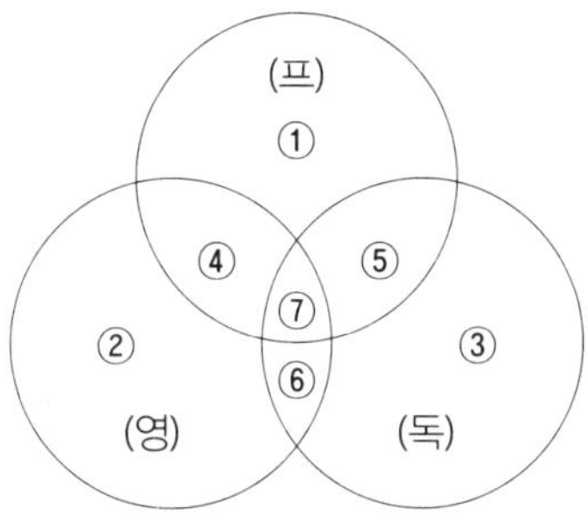

[그림 1] 영/독/프 명사어휘 유사 관계

위에서 분석한 4개의 영역 가운데 ④, ⑤, ⑦ 영역은 프랑스어의 어휘와 중복된 영역으로 영어와 독일어가 프랑스어의 영향을 받은 영역이라고 볼 수 있다. 이 영역의 어휘들은 따라서 구조적으로 로만스어 및 프랑스어의 특징을 보이고 있다. 접두사와 접미사들도 대부분 프랑스어에서 기원한 것들이다. 이 3개의 영역에서는 따라서 게르만어 및 독일어 어휘구조의 특징을 찾기 어렵다. 나머지 한 개의 영역이 ⑥ 영역인데 여기는 순수 게르만 어휘들이 대부분이다. 그러나 이 영역의 명사어휘는 407개로 전체의 10% 정도 밖에 안 되며 그나마 단일어가 대부분(331개; 81.33%)을 차지하고 있어서 이를 바탕으로 게르만어 및 독일어 어휘구조의 특징을 파악하는 데는 한계가 있다.

이에 따라 이 단락에서는 프랑스어의 영향이 미치지 않은 독일어의 명사어휘, 즉 [그림1]의 ③ 영역에 해당하는 명사들을 분석해서 순수한 독일어 명사의 구조적 특징을 살펴보고자 한다. 결론부터 말하면 이 부분에서 독일어는 영어/프랑스어와는 완전히 다른 구조, 즉 게르만어 고유의 특징을 보이고 있다.

앞서 3.3.2.2. 단락에서 우리는 영어와 프랑스어 명사 유사항목 1,281개를 분석하였는데 이에 대응되는 독일어 명사들을 중심으로 구조를 분석해 보겠다. 이에 해당하는 독일어 명사 어휘 1,281개 가운데 중복된 96개를 빼면 1,185개의 명사가 남는데 이들의 구조를 분석해 보면 [표9]와 같다.

<table>
<tr><td colspan="2">조어유형</td><td>빈도</td><td>소계</td><td>백분율</td></tr>
<tr><td colspan="2">단일어</td><td>325</td><td>325</td><td>27.43</td></tr>
<tr><td colspan="2">합성어</td><td>392</td><td>392</td><td>33.08</td></tr>
<tr><td rowspan="3">파생어</td><td>접두사 + 어휘소</td><td>71</td><td rowspan="3">468</td><td rowspan="3">39.49</td></tr>
<tr><td>어휘소 + 접미사</td><td>256</td></tr>
<tr><td>접두사 + 어휘소 + 접미사</td><td>141</td></tr>
<tr><td colspan="2">계</td><td>1,185</td><td>1,185</td><td>100</td></tr>
</table>

[표9] 영/프 유사 항목의 독일어 대응 표현 분석

1,185개의 독일어 표제어 분석결과 단일어 27.43%, 합성어 33.08%, 파생어 39.49%의 비율을 보이고 있다. 위 [표4]의 영어 명사 구조와 [표9]의 독일어 명사 구조를 비교해 보면 무엇보다도 합싱어에서 분명한 차이가 보인다. [표4]의 영어 합성어는 전체 1,281개 어휘 중 3.43%의 비율을 보인 반면 [표9]의 독일어 합성어는 전체 목록 1,185개 중 33.08%의 비율을 보인다. 이는 합성어가 많은 독일어의 특징을 잘 보여 주는 것이다. 즉 쉬운 고유의 표현들을 결합해서 수많은 새로운 표현들을 만들어 쓰는 것이 독일어의 특징이다. 영어나 프랑스어는 이때 흔히 독립된 단어를 사용한다. 이에 대한 몇 가지 예를 들면 (32)와 같다. '구석차기(코너킥), 문지기(골키퍼)'와 같은 북한의 표현들은 바로 이러한 독일어의 조어법을 연상케 한다.

(32) 영/프 단일어와 독일어 합성어 대응의 예

영어	프랑스어	독일어[30]
daily	quotidien	Tages+zeitung(매일+잡지)
diary	agenda	Taschen+kalender(호주머니+달력)
food	aliment	Lebens+mittel(살기+수단)
match	allumette	Streich+holz(마찰+나무)
range	portée	Reich+weite(도달+폭)
tights	collants	Strumpf+hose(양말+바지)
toy	jouet	Spiel+zeug(놀이+제품)
umbrella	parapluie	Regen+schirm(비+가리개)

[표9]의 1,185개의 독일어 명사에서 파생어를 만드는 접사를 살펴보면 역시 이들은 게르만어의 특성을 간직하고 있음을 알 수 있다. 여기서 조사된 파생 접두사는 212개인데 이들은 (33)과 같이 10개의 유형으로 정리된다. 이들을 위 (12)의 영어/프랑스어 접두사들과 비교해 보면 완전히 다른 것을 알 수 있다. (33)은 게르만어의 고유한 접두사들이고 (12)는 라틴어-로만스어 계열의 고유한 접두사이다.

(33) 독일어 명사에 쓰이는 접두사 10개 및 빈도

ver-(71회), be-(50회), ge-(33회), er-(20회), ent-(14회), un-(13회), emp-(5회), ur-(3회), zer-(2회), miss- (1회)

(33)의 독일어 명사 접두사는 앞서 3.2.장의 (10)에서 보았던 동사 접두사 속에 거의 포함되어 있다. (33)에서 가장 고빈도로 나타난 /ver-,

30) '+'는 합성된 단어의 경계를 표시하고 괄호 안은 이를 한국어로 번역한 것이다.

be-, er-/는 3.2.장의 동사 접두사에서도 최고 빈도로 나타나며 다른 접두사들의 빈도 순위도 거의 비슷하다. 명사와 동사의 접두사가 비슷한 것은 영어/프랑스어의 경우도 마찬가지이다. 독일어 명사와 동사에 쓰이는 고유한 접두사를 보면 동사 접두사가 수적으로 많기는 하지만 명사에만 쓰이는 접두사도 있다(플라이셔·바르츠, 1999: 79).

[표9]의 독일어 파생명사의 접미사도 접두사와 마찬가지로 게르만어 고유의 특징을 보이고 있다. 이 표에서 접미사를 가진 명사는 397(256+141)개이다. 한편 이 표의 합성어에도 접미사가 39개 관찰되는데 이들을 여기에 포함시키면 접미사 사용빈도는 총 436회가 된다. 이 436회 나타난 명사 접미사를 분석해 보면 (34)와 같다.[31)]

(34) 독일어 19개 명사 접미사와 빈도(총 436회)

–ung(220회), -er(84회), -keit(44회), -heit(32회), -schaft(14회), -nis(12회), –chen(8회), -tum(5회), -ei(4회), -el(3회), -ling(2회), -in(1회), -sal(1회), -sel(1회), -tel(1회), –age(1회), -ess(1회), -ment(1회), -tät(1회)

이 가운데 상위 빈도 6개 유형의 접미사 /–ung, -er, -keit, -heit, -schaft/가 총 406회로 93.12%에 달하며 그 중에서도 /–ung/(220회)이 전체의 절반 이상(50.45%)을 차지한다. 외래어 접미사로 각 1회씩 나타나는 /–age, -ess, -ment, -tät/는 게르만어 고유의 접미사가 아니

31) 이밖에 독일어에는 명사화 접미사 /–e/가 있다: lang('long')-Länge ('length'), weit('wide')-Weite('width'). 그러나 이 어미는 독일어 여성 명사에 흔히 나타나는 /–e/와 구별하기가 쉽지 않아 분석대상에서 제외시켰다. 분석대상 자료에서 /–e/는 149회 나타난다.

고 프랑스어에서 온 접미사들이다. 이 가운데 /–age, -ess, -ment/는 영어에서 흔히 볼 수 있는 것들이고 접미사 /-tät/는 (35)와 같이 영어의 /-ty/에 대응된다. 전체적으로 보면 (34)의 접미사들은 대부분 전형적인 독일어 고유의 명사화 접미사들로서 이 독일어 어휘에 대응되는 영어와 프랑스어와 비교해 볼 때 게르만어적인 특징을 잘 드러낸다고 하겠다.

(35) 독일어 외래 접미사 /-tät/와 영어 대응의 예

영어	독일어	영어	독일어
authority	Autorität	mentality	Mentalität
identity	Identität	nationality	Nationalität
intensity	Intensität	university	Universität

3.3.3. 마무리

이상에서 유럽어 사전의 명사 목록 4,702개를 대상으로 유사관계의 유형에 따라 어휘구조를 분석해 보았다. 유사관계 유형에 따른 명사의 비율은 [표10]과 같다. 이에 따르면 영어/독일어의 유사어휘는 10% 정도에 불과한 것을 알 수 있다. 영어가 원래 독일어와 같은 게르만어에서 출발했지만 어휘적으로 보면 10%정도의 아주 기초적인 어휘들만 게르만어의 전통을 유지하고 있다는 뜻이다.

이에 비해 영어/프랑스어 유사어휘는 30% 가까이에 이른다(27.97%). [표10]에서 D-유형이 23.88%인데 이들은 대부분 프랑스어 기원이기 때문에 B-유형과 D-유형을 합하면 영어/프랑스어 유사항목은 51.85%

에 이른다. 이는 적어도 영어 명사어휘의 절반 이상이 프랑스어에서 왔다는 것을 의미한다. 여기까지만 보면 독일어와 프랑스어가 영어 명사어휘에 미친 영향이 각각 10%와 50% 정도 된다. 영어 명사에 대한 독일어, 프랑스어의 영향 관계를 더 정확히 알아보려면 [표10]에서 전체 항목의 34.70%를 차지하는 E-유형을 정밀하게 분석해야 하는데 이 작업은 쉽지가 않아 별도의 연구과제로 남겨 놓는다. 이 영역에는 게르만어 기원과, 로만스어 기원 그리고 제3의 기원의 어휘가 포함되어 있을 것으로 예상되며 로만스어 기원이 상당한 부분을 차지할 것으로 보인다.

유형	유사관계	항목 수	백분율
A	영어/독일어 유사어휘	470	9.99
B	영어/프랑스어 유사어휘	1,315	27.97
C	독일어/프랑스어 유사어휘	162	3.45
D	영어/독일어/프랑스어 유사어휘	1,123	23.88
E	3언어 간 유사성이 없는 어휘	1,632	34.70
	계	4,702	99.99

[표10] 영/독/프 명사항목 유사관계에 따른 비율

E-유형의 영어 명사 가운데 프랑스어 기원으로 보이는 예를 몇 가지 들어보면 (36)과 같다. 본 연구의 분석대상 유럽어 사전에는 (36)과 같이 이 명사들이 세 언어에서 각각 다른 형태로 나타난다. 이 책에서 이들은 따라서 [표10]의 E-유형으로 분류되었다. 그러나 다른 사전들을 찾아보면 (36)의 영어 어휘들이 프랑스어에서 거의 그대로 사용되고 있는 것을 쉽게 발견할 수 있다. (36)의 비고난은 다른 사전에 나타난 프랑스어의 관련 어휘를 제시한 것이다.

명사어휘의 구조를 보면 프랑스어와 독일어가 분명하게 구별되었고 영어는 프랑스어 쪽이었다. 우리가 분석한 명사어휘는 [그림1]의 ③, ④, ⑤, ⑥, ⑦ 영역인데 이 가운데 ③, ⑥ 영역은 게르만어의 특징을 잘 유지하고 있었고 ④, ⑤, ⑦ 영역은 로만스어적 특징을 나타냈다. 기본적으로 독일어는 고유의 쉬운 표현들을 결합해서 새로운 어휘를 만들어 내는 것이 특징이어서 합성어와 파생어가 많이 나타나는 언어이다. 파생어에는 주로 게르만어 고유의 접두사와 접미사가 사용된다.

(36) 영/독/프에서 유사성이 없는 명사항목의 예

영어	독일어	프랑스어	비고
conductor	Dirigent	chef	conducteur
deficiency	Fehlen	carence	déficience
instructor	Leiter	moniteur	instructeur
interval	Pause	entracte	intervalle
opinion	Meinung	avis	opinion
opportunity	Gelegenheit	occasion	opportunité
pension	Einkommen	rente	pension
reduction	Nachlass	remise	réduction
scheme	Plan	project	schéma
station	Bahnhof	gare	station

영어는 프랑스어 어휘의 영향을 강하게 받았으며 접두사와 접미사들도 프랑스어와 거의 일치한다. 영어 명사어휘에서 한 가지 주목할 부분은 [그림1]의 ⑥영역이다. 독일어와 영어가 겹치는 부분인데 수적으로 많지는 않지만 이 부분은 영어에 보존되어 있는 게르만어 어휘들이라고 할 수 있으며 기초어휘의 성격을 띤다. 이 영역은 따라서 단일어의 비율이 높게 나타난다.

[별첨자료] 영어/독일어 명사 유사 단어 목록 (300개)

apple:Apfel/arm:Arm/ash:Asche/axe:Axt/ball:Ball/bath:Bad/battery:Batterie/bean:Bohne/bear:Bär/beard:Bart/bed:Bett/bee:Biene/best:Beste/bishop:Bischof/blood:Blut/bolt:Bolcen/book:Buch/bottom:Boden/bow:Bogen/bread:Brot/breadth:Breite/break:Bruch/breast:Brust/bridge:Brücke/brood:Brut/brother:Bruder/butter:Butter/calf:Kalb/camera:Kamera/cap:Kappe/cellar:Keller/cheese:Käse/chest:Kiste/chick:Küken/chin:Kinn/church:Kirche/coal:Kohle/comb:Kamm/cook:Koch/cork:Kork/cost:Kosten/couch:Couch/cow:Kuh/crane:Kran/crutch:Krücke/dam:Damm/data:Daten/daughter:Tochter/day:Tag/death:Tod/deck:Deck/diet:Diät/door:Tür/dream:Traum/drop:Tropfen/earth:Erde/Easter:Ostern/ebb:Ebbe/egg:Ei/end:Ende/fall:Fall/fat:Fett/father:Vater/feather:Feder/fern:Farn/field:Feld/file:Feile/film:Film/finger:Finger/fish:Fisch/fist:Faust/flag:Flagge/flea:Floh/flesh:Fleisch/flight:Flucht/flight:Flug/fly:Fliege/foal:Fohlen/fodder:Futter/fold:Falte/foot:Fuß/fox:Fuchs/friend:Freund/frog:Frosch/front:Front/furrow:Furche/glass:Glas/God:Gott/gold:Gold/good:Gut/goose:Gans/grass:Gras/grave:Grab/guest:Gast/hail:Hagel/hair:Haar/half:Hälfte/hammer:Hammer/hand:Hand/hat:Hut/hate:Hass/heart:Herz/heat:Hitze/hedge:Hecke/hell:Hölle/helmet:Helm/help:Hilfe/hen:Huhn/herd:Herde/hip:Hüfte/hobby:Hobby/home:Heim/honey:Honig/hoof:Huf/hook:Haken/horn:Horn/house:Haus/hundred:Hundert/hunger:Hunger/hut:Hütte/ice:Eis/idiot:Idiot/iron:Eisen/jacket:Jacke/jewel:Juwel/king:König/kiss:Kuss/knee:Knie/knob:Knopf/knot:Knoten/ladder:Leiter/lamb:Lamm/land:Land/last:Letzte/laugh:Lachen/leak:Leck/leather:Leder/length:Länge/lie:Lüge/light:Licht/lip:Lippe/liver:Leber/lock:Locke/love:Liebe/lung:Lunge/magnet:Magnet/man:Mann/mane:Mähne/material:Materie/measles:Masern/middle:Mitte/milk:Milch/mill:Mühle/model:Modell/moment:Moment/monk:Mönch/month:Monat/moon:Mond/moped:Mofa/morning:

Morgen/mother:Mutter/mouse:Maus/mouth:Mund/mumps:Mumps/murder:Mord/nail:Nagel/navel:Nabel/needle:Nadel/nest:Nest/net:Netz/night:Nacht/noodles:Nudeln/nose:Nase/nun:Nonne/oil:Öl/oven:Ofen/page:Page/panic:Panik/parade:Parade/party:Party/pass:Pass/patent:Patent/pepper:Pfeffer/placard:Plakat/plan:Plan/plaster:Pflaster/plate:Platte/plum:Pflaume/post:Post/radius:Radius/rain:Regen/rank:Rang/rate:Rate/rhythm:Rhythmus/rib:Rippe/right:Recht/ring:Ring/rocket:Rakete/room:Raum/rudder:Ruder/rust:Rost/saddle:Sattel/safe:Safe/sail:Segel/salt:Salz/sand:Sand/sap:Saft/saw:Säge/scalpel:Skalpell/school:Schule/sea:See/seam:Saum/seat:Sitz/shadow:Schatten/shame:Scham/sheep:Schaf/ship:Schiff/shoe:Schuh/shoulder:Schulter/shovel:Schaufel/side:Seite/silver:Silver/sin:Sünde/sister:Schwester/sketch:Skizze/sleep:Schlaf/snail:Schnecke/snow:Schnee/soap:Seife/sock:Socke/sofa:Sofa/sole:Sohle/son:Sohn/soul:Seele/speech:Sprechen/spider:Spinne/spit:Spieß/spoke:Speiche/star:Star/star:Stern/steel:Stahl/stitch:Stich/stone:Stein/straw:Stroh/street:Straße/strike:Streik/structure:Struktur/summer:Sommer/sun:Sonne/swallow:Schwalbe/swan:Schwan/sweat:Schweiß/swindle:Schwindel/sword:Schwert/tablet:Tablette/tank:Tank/tar:Teer/thanks:Dank/thief:Dieb/thing:Ding/third:Drittel/thirst:Durst/thorn:Dorn/thousand:Tausend/thumb:Daumen/tickle:Kitzeln/tile:Ziegel/tin:Zinn/toast:Toast/toe:Zehe/toilets:Toilette/tongue:Zunge/tooth:Zahn/twin:Zwilling/udder:Euter/vacuum:Vakuum/wart:Warze/wasp:Wespe/water:Wasser/way:Weg/weather:Wetter/week:Woche/West:Westen/whale:Wal/will:Wille/wind:Wind/winter:Winter/wise:Weise/wish:Wunsch/wolf:Wolf/wool:Wolle/word:Wort/work:Werk/world:Welt/worm:Wurm/worth:Wert/wound:Wunde/wreck:Wrack/year:Jahr/youth:Jugend

3.4. 형용사 어휘 비교[32)]

위에서 우리는 동사와 명사를 가지고 영어, 독일어, 프랑스어의 어휘구조를 비교하였다. 세 언어 어휘구조의 큰 흐름은 앞의 분석에서 이미 잘 파악된 것으로 보인다. 영어와 프랑스어의 유사도가 매우 높았고 독일어는 게르만어의 특징을 잘 유지하고 있었는데 이는 동사와 명사에서 모두 같은 양상으로 나타났다. 이제 이 단락에서는 또 한 가지 내용어 범주인 형용사의 어휘구조를 비교해 보겠다.

3.4.1. 영어, 독일어, 프랑스어 형용사의 유사 관계 분석

(1) 영어, 독어, 프랑스어의 형용사 추출 샘플

독일어	영어	프랑스어
abergläubisch	superstitious	superstitieux, se
abführend	laxative	laxatif,ive
abgetrennt	unstitched	décousu,e
abhängig	dependent(on)	dépendant,e
abnehmend	decreasing	dégressif
absichtlich	purpose(on)	exprés
abstrakt	abstract	abstrait,e
abwesend	absent	absent,e

이 책의 분석 자료인 『유럽어 사전』에서 추출한 영어, 독어, 프랑스어

32) 이 장의 내용은 송경안·김순임(2019)를 수정·보완한 것이다.

형용사의 총 표제어 수는 1,199개이다. 추출한 샘플을 보면 (1)과 같다.

이 사전의 표제어에는 일반적으로 (1)과 같이 1개의 단어씩 수록되어 있는데 종종 유사어 2개의 단어가 함께 수록된 경우가 있다. 이 분석에서는 이 경우 2개의 표제어로 계산하였다. 한 표제어에 유사어 2개의 단어가 함께 수록된 예는 (2)와 같다.

(2) 동일 표제어에 2개의 단어가 수록된 예

독일어	영어	프랑스어
allgemein, generell	general	général,e
beweglich, mobil	movable	mobile
edel, nobel	noble	noble
fein, dünn	fine, thin	fin,e
jährlich	yearly, annual	annuel,le
liebenswert	charming, lovely	charmant,e
mütterlich	maternal, motherly	marternel,le
reich	rich, wealthy	riche

(3) 영/프 형용사와 독일어 명사 대응의 예

독일어	영어	프랑스어
Heimat-	native	natal
Hilfs-	auxiliary	auxiliaire
Innen-	domestic	intérieur
Atom-	nuclear	nucléaire
Längs-	longitudinal	longitudinal
End-	final	terminal
Lieblings-	favourite	préféré
Luft-	aerial	aérien
Sonnen-	solar	solaire
Primär-	primary	primaire

형용사 표제어에서 또 한 가지 특이한 현상은 영어나 프랑스어에서는 형용사로 표현되는 것들이 독일어에서는 명사 합성어어로 표현되는 일이 많다는 것이다. 이에 대한 몇 가지 예를 보면 위 (3)과 같다.

(3)과 같은 구조를 보이는 독일어와 영어/프랑스어 표현의 예를 몇 가지 들어 보면 (4)와 같다. 영어의 'nuclear energy'는 독일어로 'Atomenergie'와 같이 합성명사로 표현하고 영어 'final station'도 역시 독일어에서는 'Endstation'처럼 합성명사로 표현한다. (4)의 예들은 『유럽어 사전』에 수록되어 있는 단어들이 아니고 필자들이 다른 사전을 참고해서 작성한 것이다. 여기에서도 독일어는 영어/프랑스어와 현격한 대조를 이루고 있는 것을 볼 수 있다.

(4) 영/프 형용사와 독일어 합성명사 표현의 예

독일어	영어	프랑스어
Atomenergie	nuclear energy	énergie nucléaire
Endergebnis	final result	résultat final
Endstation	final station	terminus
Hilfsverb	auxiliary verb	verbe auxiliare
Lieblingsthema	favourite theme	thème favori

『유럽어 사전』의 형용사 표제어 총 1,199개의 형태 비교를 종합하면 [표1]과 같다. 이에 따르면 영어에서 순수 게르만 기원의 형용사는 10.25%로 극히 미미하게 나타난다. 반면 로만스어(프랑스어) 기원은 39.86%로 40%에 육박하고 있다. 이는 영어에 대한 독일어와 프랑스어의 영향 관계를 극명하게 보여주는 것이라 하겠다.

한편 [표1]에 따르면 영어/독어/프랑스어가 모두 같은 표제어는 21.26%인데 이들을 자세히 보면 사실은 거의 프랑스어 및 범 로만스어적 기원임을 알 수 있다.

유형	언어별 유사관계	항목수	백분율	백분율
①	영어/독어/프랑스어 유사	255	21.26	61.12
②	영어/프랑스어 유사	478	39.86	
③	영어/독어 유사	123	10.25	10.25
④	독어/프랑스어 유사	13	1.08	1.08
⑤	세 언어 모두 다른 형태	330	27.52	27.52
	계	1,199	100(%)	100(%)

[표1] 영어, 독어, 프랑스어의 형용사 어휘구조 비교

[표1]의 ①유형과 ②유형을 합하면 모두 61.12%가 되는데 이는 영어 형용사 어휘의 60% 이상이 프랑스어에서 왔다는 것을 의미한다. 영어/독어/프랑스어가 모두 유사한 표제어의 예를 보면 (5)와 같다. [표1]의 이밖의 유형별 예들을 보면 (6)-(9)와 같다.

(5) 영어/독일어/프랑스어 형용사 유사 항목의 예

영어	독일어	프랑스어
abnormal	anormal	anormal,e
abstract	abstrakt	abstrait,e
active	aktiv	activ
aesthetic	ästhetisch	esthétique
amusing	amüsant	amusant,e
analogous	analog	analogue
anonymous	anonym	anonyme
anticeptic	antiseptisch	antiseptique
antique	antik	antique
inorganic	anorganisch	inorganique

앞서 명사 어휘의 분석에서 우리는 [그림1]을 바탕으로 유사항목 관련 유형별 어휘들의 특징을 살펴본 바 있다. 형용사 어휘에서도 이와 같은 모형으로 분석이 가능할 것이며 그 결과는 명사에서와 유사할 것으로 보인다. (5)의 예들은 [그림1]의 ⑦영역에 해당하는데 이 어휘들은 대부분 프랑스어에서 기원한 것들로서 명사 어휘에서와 동일한 경향을 보인다. (6)의 예들은 [그림1]의 ④영역에 해당하는데 이 어휘들도 대부분 프랑스어에서 기원한 것들이고 이러한 경향은 명사 어휘에서와 동일하다. (7)의 예들은 [그림1]의 ⑥영역에 해당하는데 이 어휘들은 게르만 고유의 어휘들로서 아주 기초적인 어휘에 속한다. (7)의 어휘들은 이러한 면을 잘 보여주고 있다.

(6) 영/프 형용사 유사 항목의 예

영어	독일어	프랑스어
comfortable	bequem	confortable
dense	dicht	dense
fixed	fest	fixe
secret	geheim	secret
similar	ähnlich	similaire
solitary	einsam	solitaire

(7) 영/독 형용사 유사 항목의 예

영어	독일어	프랑스어
cold	kalt	froid
fatty	fett	gras
good	gut	bon
mild	mild	doux
thick	dick	épais

(8)의 예들은 [그림1]의 ⑤영역에 해당하는데 이 독일어 어휘들은 모두 프랑스어에서 기원한 것들이다. 명사 어휘에서와 동일한 경향인 것이다. (9)의 예들은 [그림1]의 ①, ②, ③ 영역에 해당하는 어휘들인데 이들에 대해서는 조금 더 정밀한 분석이 필요하며 이 책에서는 분석을 유보한다. 그러나 이 영역도 역시 명사 어휘에서와 같은 경향을 보일 것으로 예상한다. 즉 영역 ①은 당연히 로만스어 기원의 어휘들일 것이고 영역 ③은 게르만어 기원의 어휘들일 것이다. 한편 영역 ②의 영어 어휘들은 게르만어 기원과 로만스어 기원 그리고 제3의 기원이 있을 것으로 예상된다.

(8) 독/프 형용사 유사 항목의 예

영어	독일어	프랑스어
close	intim	intime
current	aktuell	actuel
smart	elegant	élégant
stupid	idiotisch	idiot
usual	normal	normal

(9) 영/독/프 형용사 모두 다른 항목의 예

영어	독일어	프랑스어
beautiful	schön	belle
early	früh	tôt
easy	leicht	facile
exact	genau	juste
kind	nett	gentil
pretty	hübsch	jolie
serious	ernst	grave
small	klein	petit
tired	müde	fatigué

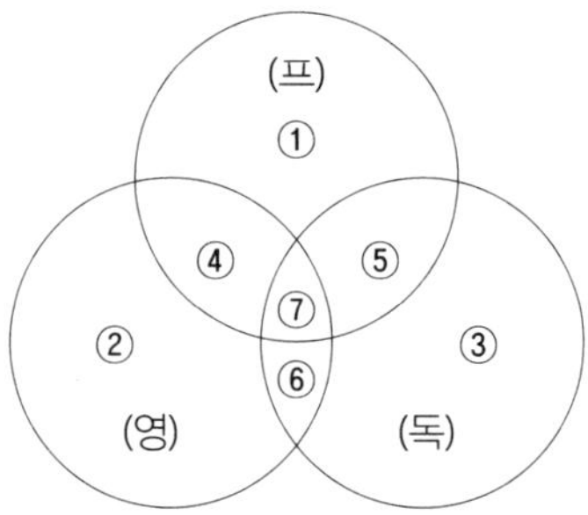

[그림 1] 영/독/프 어휘 유사 관계

참고로 [그림1]의 ⑥영역에 해당하는 형용사 목록을 정리해서 보면 (10)과 같다. [표1]에서 본 바와 같이 이 영역에는 123개의 어휘가 해당되는데 이 가운데 중복 항목과 기초어휘가 아니라고 생각되는 합성어를 제외하면 (10)과 같이 110개의 어휘가 남는다. 중복 항목이란 영어/독일어/프랑스어를 보면 별개의 항목으로 계산해야 하지만 프랑스어를 제외하고 영어/독일어만 보면 동일하게 나타나는 것들이다.

(10) 영어/독일어 유사항목 형용사 110개

alone:allein/arrogant:arrogant/asleep:schlafend/better:besser/bitter: bitter/blind:blind/born:geboren/broad:breit/chic:schick/cold:kalt/cooked:gekocht/crippled:verkrüppelt/daily:täglich/damned:verdammt/dead:tot/deadly:tödlich/deaf:taub/dear:teuer/deep:tief/dry:trocken/dumb:stumm/edible:essbar/evil:übel/fallen:verfallen/far:fern/fat:fett/flat:platt/fluently:fließend/forbidden:verboten/free:frei/friendly:feundlich/full:voll/gifted:begabt/good:gut/great:groß/green:grün/hairy:behaart/half:halb/handy:handlich/hard:hart/hearty:herzlich/high:hoch/hoarse:heiser/hollow:hohl/holy:heilig/hot:heiß/hungry:hungrig/icy:eisig/last:letzt/lifeless:leblos/light:leicht/lively:lebendig/loose:lose/loud:laut/lovely:liebenswert/lying:liegend/manly:männlich/melted:geschmolzen/

middle:mittel/mild:mild/monthly:monatlich/more:mehr/most:meisten/ naked:nackt/near:nah/next:nächste/nice:nett/old:alt/only:einzig/ open:offen/outer:äußere/own:eigen/rainy:regnerisch/raw:roh/right:richtig/ rightful:rechtmäßig/ripe:rief/scratched:zerkratzt/shameful:beschämend/ sharp:scharf/shrill:schrill/soft:sanft/sour:sauer/standing:stehend/stiff:stief/ still:still/striped:gestreift/sunny:sonnig/sure:sicher/sweet:süß/thick:dick/ thin:dünn/uneven:uneben/unlucky:unglücklich/unthinkable:undenkbar/ unworthy:unwürdig/upper:obere/warm:warm/weekly:wöchentlich/ well:wohl/Western:westlich/white:weiß/wide:weit/wild:wild/ wonderful:wunderbar/worth:wert/worthless:wertlos/worthy:würdig/ yearly:jährlich/yellow:gelb

앞서 언급한 것처럼 이들은 아주 기초적인 어휘들로서 독일어 전공자인 필자들의 눈으로 보면 대부분 동일한 게르만 어원에서 유래한 것들이며 'arrogant/arrogant' 정도가 게르만 기원이 아니다.[33] 다만 'born/geboren, crippled/verkrüppelt' 등에서처럼 독일어에 접사가 더 붙은 경우가 있고 두 언어 사이에 형태가 약간 차이가 나는 경우도 있다. 이 예에서 독일어 접두사 /ge-/는 동사의 과거분사에 붙는 게르만어 접사이고 /ver-/도 독일어에서 가장 많이 쓰이는 접두사인데 영어에서는 사용하지 않는다. 형태가 약간 다른 경우로는 'daily/täglich, yellow/gelb' 등이 있다. 이 예에서 독일어에 /g/가 더 있는데 영어와 독일어 사이에 이러한 경우는 자주 관찰되는 현상이다.[34]

위 3.1. 단락에서 우리는 『유럽어 사전』의 어휘들을 다음 [표2]와 같이 품사 범주별로 분류한 바 있다.

---

33) 'arrogant'는 원래 프랑스어에서 기원한 것인데 이 책의 분석 자료인 『유럽어 사전』에는 프랑스어 표제어로 수록되어 있지 않다.

34) 다른 예로는 'may/mag, say/sagen' 등이 있다.

어류	표제어 수	백분율
명사	4,702	60.08
동사	1,420	18.14
형용사	1,199	15.32
기능어	136	1.73
기타	369	4.71
계	7,826	99.98

[표2] 어휘 범주별 비율

이 표에 따르면 명사, 동사, 형용사가 전체 어휘의 93.86%를 차지한다. 이들을 내용어라고 했는데 위에서 분석한 결과를 바탕으로 이제 영어, 독어, 프랑스어의 내용어들의 유사도를 종합하면 [표3]과 같다. 여기서 우리는 동사, 명사, 형용사 어휘의 세 언어간 유사관계가 통계적으로 거의 동일하고 이에 따라 전체 내용의 어휘 유사관계도 이와 비슷하다는 것을 알 수 있다.

언어별 유사관계	표제어 수	백분율	백분율
영어/독어/프랑스어 유사	1,487	20.31	51.39
영어/프랑스어 유사	2,276	31.08	
영어/독어 유사	766	10.46	10.46
독어/프랑스어 유사	175	2.39	2.39
세 언어 모두 다른 경우	2,617	35.74	35.74
계	7,321	100%	100%

[표3] 영/독/프 명사, 동사, 형용사 유사성 종합

전체적으로 보면 독일어는 오랜 시간에 걸쳐 내려온 게르만어의 어휘들을 잘 보존하고 있으며 프랑스어는 라틴어에서 넘어오는 과정에서 문법체계와 어휘가 모두 라틴어화 하였다. 역사적으로 게르만어에서 출발해서 이후 프랑스어의 영향을 받은 영어는 어휘 면에서 두 언어의 특징이 혼합된 양상을 보이긴 하지만 프랑스어의 영향이 두드러지게 나타난다. 다만 다음 3.5. 단락에서 분석할 예정인 문법기능을 나타내는 어휘들, 즉 기능어에서는 영어가 게르만적 특징을 유지하고 있다.

3.4.2. 영어, 독일어, 프랑스어 형용사의 어휘구조 분석

이 단락에서는 이제 영어, 독일어, 프랑스어 형용사 어휘의 구조를 분석해 보겠다. 동사와 명사의 어휘구조 분석에서는 영어와 프랑스어가 많이 유사하고 독일어는 게르만 고유의 특징을 유지하고 있는 것으로 나타났는데 형용사의 구조에서도 크게 다르지 않을 것으로 짐작된다. 우선 합성어의 비율을 보면 역시 독일어가 매우 높게 나타난다. 여기에서도 쉬운 고유어들을 결합해서 새로운 단어들을 만들어 내는 독일어의 특징이 잘 나타난다. 세 언어의 형용사 합성어의 비율은 [표 4]와 같다.

	합성어	전체항목	백분율(%)
영어	49	1153	4.24
독일어	212	1051	20.17
프랑스어	14	1055	1.32

[표4] 영어, 독일어, 프랑스어 형용사 합성어의 비율

독일어에 이렇게 합성어의 비율이 높은 이유는 영어나 프랑스어에서 단일어로 표현하는 어휘들을 독일어에서는 흔히 합성어로 표현하기 때문이다. 이에 대한 예를 몇 가지 들어보면 (11)과 같다.

(11) 독일어 형용사 합성어와 영/프 대응표현의 예

영어	프랑스어	독일어
coherent	cohérent	zusammenhängend
continuous	continu	ununterbrochen
eminent	éminent	hervorragend
opposite	opposé	gegenüberliegend
previous	antécédent	vorhergehend
resistant	résistant	widerstandsfähig
successive	successif	aufeinanderfolgend
temporary	temporaire	vorübergehend

(11)에서 독일어 표현의 문자적 의미를 영어로 풀어 써 보면 (12)와 같다. 이처럼 독일어는 합성어가 2개의 단어만 결합한 것이 아니고 4개의 단어까지 결합해서 형성되는 경우도 있다.

(12) 독일어 합성어의 문자직 의미

독일어 합성어	문자적 표현
zusammen-hängend	together + hanging
un-unter-brochen	un + under + broken
her-vor-ragend	to + before + rising
gegen-über-liegend	against + over + lying
vor-her-gehend	before + to + going
wider-stands-fähig	against + stand + able
auf-ein-ander-folgend	on + one + other + following
vor-über-gehend	before + over + going

형용사 어휘 가운데는 현재분사와 과거분사의 형태를 띠는 것이 상당한 비율을 차지하는데 세 언어에 대한 자세한 통계를 보면 [표5]와 같다. 이 표에서 백분율은 형용사 전체 목록에 대한 비율이다. 이처럼

언어에 따라 분사형태의 비율이 달리 나타나는 것은 한 언어에서는 분사형태로 표현되는 것이 다른 언어에서는 분사형태로 표현되지 않는 경우가 있다는 뜻이다. 이는 위 (11)의 어휘목록만 보아도 잘 드러난다.

	현재분사		과거분사		계		비고
	항목	%	항목	%	항목	%	총항목
영어	26	2.25	130	11.27	156	13.52	1153
독일어	61	5.80	135	12.84	196	18.26	1051
프랑스어	47	4.45	121	11.47	164	15.56	1055

[표5] 영어, 독일어, 프랑스어 형용사 어휘의 분사형태 비율

(11)의 어휘목록에서 분사형태를 분류해 보면 (13)과 같다. (13)에서 영어의 8개 형용사들은 모두 분사형태가 아니다. 프랑스어의 경우도 분사형태가 2개 나타나는데 독일어에서는 7개 형용사가 분사형태로 표현되고 있다. (13)에서 [x]는 분사형태가 아니라는 뜻이다.

(13) 영/독/프 분사형태와 다른 대응표현의 예

영어		프랑스어		독일어	
coherent	x	cohérent	x	zusammenhängend	현분
continuous	x	continu	x	ununterbrochen	과분
eminent	x	éminent	x	hervorragend	현분
opposite	x	opposé	과분	gegenüberliegend	현분
previous	x	antécédent	x	vorhergehend	현분
resistant	x	résistant	현분	widerstandsfähig	x
successive	x	successif	x	aufeinanderfolgend	현분
temporary	x	temporaire	x	vorübergehend	현분

이제 영어, 독일어, 프랑스어 형용사의 접사를 분석해 보겠다. 우선 세 언어 형용사의 접두사 목록을 보면 (14)-(16)과 같다. 이 목록을 보면 (15)의 영어 접두사는 (16)의 프랑스어 접두사와 거의 동일하며 독일어와는 확연히 차이가 난다. 영어 접두사 가운데 /for-, over-, under-, wel-/ 정도가 게르만 기원이고 나머지는 모두 프랑스어 접두사 목록에 있는 것들이다. 한편 이 접두사들은 앞의 3.2. 단락과 3.3. 단락에서 보았던 세 언어의 명사 및 동사 접두사와 거의 일치한 것을 알 수 있다.

(14) 독일어 형용사 접두사 목록

ab- an- auf- aus- be- durch- ein- emp- ent- er- fern- fest- fort- frei- ge- gegen- gerade- heim- her- hin- hoch- miss- nach- nieder- ob- um- un- unter- ver- viel- voll- vor- wahr- wider- zer- zu- zusammen- über-

(15) 영어 형용사 접두사 목록

a- ac- ad- af- ag- an- anti- ap- as- at- be- bene- co- col- com- con- contra- cor- de- di- dif- dis- e- em- en- es- ex- for- il- im- in- inter- ir- manu- mis- neg- o- ob- oc- of- op- over- per- pol- pre- pro- pur- re- se- suc- sup- super- sur- sus- sym- syn- trans- un- under- wel-

(16) 프랑스어 형용사 접두사 목록

a- ab- ac- ad- af- ag al- am- an- anti- ap- ar- as- at- béné- co- com- con- cont(ra)- cor- cosmo- de- des- di- dif- dis- dé- dés- é- éco- ef- em- en- équi- es- ex- hétéro- homo- im- in- inter- ir- mé- nég- o- ob- oc- of- op- par- parti- per- pol- poly- pre- pro- pré- re res- se- sou- solli- soup- su- sui- sub- suc- sup- super- sur- sus- syn- sé- tra- tran- trans-

형용사는 동사나 명사에서 파생되는 경우가 많기 때문에 파생 접미사가 붙은 어휘가 상당한 비율을 차지한다. 독일어의 경우 형용사 총 1,051개의 항목 가운데 584개가 접미사 파생어로서 전체 형용사의 55.56%를 차지한다. 영어의 경우 형용사 총 1,163개의 항목 가운데 접미사 파생어는 650개로서 전체 형용사의 55.88%를 차지하며 독일어와 거의 동일한 비율로 나타났다. 프랑스어에서는 형용사 총 1,055개의 항목 가운데 접미사 파생어는 494개로서 전체 형용사의 46.82%를 차지한다. 프랑스어 접미사 파생어의 비율은 영어나 독일어에 비해 낮게 나타나는데 이는 프랑스어에 그만큼 접미사가 없는 독립적인 어휘가 많이 발달해 있다는 뜻이 될 것이다. 형용사에서 분사형태와 접미사 파생을 제외하면 무접미사 형태가 남는데 영어, 독일어, 프랑스어 형용사에서 이 세 가지 범주의 비율을 정리하면 [표6]과 같다.

	영어		독일어		프랑스어	
	항목	%	항목	%	항목	%
분사형태	156	13.41	196	18.26	168	15.92
접미사	650	55.88	584	55.56	494	46.82
무접미사	357	30.69	271	25.78	393	37.25
계	1,163	99.98	1,051	99.60	1,055	99.99

[표6] 영/독/프 형용사의 형태 분석 통계

영어, 독일어, 프랑스어 형용사의 접미사를 조금 더 자세히 분석해 보면 다음과 같다. 논의의 편의상 프랑스어, 독일어, 영어의 순서로 살펴보겠다.

먼저 프랑스어 접미사의 형태 및 빈도 그리고 이에 대응하는 라틴어, 영어의 대응형태를 보면 [표7]과 같다.[35] 이 프랑스어 접미사들은 물론 모두 라틴어에서 기원한 것들이며 영어로 건너가면서 형태가 약간 바뀌기도 하였다. 이 가운데 [-al/-el]과 [–able/-ible]은 변이형태들이기 때문에 하나의 범주로 묶을 수 있다. 접미사 /-if/는 영어의 /-ive/에 해당하는데 프랑스어에서도 여성명사 앞에서는 /-ive/ 형태가 나타난다. 프랑스어 /-ique/는 영어에도 나타나는 형태이기는 하지만 영어는 일반적으로 /-ic/ 형태를 사용하며 /-ical/을 쓰기도 한다. 이 통계에 따르면 [-al/-el]이 프랑스어에서 가장 자주 쓰이는 접미사이고 상위빈도 4개의 접미사가 전체의 71.25%를 차지하고 있다. /-aire, -ent, -if/는 중간빈도의 접미사로서 전체의 24.29%를 차지하고 있다.

형태	빈도	소계	%	대응형태	
				라틴어	영어
-al	61	103	20.85	-alis	-al
-el	42			alis	-al
-ique	98	98	19.84	-icus	-ic
-eux	79	79	15.99	-osus	-ous
-able	46	72	14.57	-abilis	-able
-ible	26			-ibilis	-ible
-aire	41	41	8.30	-arius/-aris	-ar/-ary
-ent	41	41	8.30	-ens	-ent
-if	38	38	7.69	-ivus	-ive
-ain	11	11	2.22	-anus	-an
-ler	8	8	1.62	-aris	-iar/-ar
-oire	3	3	0.60	-orius	-ory
계	494	494	99.98		

[표7] 프랑스어 형용사 접미사 빈도 및 라/영 대응형태

35) 라틴어 대응형태는 프랑스어 어원사전 Körting(1908)을 참고한 것이다.

독일어 접미사는 (17)과 같이 모두 19가지 유형으로 나타나는데 이 가운데 12가지가 게르만어 기원이고 7가지는 프랑스어에서 온 것이다. (17a)에서 /-fach –frei –reich –voll –wert/는 독일어에서 독립적인 어휘로 쓰이는 것들이기 때문에[36) 합성어로 볼 수도 있는데 기능적으로 파생적 기능을 한다고 보고 파생접사로 분류하였다.

(17) 독일어 형용사 접미사 목록

a. 게르만어 기원 12개
–bar –fach –frei –haft –ig –lich –isch –los –sam –reich –voll –wert

b. 로만스어 기원 7개
-al -är –ant –el/-ell –ent –iv -ös

이 접미사들의 빈도 및 영어 대응 형태를 정리하면 [표8]과 같다. 이에 따르면 /–ig, –lich, –isch/가 독일어의 대표적인 형용사 파생 접미사로서 전체 접미사 사용의 70% 이상을 차지한다. 이들은 전형적인 게르만 전통의 형용사 접미사이며 영어에서는 /–y, –ly, -ish/ 등의 형태로 나타난다. 겉보기에는 이들 접미사의 형태가 두 언어에서 많이 다른 것처럼 보이지만 소리는 같거나 비슷하다.[37)]

게르만어 기원에서 4번째의 빈도를 보이는 독일어 접미사 /-bar/는 영어의 /-able/에 해당한다. /-able/은 전형적인 로만스어 기원의 어미로서 이 부분에서 영어가 게르만 전통을 포기하고 로만스어 전통을 채

36) fach(영: fold), frei(영: free), reich(영: rich), voll(영: full), wert(영: worth)

37) /–isch/와 /–ish/는 발음이 같으며 독일어 /–ig, –lich/는 발음은 [-이히/-리히]에 가깝다.

택하였음을 알 수 있다. 독일어 접미사 /–haft/는 영어 /have/와 같은 어원인데 영어에 이와 관련된 접미사는 없는 것으로 보인다. 이밖에 영어에 나타나는 형용사 파생 접미사 /–some, –less, –ful/도 게르만 기원임을 알 수 있다. 영어 /-ful/에 해당하는 독일어 접사 /-voll/은 [fol]이라고 발음한다.

	독일어 접미사	영어 대응형태	빈도	소계	%
게르만어 기원	-ig	-y	169	415	71.06
	-lich	-ly	126		
	-isch	-ish	120		
	-bar	-able	28	67	11.47
	-haft	(have)	14		
	-sam	-some	12		
	-los	-less	13		
	-voll	-ful	7	25	4.28
	-reich	-rich	7		
	-frei	-free	5		
	-wert	-worthy	4		
	-fach	-fold	2		
로만스어 기원	-al	-al	25	77	13.18
	-el/-ell	-al	18		
	-iv	-ive	11		
	-är	-ar/-ary	9		
	-ös	-ous	6		
	-ant	-ant	6		
	-ent	-ent	2		
			584	584	99.99

[표8] 독일어 형용사 접미사의 빈도와 영어 대응형태

한편 독일어에도 로만스어 기원의 접미사가 전체의 13% 정도 나타나는데 이는 프랑스어가 독일어에도 어휘적으로 상당한 영향을 미쳤다는 것을 의미한다. 영어의 /–al, -ant, -ar, -ary, -ent, –ive, –ous/와 같은 형용사 어미는 로만스어 기원으로 프랑스어에서 건너온 것들이다. 이 가운데 /-ary/는 로만스어 기원의 /-ar/에 게르만식 어미 /-y/가 덧붙은 형태이다. /-y, -ly/는 게르만 전통의 접미사이며 프랑스어에서는 사용하지 않는다. (17)에서 독일어 접미사 /-är, -ös/는 프랑스어의 /–aire, -eux/를 독일어화 한 것이다. /-ant/는 프랑스어에서 현재분사 어미이지만 독일어에서는 단순한 형용사 어미이다.

영어 형용사에는 15가지의 접미사가 나타나는데 이를 기원별로 정리하면 (18)과 같다. 여기서 /-ly, -ry-, -y/를 하나의 접사로 보느냐 3개의 접사로 보느냐에 따라 전체 접미사의 수는 달라질 수 있다. 이에 따르면 영어의 형용사 접미사의 수는 로만스어 기원이 2/3를 차지하고 있으며 게르만 기원이 1/3 정도를 차지한다. 이 통계를 위 (14)-(16)의 접두사 목록과 비교하면 상당히 차이가 있음을 알 수 있다. 즉 접두사에서는 영어가 프랑스어의 영향을 절대적으로 받고 있는데 비해 접미사에서는 게르만적인 특징이 더 많이 보존되어 있는 것이다. 이는 영어가 접두사는 프랑스어의 형태를 그대로 받아드리면서 파생 접미사는 영어식 혹은 게르만어식으로 바꾸어 사용하였다는 뜻이 될 것이다. 이는 또 접두사보다는 접미사가 기능성(문법성)이 더 강하며 따라서 변화에 더 보수적이라는 것을 의미하기도 한다.

(18) 영어 형용사 접미사 목록

a. 게르만어 기원 5개(7개)
-ful –ish –less –ly/-ry/-y -some

b. 로만스어 기원 10개(11개)

-al/-cal –an/-n –ant –ar –ate/-ete –ent –ible/-able –ic -ive –ous -que

이 영어 접미사들의 빈도 및 독일어/프랑스어 대응 형태를 정리하면 [표9]와 같다. 이 가운데 게르만어 기원으로 분류되어 있는 /-ry/는 로만스어 기원의 /-ar/에 게르만어 기원의 /-y/가 덧붙은 것으로 보인다.

	영어 접미사	프/독 대응형태	빈도	소계	%
로만스어 기원	-al/-cal	-al/-el/-cal	141	293	45.06
	-ous	-eux	80		
	-ic	-que	72		
	-able/-ible	-able/-ible	57	167	25.67
	–ent	–ent	45		
	-ive	-if/-ive	37		
	-ate/-ete	-at	28		
	-ant	-ant	17	40	6.13
	-ar	-aire	13		
	-que	-que	5		
	-n/-an	-ain/-ien	5		
게르만어 기원	–y	-ig	59	108	16.60
	-ly	-lich	26		
	-ry	-ar + ig	23		
	-ful	-voll	25	42	6.44
	-less	-los	11		
	-ish	-isch	4		
	-some	-sam	2		
			650	650	99.90

[표9] 영어 형용사 접미사의 빈도와 프/독 대응형태

[표9]에서 영어 파생접미사에 대한 프/독 대응 형태를 보았는데 실제에 있어서는 이 접미사들이 정확히 대응되어 나타나는 것은 아니

다. 예를 들면 영어의 접미사 /-able/을 이용한 파생형용사가 독일어와 프랑스어에서 반드시 대응형태 /-bar/(독)나 /-able/(프) 파생형으로 표현되지는 않는다는 뜻이다. 또 영어 접미사 /-ly/의 독일어 대응형태는 /-lich/이지만 실제 대응양상은 다양하게 나타난다. 영어 접미사에 대한 독/프의 실제 대응 양상을 보면 [표10]과 같이 다양하게 나타난다.

영어	독일어	프랑스어
-(i)al	-lich, -isch, -iell, -al	-(i)al, -el
-(i)an	-isch, -är	-aire
-able/ -ible	-lich, -ig, -bar	-able, –ible, -eux -ant, -if, -que
-ant	-d, –lich, -ant, -ig	-ant, -if, -able
-ar	-lich, -är	-aire
-ary	-är, -lich, -ig, -isch	-aire, -able
-ate	-lich, -ig	-at, -aire, -é, -if, -eux, -er
-cal	-isch	-que, -cal
-ent	-lich, –ig, -haft, -sam, -ent	-ent, -ant, -que, -if, -eux
-ete	-ig, -isch	-et
-ful	-lich, -ig, -bar, -haft (cf. -voll)	-able, -que, -eux, -ent, -ant, -al
-ic/-cal	-isch	-ique
-ing	-d, -ant, -lich, -ig	-ant, -eux, -re, -if, -é, -que, -able
-ish	-ig, -isch	-x
-ite	-lich	-i, -é
-ive	-iv, -ig, -isch, -lich	-if, -eux
-less	-los	접두사 in-/im-로 표현
-ly	-lich, -voll, -ig, -haft, -isch	-el, -ant, -aire, -eux
-ous	-ös,-lich, -isch, –ig, -haft, -voll, -bar	-eux, -é, -ois, -ant, -ent, -que
-que	-ig, -isch	-que
-some	-ig (cf. -sam)	-ant
-y	-ig, -lich, -haft, -isch	-é,-eux, -able, -ant, -aire, -el, -if, -(i)al

[표10] 영어 접미사에 대한 독/프 실제 실현형태

이에 따르면 영어의 /-(i)al/은 로만스어 기원의 접미사인데 프랑스어에서는 같은 계열의 어미로 나타나지만 독일어에서는 로만스어 기원 접미사 /-iell, -al/로 나타나기도 하고 순수 게르만어 접미사 /-lich, -isch/로 나타나기도 한다. 이러한 상황은 [표10]의 여러 곳에서 관찰된다. 영어의 /-ant/는 프랑스어의 현재분사형 어미인데 독일어와 프랑스어 대응표현에서는 현재분사 어미이외에 다른 접사가 나타나기도 한다. /-ing/도 영어의 현재분사형 어미인데 독일어와 프랑스어 대응표현에서는 역시 현재분사 어미이외에 다른 접사가 나타나기도 한다. 영어의 /-ful/은 독일어의 /-voll/과 같은 어원인데 독일어 대응표현에서는 이 어미가 나타나지 않는다. 이는 독일어의 /-voll/이 영어의 /-ful/만큼 자주 쓰이는 접사가 아니기 때문이다.

영어의 /-less/는 독일어 /-los/와 같은 어원인데 프랑스어에는 이에 해당하는 접미사가 없다. 프랑스어에서는 대신 이 접미사가 /in-, im-/ 등의 접두사로 표현된다. /-que/는 프랑스어에 많이 나타나는 접미사인데 영어에서는 대체적으로 /-ic/로 나타나며 가끔 /-que/로 나타나기도 한다. 독일어는 형용사에서 이 접사를 사용하지 않는다. 영어의 /-some/은 독일어 /-sam/과 같은 어원인데 두 언어에서 용도가 조금 달라서인지 /-some/이 나타나는 형용사 대응표현에 /-sam/이 나타나지 않는다. 전체적으로 보면 로만스어 기원의 접미사는 독일어에도 많이 나타나는데 게르만어 기원 접미사가 프랑스어에 나타나는 경우는 관찰되지 않는다. 프랑스어 대응형태에서 /-é/는 과거분사 어미이다.

3.4.3. 마무리

이상에서 우리는 독일어, 영어, 프랑스어의 형용사 어휘를 분석하였다. 분석대상 사전의 총 표제어 7,826 가운데 형용사 어휘는 1,199개로 나타났다. 형태적 유사성 분석에서는 영/프 유사성 61.12%, 영/독 유사성 10.25%, 독/프 유사성 1.08%, 세 언어 모두 다른 형태 27.52%로 나타났다. 영어 형용사 어휘에서 프랑스어의 영향이 절대적이라고 할 수 있고 영어가 게르만어로 분류되면서도 독일어와의 어휘적 유사성은 매우 미미한 것을 알 수 있다. 앞서 분석한 동사와 명사 어휘에서도 세 언어간 유사성은 거의 비슷하였다. 동사, 명사, 형용사는 내용어라고 할 수 있는데 이들 전체의 세 언어간 유사성도 영/프 유사성 51.39%, 영/독 유사성 10.46%, 독/프 유사성 2.39%, 세 언어 모두 다른 형태 35.74%로 형용사에서와 비슷하게 나타났다.

어휘구조면에서는 형용사 어휘에 나타난 합성어의 비율과 분사형태의 비율을 조사하였고 접두사와 접미사를 비교·분석하였다. 합성어 비율은 독일어 20.17%, 영어 4.24%, 프랑스어 1.32%로 나타났다. 이 통계에는 고유의 어휘를 결합해서 새로운 단어를 만들어 내는 독일어의 특징이 잘 드러나 있고 반대로 프랑스어는 독립적인 어휘를 많이 쓰는 경향을 보인다고 하겠다. 형용사 어휘에서 분사형태를 쓰는 비율은 독일어 18.26%, 영어 13.52%, 프랑스어 15.56%로 나타났다. 이 통계 역시 기존의 어휘를 최대한 이용해 새로운 개념을 표현하는 독일어의 특징을 잘 나타내고 있다. 프랑스어의 분사형태 /-ant/가 영어에 많이 들어와 있지만 영어에서는 이들이 분사형태로 계산되지 않기 때문에 프랑스어의 분사형태 비율이 영어에 반영되지는 않는다.

접두사는 영어와 프랑스어가 거의 같고 독일어는 이들과 다른 게르만어의 전통을 유지하고 있다. 영어의 접두사 60개 가운데 56개가 로만스어 기원이다. 독일어 접두사는 38개로 조사되었는데 이들은 프랑스어의 접두사와 전혀 겹치지 않는다. 앞서 살펴 본 동사와 명사 어휘의 접두사 분석 결과도 형용사 접두사와 차이가 없었다. 전체적으로 영어의 어휘가 접두사에서 프랑스어의 영향을 강하게 받았고 독일어는 게르만어 고유의 특징을 보이고 있다고 하겠다.

접미사는 상황이 조금 다르다. 프랑스어 접미사는 물론 모두 라틴어에서 온 것이다. 영어와 독일어에서는 로만스어 기원과 게르만어 기원의 접미사가 함께 사용되는데 이 가운데 영어가 물론 프랑스어의 영향을 더 많이 받았다. 영어 형용사 어휘의 접미사는 18개로 분석되었는데 이 가운데 11개가 로만스어 기원이고 7개가 게르만어 기원이었다. 독일어 형용사 어휘의 접미사는 19개로 분석되었는데 이 가운데 12개가 게르만어 기원이고 7개가 로만스어 기원이었다. 영어는 물론 독일어도 어휘적으로 상당 부분 프랑스어의 영향을 받았다는 뜻이 된다.

전체적으로 보면 프랑스어는 로만스어의 특징을 보이고 있고 독일어는 부분적으로 프랑스어의 영향을 받고는 있지만 게르만어의 고유한 특징을 유지하고 있다. 영어는 게르만어로 분류되면서도 어휘면에서는 로만스어적 특징을 강하게 나타내고 있는데 이러한 현상은 동사, 명사, 형용사, 즉 전체 내용어에서 모두 동일하게 나타난다. 한편 다음 3.5.장에서 분석할 예정인 기능어휘의 분석결과는 내용어에서와 완전히 다르다. 즉 기능어에서는 영어가 게르만어의 특징을 거의 그대로 유지하고 있다.

3.5. 기능어 어휘 비교[38)]

3.5.1. 분석대상의 정의

이 단락에서는 영어, 독일어, 프랑스어의 기능어들을 비교·분석하고자 한다. 앞서 3.1. 단락에서 우리는 어휘를 어휘적 범주와 기능적 범주로 구분한 바 있다. 어휘적 범주는 어휘적 내용을 표현하는 것들로 내용어(content words)라고도 하며 명사, 동사, 형용사가 이에 속한다. 기능적 범주는 문법적 기능을 담당하는 어휘들로서 기능어(functional words)라고 부르며 전치사, 접속사, 지시사 등이 여기에 속한다. 이를 다시 한번 정리하면 (1)과 같다. (1)에서 직시어(deixis)란 원래 '가리킨다/지시한다'는 뜻의 그리스어에서 출발한 용어인데 구체적인 상황이 주어지지 않으면 그 정확한 의미를 알 수 없는 표현들을 말한다. '오늘, 어제, 여기, 저기' 등의 표현이 여기에 속한다. 지시사나 대명사도 일종의 직시어라고 할 수 있는데 이 책에서는 논의의 편의상 이들을 분리해서 분석하겠다.

(1) 어휘의 2가지 범주

어휘	어휘적 범주	명사, 동사, 형용사 (부사)
	기능적 범주	관사, 지시사, 직시어, 대명사, 전치사, 접속사, 조동사, 계사

38) 이 장의 내용은 송경안(2015)에 기초한 것이다.

부사는 그 경계에 있는 어류이다. 예를 들면 'here, there, today, yesterday'와 같은 단어는 문법성이 강한 것들이고 'slowly, fast, much'와 같은 단어는 내용어에 해당한다. 언어학에서는 어휘소와 문법소로 구분하기도 하고 문법성/기능성의 정도에 따라 어휘를 (2)와 같이 구분하기도 한다(이성하, 1998: 137, 187; Kuryłowicz, 1975: 52; Heine, 2003; Hopper & Traugott, 1993: 103 이하 참조). 이는 어휘적 범주와 기능적 범주의 차이가 점진적이라는 점을 나타낸다.

(2) 명사, 동사 〉 형용사, 부사 〉 전치사, 접속사, 조동사, 대명사, 지시사

이 단락에서 분석대상으로 하는 기능어는 (2)에서 세 번째 단계에 속하는 어류들이며 이밖에 기능어의 성격이 강한 일부 부사들(직시어)을 포함한다. 이를 자세히 정리하면 (3)과 같다.[39] (3)에서 직시어(deixis)란 대화상황이 주어져야 의미를 알 수 있는 표현들을 말한다. 예를 들면 '오늘 3:00시에 거기에서 만나자!'라는 문장에서 '오늘, 거기'와 같은 표현들을 말한다.

(3) 분석대상 기능어: 전치사, 접속사, 대명사, 지시사(관사류), 의문사, 직시어, 조동사

영어, 독일어, 프랑스어 기능어의 어휘구조를 비교 · 분석하기 위해 우리는 (3)에서 열거한 범주별로 분석대상 어휘목록을 작성해야 하며 세 언어에서 대응표현을 찾아야 한다. 이를 위해 우리는 먼저 세 언어

39) 독일어 기능 어류에 대한 자세한 분류는 Hoffmann(ed.)(2007) 참조.

가운데 필자들의 전공분야인 독일어의 기능어 목록을 확정하고 이에 대응하는 영어와 프랑스어의 표현을 결정할 것이다. 이때 범주에 따라 대상 어휘목록이 분명한 것도 있지만 그렇지 않는 경우도 있기 때문에 분석대상을 적절한 선에서 제한해야 한다. 이밖에 하나의 독일어 어휘에 다른 언어에서 여러 가지 표현이 대응될 수 있기 때문에 대응표현을 결정하는 것이 간단한 문제가 아니다. 이 두 가지 문제를 해결하기 위해 우리는 Goursau & Goursau(1991)의 유럽어 사전을 기초자료로 할 것이다.

세 언어 기능어의 어휘구조 비교는 두 가지 측면에서 이루어진다. 첫째, 영어를 중심으로 기능어들의 기원을 조사한다. 이로써 우리는 영어의 기능어들이 게르만어에서 온 것인지 로만스어에서 온 것인지를 통계적으로 확인할 수 있을 것이다. 둘째, 세 언어의 기능어가 구조적으로 단순구조인지 복합구조인지를 분석하고 이에 대한 해석을 시도할 것이다.

언어는 문법과 어휘로 이루어진다. 이 가운데 어휘는 외부, 즉 다른 언어에서 쉽게 받아들여 사용할 수 있지만 문법체계는 쉽게 받아들여지지 않는다. 어휘는 쉽게 변할 수 있지만 문법은 쉽게 변하지 않는다는 뜻이다. 이때 어휘란 순수 어휘범주, 즉 (1)의 어휘적 범주를 말한다. (1)에서 기능적 범주는 문법적인 기능을 담당하기 때문에 문법체계의 일부라고 할 수 있으며 따라서 이들은 쉽게 변하지 않으리라고 예상할 수 있다. 영어, 독일어, 프랑스어와 관련해서 보면 원래 독일어에서 출발해서 나중에 프랑스어의 영향을 많이 받은 영어가 명사, 동사, 형용사 등의 내용어들은 쉽게 프랑스어에서 받아들였는데 전치사, 접속사 등의 기능어는 게르만의 전통을 강하게 유지하고 있으리라고 짐작할 수 있다. 이 점은 위의 내용어 분석에서 확인되었고 이제 기능어들이 어떠한지를 살펴보려는 것이다. 결론부터 말하면 우리의 예상과 같이 영어의 기능어들은 게르만어의 성격을 잘 유지하고 있다. 이 단락은 바로 이점을 통계적으로 확인하려는 것이다.

3.5.2. 범주별 분석

본 장은 위에서 분류한 범주별로 영어, 독일어, 프랑스어 기능어를 비교·분석하고자 한다. 범주에 따라 분석대상이 분명하게 한정된 경우도 있고 그렇지 않는 경우도 있다. 전자의 경우 분석대상을 우선 적절한 범위에서 확정해야 할 것이다.

3.5.2.1. 전치사

전치사는 대표적인 기능어로서 보통 폐쇄범주로 간주된다(Sasse, 1993: 680; Schachter, 2007: 35 참조). 폐쇄범주란 해당요소의 수가 고정된 범주를 말한다. 이 책에서 기본 자료로 삼고 있는 유럽어 사전은 31개의 독일어 전치사가 수록되어 있는데 여기에 기본적인 전치사라고 생각되는 4개를 더 해서 (4)와 같이 35개의 전치사 목록을 확정하였다.

(4c)의 'nahe bei'(영: near by)는 2개의 단어가 결합된 것으로 독일어에서는 전치사라고 보기 어렵나. 그러나 이에 해당히는 영어의 전치사 'near'를 분석하기 위해 이를 이 목록에 포함시킨 것이다. (4d)의 'per'(영: by)는 프랑스어 'par'에서 온 것으로 독일어에서 기본 전치사라고 할 수는 없다. 그러나 이 책이 분석의 기초로 삼고 있는 유럽어 사전에 수록되어 있기 때문에 분석대상에 포함시켰다.

(4) 분석대상 독일어 전치사 목록 35개

a. 여격/대격 전치사(9개):
an, auf, hinter, in, neben, über, unter, vor, zwischen

b. 속격 전치사(5개):
dank, statt, trotz, während, wegen

c. 여격 전치사(12개):
aus, außer, bei, entgegen, gegenüber, gemäß, mit, nach, nahe bei, seit, von, zu

d. 대격 전치사(9개):
bis, durch, entlang, für, gegen, ohne, per, um, wider

영어의 전치사들은 그 뒤에 항상 목적격(대격)이 와야 하는데 독일어에서는 전치사에 따라 여러 가지 격이 올 수 있다. 이를 전치사의 격지배라고 하는데 (4)는 이러한 전치사의 격지배에 따라 분류한 것이다. 여격(與格; dative)에서 '여(與)'는 '수여'할 때 '여'이며 한국어의 '-에게'에 해당하는 격이다. '수여격'이라고 이해하면 된다. 대격(對格; accusative)은 학교문법에서 흔히 목적격이라고 부르는 격이다. 속격(屬格; genitive)은 학교문법에서 보통 '소유격'이라고 부르는 것이다. (4a)는 위치를 나타내는 전치사들인데 상황에 따라 여격을 쓸 수도 있고 대격(목적격)을 쓸 수도 있다.

Ruoff(1990)의 독일어 빈도사전은 고빈도 전치사 45개를 나열하고 있는데 (4)의 전치사들은 대부분 여기에 포함되어 있어서, 이들이 독일어의 대표적인 전치사들이라는 면에서 크게 벗어나지 않는다고 하겠다.[40] 한편 Ruoff(1990)의 통계에 따르면 상위 20개 전치사는 (5)와 같으며 이 가운데 상위 10개의 전치사가 총 사용 회수의 88,8%를 차지한다(Duden Grammatik, 2009: 600 참조).

(5) 사용빈도 상위 20개 독일어 전치사

in, mit, von, an, auf, zu, bei, nach, um, für, aus, vor, über, durch, unter, gegen, hinter, bis, neben, zwischen (사용빈도 순)

이 독일어 기초 전치사들의 영어, 프랑스어 대응표현들을 비교해 보면 매우 흥미로운 현상을 관찰할 수 있다. (6)은 (5)의 독일어 기초 전치사에 대응하는 영어/프랑스어의 전치사 표현과 어원적으로 관련이 있어 보이는 영어표현을 제시한 것이다. 이 표를 보면 영어의 전치사들이 모두 게르만 기원이고 프랑스어와는 전혀 관계가 없다는 것을 한눈에 알 수 있다. 이 가운데 3개의 독일어 전치사 'bis, um, von'은 현대 영어에서 관련형태를 찾기 어렵다.

영어의 전치사에서 'behind, before, beside, between'과 같이 /be-/로 시작하는 것들이 있는데 이때 /be-/는 원래 장소를 나타내는 전치사 'by'였고 /be-/ 다음에 오는 /-hind, -fore, -side, -tween/은 명사였다. 한국어의 '뒤에, 앞에, 옆에'와 비슷한 구조에서 출발한 것이다.[41] 독일어에서는 지금도 'bei'(by)가[42] 흔히 장소를 나타내는 전치사로 쓰인다. /-tween/은

40) (5)에서 고빈도 45위에 포함되지 않는 전치사는 다음과 같다: dank, entgegen, gemäß, nahe bei, per, wider.

41) 영어의 'behind, before' 등에서는 '전치사 + 명사'의 구조가 하나의 전치사로 역할을 한 것이고 한국어의 '뒤에, 앞에, 옆에'에서는 '명사 + 조사'의 구조가 하나의 조사로 역할을 한 것이다.

42) 독일어의 'bei'는 영어 'by'와 발음이 같다.

'two'(둘)에서 유래한 것이고 독일어 대응표현 'zwischen'도 'zwei'(둘)에서 유래하였다.[43] 이때 독일어의 /-schen/은 어미이다. (6)에서 독일어 전치사 'vor'가 있는데 그 발음은 영어의 'before'의 /-fore/와 같다.[44]

(6) 독일어 기초 전치사와 영/프 표현

독일어	영어 대응표현	영어 관련형태	프랑스어 대응표현
an	on	on	sur
auf	on	up	sur
aus	out of	out	de
bei	by	by	chez
bis	until	-	jusqu'à
durch	through	through	par
für	for	for	pour
gegen	toward	against	contre
hinter	behind	behind	suite
in	in	in	en
mit	with	middle	avec
nach	to	near	après
neben	beside	near	à côté
über	over	over	sur
um	around	-	autour
unter	under	under	sous
von	from	-	de
vor	before	before	avant
zu	to	to	à
zwischen	between	between	entre

43) 영어의 'two'를 독일어에서 'zwei'라고 한다. 영어의 /t/가 독일어에서 /z/로 대응되는 경우가 있다. 예: ten/zehn, to/zu, tongue/Zunge.

44) 독일어에서 /v/는 보통 [f]로 발음한다.

1) 독일어 여격/대격 전치사와 영어, 프랑스어 전치사

이제 (4)의 독일어 전치사 분류를 바탕으로 세 언어의 전치사를 비교해 보겠다. 먼저 (4a)의 여격/대격 전치사들은 장소를 나타내는 것들로 가장 기본적인 전치사라고 할 수 있다(Heine et al., 1991, 2.4., 6.4.; Heine, 2003, 594 이하 참조). 독일어 여격/대격 전치사에 대해 유럽어 사전에 수록된 영어, 프랑스어 대응표현을 보면 (7)과 같다. 이 표에서 우리는 세 언어 사이에서 두 가지 특징을 관찰할 수 있다. 영어의 전치사에 게르만어적인 요소가 지배적이라는 것과 독일어 전치사의 구조가 가장 간단하다는 점이다.

앞서 말한 것처럼 영어에는 게르만어적인 요소와 로만스어적인 요소가 섞여 있는데 독일어 여격/대격 전치사에 대응하는 영어 전치사에는 게르만어적인 색체가 강하게 나타나고 있다.

(7) 독일어 여격/대격 전치사와 영어/프랑스어 대응표현

독일어	영어	프랑스어
an	at, by, on, near	à, sur, prés de
auf	on, upon	sur
hinter	following, behind	suite(à la), derriére
in	in, into	en, à, dans
neben	next to, beside	à côté
über	on, upon, above, over	sur, au-dessus, dessus(au-, par-)
unter	among, below, beneath, under, underneath	sous, au-dessous, dessous, parmi
vor	ago, before, in front of	il y a, avant, devant
zwischen	between	entre

(8) 독일어 여격/대격 전치사에 대응하는 영어 전치사의 어원[45)]

above	*a*('an/on') + *b*('by') + *obe*('ufan', cf. NG *oben*)
ago	OE *āgān*, OG *irgān*, cf. NG *ergehen*
among	a('an/on') + mong('mengan', cf. NG *Menge*)
at	OE *æt*, OG *az*, Goth *at*
before	be('by') + fore(OE *fore*, cf. NG *vor*)
behind	be('by') + hind(OG *hintar*)
below	be('by') + low(ME *lah*, MG *læge*)
beneath	be('by') + neath(OE *niðan*, NG *nieder*)
beside	be('by') + side('side', NG *Seite*)
between	be('by') + tween('two', NG *zwei*)
by	OE *bī*, OG *bī*, cf. NG *bei*
following	follow(OE *folgian*, NG *folgen*) + ing
in front of	in + front(OF *front*) + of
in	OE *in*, OG *in*
into	in + to(OE *tō*, OG *zuo*, NG *zu*)
near	OE *nēar*, OG *nāhor*, NG *nah*
next to	next(OE *nēsta*, OG *nāhisto*) + to(OE *tō*, OG *zuo*, NG *zu*)
on	OE *on*, OG *an*, *ana*, NG *an*
over	OE *ofer*, OG *ubar*
under	OE *under*, OG *untar*, NG *unter*
underneath	under(OE *under*, NG *unter*) + neath(OE *niðan*, NG *nieder*)
upon	up(OE *up*, OG *ūf*, NG *auf*) + on(OE *on*, NG *an*)

(7)에서 영어 전치사 표현은 22개이며[46)] 이들의 어원을 정리하면 (8)

45) 이 단락에 나타난 언어에 대한 약어는 다음과 같다: OE = Old English(고대영어), ME = Middle English(중세영어), OG = Old German(고대독일어), MG = Middle German(중세독일어), NG = New German(현대독일어), Goth = Gothic(코트어), OF = Old French(고대프랑스어).

46) 이 사전에는 원래 한 표제어에 각각 한 단어씩 대응표현을 수록하고 있는데 의

과 같다.[47] 이 22개 영어 전치사는 대부분(95%) 독일어와 어원이 같으며 2차 전치사라고 할 수 있는 'in front of'에서 'front'만 로만스어 기원이다((9) 참조). 'following'도 2차 전치사로 보아야 하는데 그 기원은 현대 독일어 동사 'folgen'과 같은 것이다.

(9) 독일어 여격/대격 전치사 대응 영어 전치사의 기원별 분류[48]

게르만어 기원: above, ago, among, at, before, behind, below, beneath, beside, between, by, following, in, into, near, next to, on, over, under, underneath, upon (21개; 95.4%)

로만스어 기원: in front of (1개; 4.6%)

독일어 여격/대격 전치사에 대응하는 프랑스어의 전치사는 고유한 로만스어적인 색채를 띄고 있다. 이들 전치사는 대부분 라틴어에서 기원한 것들이며 이 기원들을 정리하면 (10)과 같다(김순, 2004: 17; Körting, 1908; Dauzat et al., 1992 참조).

(10)에서 'il y a'는 원래 영어의 'there is/are ~' 구문에 해당하는 숙어로서 영어로 직역하면 'it there has ~'가 되는데 시간적으로 '이전'이라는 뜻으로 쓰이기도 한다(Orbis, 1988 참조). 'dessus/dessous'는 'de

미가 여러 가지일 경우 별개의 표제어로 수록하고 있어서 세 언어의 표제어 수가 다르게 나타난다.

47) 우리가 세 언어 전치사의 어원을 조사하기 위해 참고한 어원사전은 다음과 같다: Kluge(1899/1989), Körting(1908), Dauzat et al. (1992), Hoad (1986).

48) 고대영어(OE) 기원은 게르만어 기원으로 본다.

+ sous'의 결합형인데 'au-dessous'는 여기에 다시 전치사 'au'가 결합한 것이다. (10)에서 'de'는 영어의 'of/from'에 해당하는 전치사이다. 프랑스어 전치사는 라틴어의 복합표현이 단순형태로 줄어 든 것이 많은 것을 알 수 있다.

(10) 독일어 여격/대격 전치사 대응 프랑스어 전치사의 어원

프랑스어	라틴어 어원	영어 표현
sur	super, sus	on
derrière	de retro	behind
à côté	ad costatum	beside
dans	de intus	in
en	in	in
devant	de + avant	in front of
avant	ab + vante	before
il y a	숙어적 표현	before
dessus(au-, par-)	(de) + subtus	over
sous	subtus	under
parmi	par + mi(milieu)	among
sous, au-dessous	subtus	beneath
entre	inter	between

한편 영어나 프랑스어에 비해 독일어의 여격/대격 전치사들은 구조가 간단하다. 즉 독일어의 경우 모두 단일어로 구성되어 있는데 다른 두 언어는 그렇지 않다. 영어와 프랑스어의 장소 전치사를 구조에 따라 분류하면 (11-12)와 같다. 이 두 언어의 경우 단순구조 전치사가 전체의 1/3정도이고 나머지 2/3는 복합구조라는 것을 알 수 있다.

(11) 영어의 22개 장소 전치사의 구조

단순구조: at, by, in, near, on, over, under (7개; 31.8%)
복합구조: above, ago, among, before, behind below, beneath, between, following, in front of, into, next to, underneath, upon (15개; 68.2%)

(12) 프랑스어 18개 장소 전치사의 구조

단순구조: à, en, entre, sous, suite, sur (6개; 33.3%)
복합구조: à côté, à la suite, au-dessous/dessus, avant, dans, derriére, dessous/dessus, devant, il y a, par-dessus, parmi, prés de(12개; 66.6%)

2) 독일어 여격 전치사와 영어, 프랑스어 전치사 구조 비교

독일어 여격 전치사는 대개 출발점과 목표지점을 가리킨다(송경안·조동섭, 1999 참조). 이는 여격과 탈격의[49] 의미가 융합된 격이라고 볼 수 있다. (4c)의 독일어 여격 전치사에 대해 유럽어 사전에 수록된 영어, 프랑스어 대응표현을 보면 (13)과 같다.

(13)의 영어 전치사 표현을 따로 정리하면 (14)와 같다. 이 가운데 'at, by, for, near, next to'는 (8)에서 이미 게르만 어원임을 확인하였고, 이밖에 어휘들의 기원을 보면 (15)와 같다.

49) 탈격(奪格; ablative): '~에게서'에 해당하는 격이다. '탈'은 '탈취'에 쓰는 '탈'과 같다.

(13) 독일어 여격 전치사와 영어/프랑스어 대응표현[50)]

독일어	영어	프랑스어
aus	from	de
außer	out of, except	hors de, excepté, sauf
bei	close to, at, next to	auprés de, chez
entgegen	contrary to, opposite to, against	au-devant de, contraire à, à l'opposé de
gegenüber	opposite to, across from	vis-à-vis de, en face de
gemäß	according to	selon
mit	with	avec
nach	to, towards, after, afterwards	vers, après, à
nahe bei	close, near	proximité (à)
seit	since, for	depuis
von	of	de
zu	to, at, by, for	à, en, pour, chez

(14) 독일어 여격 전치사에 대응하는 영어 전치사 목록

according to, across from, after, afterwards, against, at, by, close (to), contrary to, except, for, from, near, next to, of, opposite to, out of, since, to, towards, with

이를 바탕으로 (13)의 영어 전치사 표현을 기원에 따라 분류하면 (16)과 같으며, 이 통계는 (9)와 비교하면 상당한 차이를 보이고 있다. 즉 후자의 경우 95.4%가 게르만어 기원인데 비해 (16)의 경우 게르만어 기원이 63.2%에 그치고 있다. 이는 역사와 관련한 영어 어휘의 구조적 특성에서 기인한 것으로 분석된다. 즉 게르만어에서 출발해서 로만스어가

50) 'entgegen, gegenüber'는 Goursau & Goursau(1991)에 수록되어 있지 않아서 그 프랑스어, 영어 대응표현은 Orbis(1988), Orbis(1992) 를 참고한 것이다.

덧씌워진 영어의 어휘는 기저에는 아직 게르만적인 어휘가 깔려 있고 그 위를 로만스어 기원의 어휘가 아주 두껍게 덮고 있는 상황이다.

(15) 독일어 여격 전치사에 대응하는 영어 전치사의 어원

at, by, for, near, next to	게르만어 기원((8) 참조)
according to	accord(OF *acorder*) + ing + to(OE *tō*)
across from	across(OF *en croiz*) + from(OE, OG *fram*)
after	OE *æfter*; OG *aftar*
against	again(OE *agēn*; OG *ingagan*) + -st
close to	close(OF *clos*) + to(OE *tō*)
contrary to	contrary(OF *contraire*) + to(OE *tō*)
except	OF *excepté*
from	OE *fram*; OG *fram*
of	OE *of*; OG *aba*; cf. NG *ab*
opposite to	opposite(OF *opposer*) + to(OE *tō*)
out of	out(OE *ūt*; OG *ūz*) + of(OE *of*; OG *aba*)
since	OE *siðan*; cf. NG *seit*; *seitdem*
towards	to(OE *tō*) + wards(OE *weardes*; OG *wartes*)
with	OE wið; OG *widar*

기저의 어휘는 구체적이고 기초적인 어휘인데 반해 상층부의 어휘는 추상적이며 파생 어휘가 많다. 앞서 논의한 것처럼 여격/대격 전치사는 장소와 관련된 것들로 의미가 구체적이며 가장 기초적인 전치사들이다. 반면에 여격 전치사는 의미가 이보다는 추상적이라고 할 수 있으며, 특히 (16)에서 로만스어 기원의 전치사들은 상대적으로 더 추상적인 의미를 나타낸다. 이들은 형태적으로 복합 전치사적 성격이 두드러진다. 전치사성, 즉 문법소적 성격이 약하다는 뜻이다(Heine et al., 1991, 2.4., 6.4.; Heine, 2003, 594 이하 참조).

(16) 독일어 여격 전치사에 대응하는 영어 전치사의 기원별 분류

게르만어 기원: at, by, for, near,next to, after, from, of, out of, since, towards, with (12개; 63.2%)

로만스어 기원: according to, across from, against, close to, contrary to, except, opposite to (7개; 36.8%)

(13)의 프랑스어 표현들은 물론 라틴어에서 기원한 것들이다(Körting, 1908; Dauzat et al., 1992 참조). 기원까지를 고려하여 (13)에 나타난 세 언어 전치사들의 구조를 통계적으로 보면 (17)-(19)와 같다.

(17) 독일어 여격 전치사의 구조

단순구조: aus, außer, bei, gemäß, mit, nach, seit, von, zu (9개; 75%)

복합구조: entgegen, gegenüber, nahe bei (3개; 25%)

(18) 독일어 여격 전치사의 영어 대응표현 구조

단순구조: after, against, at, by, except, for, from, near, of, since, to, with (12개; 60%)

복합구조: according to, across from, close to, contrary to, next to, opposite to, out of, towards (8개; 40%)

(19) 독일어 여격 전치사의 프랑스어 대응표현 구조[51)]

51) 복합구조에 포함된 단일어의 라틴어 기원을 보면 다음과 같다: après (< ad pres-

단순구조: à, chez, de, en, excepté, pour, sauf, vers (8개; 42%)
복합구조: après, avec, depuis, hors de, auprés de, au-devant de, à l'opposé de, selon, vis-à-vis de, en face de, proximité à (11개; 58%)

독일어 여격/대격 전치사 및 (11)-(12)의 통계와 비교했을 때 (17)-(19)의 통계는 상당한 차이를 보인다. 우선 세 언어에서 모두 복합구조가 늘어났다는 것이다. 이는 앞서 말한 것처럼 구체적 의미를 갖는 장소 전치사가 더 기본어휘에 가깝기 때문으로 풀이된다. 기본어휘에 가까울수록 단일어가 많고 여기에서 멀어질수록 복합표현 혹은 파생표현이 많은 것이다(Heine et al., 1991, 2.4., 6.4.; Heine, 2003, 594 이하 참조).

한편 세 언어를 비교하면 장소 전치사에서와 마찬가지로 독일어가 단순구조가 많고 다른 두 언어는 복합구조가 많다. 이 역시 변화를 많이 겪지 않은 게르만어와 변화를 많이 겪은 로만스어 그리고 두 가지 계통의 혼합으로 형성된 영어의 역사적 특성에서 기인한 것으로 보인다. 독일어의 경우 이른 시기부터 전치사로 쓰이던 어휘들, 즉 기초어휘들을 잘 보존하고 있다고 할 수 있으며 프랑스어의 경우 많은 변화를 겪으면서 일반 어휘들로부터 문법화된 전치사 표현들이 형성되었고 복합 전치사 혹은 파생 전치사들이 많이 나타난 것으로 보인다. 영어의 경우 이러한 프랑스어의 영향을 받으면서 복합구조 전치사가 늘어난 것으로 볼 수 있다.

---

sum), avec(< apud-hoc), depuis(< de postius), selon (< sub longum)(Körting, 1908; Dauzat et al., 1992 참조).

(18)의 영어 전치사들을 조금 자세히 보면 단순구조 전치사는 대부분 게르만어 기원이고 복합구조 전치사는 로만스어 기원이 많다. 문법화가 많이 진행된 기초어휘들은 게르만어에서 기원한 것들이고 문법화가 덜 진행된 것들은 프랑스어에서 왔다는 뜻이 된다. 단순구조 전치사의 비율을 비교하면 독일어(75%) – 영어(60%) – 프랑스어(42%) 순으로 영어가 게르만어와 로만스어 사이에 끼여 있음을 알 수 있다.

3) 독일어 대격 전치사와 영어, 프랑스어 전치사 구조 비교

(4d)의 독일어 대격 전치사에 대해 유럽어 사전에 수록된 영어, 프랑스어 대응표현을 보면 (20)과 같다.

(20) 독일어 대격 전치사와 영어/프랑스어 대응표현

bis	until, till	jusqu'à
durch	by, through, across	par, travers (à)
entlang	along	long (le)
für	for	pour
gegen	against, towards, to	contre, vers
ohne	without	sans
per	per	par
um	around	autour
wider	against	contre

(20)의 영어 전치사 표현은 13개이며 이들의 어원을 정리하면 (21)과 같다. 이 가운데 6개는 이미 위 (8), (15)에서 기술한 것이다. (21)의 영어 전치사를 기원별로 분류하면 (22)와 같다. (22)의 통계는 (9)와는 많은 차이가 있으며 (16)과도 약간의 차이를 보이고 있다. 어떻든 여

격과 대격 관련 전치사에는 로만스어 기원의 전치사가 영어에 상당히 들어와 있다는 것을 보여준다.

(21) 독일어 대격 전치사에 대응하는 영어 전치사의 어원

across	across(OF *en croiz*); cf. (15)
against	again(OE *agēn*) + -st; cf. (15)
along	OE *andlang* cf. NG *entlang*
around	OF *a la reonde*
by	OE *bī*, OG *bī*, cf. NG *bei*; cf. (8)
for	OE *fore*, OG *fora*, cf. NG *vor*
per	OF *per*
through	OE *þurh*, OG *duruh*
till	OE *til*, OG *zil* cf. NG *Ziel*('goal')
to	OE *tō*, OG *zuo*, NG *zu*; cf. (8)
towards	to + wards(OE *weardes*); cf. (15)
until	un(OE *und*) + til(OE *til*, OG *zil*)
without	with(OE *wið*) + out(OE *ūt*); cf. (15)

(22) 독일어 대격 전치사에 대응하는 영어 전치사의 기원별 분류

게르만어 기원: against, along, by, for, through, till, to, towards, until, without (10개; 76.9%)

로만스어 기원: across, around, per (3개; 23.1%)

(20)의 프랑스어 전치사들도 역시 라틴어에서 기원한 것들이며 (Körting, 1908; Dauzat et al., 1992 참조), 기원까지를 고려하여 (20)의 세 언어 전치사들의 구조를 통계적으로 보면 (23)-(25)와 같다. 여기에서도 역시 독일어는 단순구조가 대부분이며 영어와 프랑스어는 복합

구조 전치사가 절반 가까이를 차지한다. 이 통계는 앞의 다른 전치사들과 크게 다르지 않으며 이에 대한 해석 역시 앞에서 논의한 것과 다르지 않을 것이다. 다만 (24)의 영어 전치사를 보면 게르만어 기원 복합구조에 로만스어 기원 복합구조가 겹쳐서 (18)과 약간 차이가 있으며 (19), (25)의 프랑스어 통계와도 약간 차이가 있다.

(23) 독일어 대격 전치사의 구조

단순구조: bis, durch, für, gegen, ohne, per, um, wider (8개; 88.9%)
복합구조: entlang (1개; 11.1%)

(24) 독일어 대격 전치사의 영어 대응표현 구조

단순구조: against, by, for, per, through, till, to (7개; 53.8%)
복합구조: across, along, around, towards, until, without (6개; 46.2%)

(25) 독일어 대격 전치사의 프랑스어 대응표현 구조

단순구조: contre, par, pour, sans, vers (5개; 55.6%)
복합구조: autour, jusqu'à, long (le), travers (à) (4개; 44.4%)[52]

4) 독일어 속격 전치사와 영어, 프랑스어 전치사 구조 비교

독일어 속격 전치사에 대해 Goursau & Goursau(1991)에 수록된 영어,

52) 'autour'는 라틴어 'au + tour'의 복합구조이고 'jusqu'à'는 j'usque + à'의 복합구조이다(Körting, 1908; Dauzat et al., 1992 참조).

프랑스어 대응표현을 보면 (26)과 같다.[53)]

(26) 독일어 속격 전치사와 영어 프랑스어 대응표현

독일어	영어	프랑스어
dank	thanks to	grâce à
trotz	despite, in spite of	malgré
statt	instead of	au lieu de
während	during, for	durant, pendant
wegen	because of	à cause de

이 표에서 우리는 세 언어 사이에서 두 가지 특징을 관찰할 수 있다. 첫째는 영어의 전치사에 게르만어적인 요소와 로만스적인 요소가 섞여 있다는 점이고(Hoad, 1992 참조), 둘째는 구조적으로 볼 때 독일어는 단일어 기원으로 1차 전치사적 성격이 강한 데 비해 영어와 프랑스어의 대응표현은 복합구조가 대부분이라는 점이다. 위 영어 전치사 표현 가운데 '(de)spite, during'은 프랑스어에서 유래한 것이고 'thanks, (in)stead, for'는 독일어에서 유래한 것이다. 'because'는 'be + cause'의 결합 형태인데 /be-/는 독일어 전치사 'bei'(by)와 같은 어원이고 'cause'는 프랑스어에서 유래한 것이다.

구조적으로 보면 영어의 전치사에는 대부분 'to, of'가 덧붙어서 복합 전치사적인 성격을 띠고 프랑스어도 비슷한 상황인데 반해 독일어의 대응표현은 단일어로 형성된 1차 전치사의 형태이다. 이러한 차이는 속격 표지가 아직 굴절형태로 남아 있는 독일어의 구조와 관련이 있을 것이다. 즉 영어와 프랑스어에서 속격 굴절형태는 각각 전치사

53) 전치사 'wegen'은 Goursau & Goursau(1991)에 수록되어 있지 않아서 그 프랑스어 대응표현은 Orbis(1988)를 참고한 것이다.

'of, de'로 대치되었는데 독일어에는 아직 속격 굴절형태가 남아 있기 때문에 (26)에서 'of, de'와 같은 추가적인 전치사를 필요로 하지 않는 것이다.

3.5.2.2. 접속사

접속은 접속된 요소들 사이의 위상에 따라 크게 등위접속과 종속접속으로 구분하며 두 가지 접속을 세부 기능에 따라 분류하면 (27)-(28)과 같다(Schachter, 1985/2008: 45 이하).

(27) 등위접속(coordination)[54)]

a. 연접(conjunction): 'and'
b. 이접(disjunction): 'or'
c. 역접(adversative): 'but'

(28) 종속접속(subordination)

a. 보문절(complement, 명사절)
b. 관계절(relative clause, 형용사절)
c. 부사절(adverbial clause, 부사절)

이와 같은 형식적인 구분에도 불구하고 개별언어에서 구체적으로 어디까지를 접속사로 인정할 것인가는 그렇게 간단한 문제가 아니다. 독일어의 경우 예를 들면 Duden Grammatik(2009: 621 이하)는

54) 영어와 독일어에서 이유를 나타내는 문장이 등위접속으로 나타나는 경우가 있으나 이는 예외적인 경우에 속한다(Kortmann, 2001: 844).

등위접속사를 27개, 종속접속사를 67개로 분류하고 Buscha(1995: 16)은 등위접속사를 19개, 종속접속사를 60개로 분류하고 있다. Helbig & Buscha(1996: 445)는 등위접속사를 12개, 종속접속사를 22개로만 분류한다. 이 책에 포함된 34개의 접속사는 아주 기초적인 독일어 접속사라고 할 수 있을 것인데 특이하게도 Ruoff(1990)의 독일어 빈도사전의 고빈도 접속사들과는 거리가 멀다. 즉 이 빈도사전은 47개의 고빈도 접속사를 제시하고 있는데 Helbig & Buscha(1996)의 기본 접속사 34개 가운데 12개만 여기에 포함되어 있다. 이와 같은 불일치는 두 저서에서 접속사의 개념을 다르게 사용하는 데서 비롯된 것으로 보인다. Ruoff(1990)은 접속부사들을 이 범주에 포함시키고 있는 반면 Helbig & Buscha(1996: 445)는 이들을 제외시키고 있다.

(29) 분석대상 전치사 목록

(a) 등위접속사 10개

aber	but	mais
allein	but	mais
beziehungsweise	or	respectivement
denn	because, for	car
doch	however, though	mais
entweder~oder	either~or	ou bien~ou bien
oder	or	ou
sondern	but	mais
und	and	et
weder ~ noch	neither ~ nor	ni

(b) 종속접속사 19개

als ob	as if	comme si
als	when, as	lorsque
bevor	before	avant que
bis	as far as	jusqu'à
da	since	puisque
damit	so that	afin que
dass	that	que
ehe	before	avant que
falls	if, in case	si
indem	while	pendant que
ob	whether	si
obgleich	although, though	quoique
obwohl	though, although	bien que
so dass	so that	de façon que
sobald	as soon as	dès (que)
während	while, whilst	pendant/tandis que
weil	because, for	parce que, car
wenn	if, whether	si
wie	as, like	comme

이들 가운데 Helbig & Buscha(1996)의 목록이 독일어의 대표적인 접속사 목록으로 적절한 것으로 보인다. 3개 언어의 대조분석을 위해 본 연구는 유럽어 사전을 기초자료로 하고 여기에 Helbig & Buscha (1996)에 포함된 중요한 기초 접속사들을 추가하여 분석대상을 (29)와 같이 확정한다.[55)]

55) Helbig & Buscha(1996)에서 추가한 목록은 다음과 같다: allein, als ob, bevor, dass, doch, ehe, entweder ~ oder, falls, indem, so dass, sondern. 이들에 대한 영어, 프랑스어 대응표현은 Orbis(1988), Orbis(1992)를 참고한 것이다.

이 접속사들을 우리는 전치사에서와 같은 방법으로 분석할 수 있겠다. 먼저 독일어 등위접속사에 대응하는 영어 표현의 기원을 보면 (30)과 같으며 이를 통계적으로 보면 (31)과 같다. 즉 10개의 영어 접속표현 가운데 9개가(90%) 게르만어 기원이며 'because'만 부분적으로 로만스어적 요소를 담고 있다.

기원까지를 고려하여 (29a)에 나타난 세 언어 접속사들의 구조를 통계적으로 보면 (32)-(34)와 같다. 등위접속 표현의 구조에서도 독일어가 가장 보수적인 경향을 보이고 영어는 시기적으로 나중에 발달했을 것으로 짐작되는 복합구조 표현이 많다. 프랑스어도 크게 보면 라틴어 등위접속사들의 단순구조를 유지하고 있다.

(30) 독일어 등위접속사에 대응하는 영어 접속표현의 어원

and	OE *and,* OG *anti*
because	be(= *by;* OE *bī,* OG *bī*) + cause(OF *causa*)
but	OE *būtan,* OG *biūzan*
either	OE *ǣǵðer,* OG *eogihwedar*
for	OE *fora,* OG *fore*
however	how(OE *hū,* OG *wuo*) + ever(OE *ǣfre*)
neither	n('not') + either(OE *ǣǵðer,* OG *eogihwedar*)
nor	contracted form of OE *nōðer*('neither')
or	OE *oððe,* OG *ode* (cf. NG *oder*)
though	OE *þēah,* OG *doh* (cf. NG *doch*)

(31) 독일어 등위접속사에 대응하는 영어 접속표현의 기원별 분류

게르만어 기원: and, but, either, for, however, neither, nor, or, though (9개; 90%)

로만스어 기원: because (1개; 10%; 일부 로만스어 기원)

(32) 독일어 등위접속사의 구조

단순구조: aber, allein, denn, doch, oder, sondern, und, weder, noch (9개; 82%)

복합구조: beziehungsweise, entweder (2개; 18%)

(33) 독일어 등위접속사에 대응하는 영어 접속표현의 구조

단순구조: and, but, either, for, or, though (6개; 60%)

복합구조: because, neither, however, nor (4개; 40%)

(34) 독일어 등위접속사에 대응하는 프랑스어 접속표현의 구조

단순구조: car, et, mais, ni, ou (5개; 71%)

복합구조: respectivement, ou bien (2개; 29%)

(29b)에서 독일어 종속접속 표현에 대응하는 영어 표현은 29개이며 이들의 어원을 정리하면 (35)와 같고 이를 통계적으로 보면 (36)과 같다. 영어의 종속접속사 표현도 역시 대부분(89%) 게르만어 기원이며 2개(11%)는 부분적으로 로만스어 기원이다.

(35) 독일어 종속접속사에 대응하는 영어 접속표현의 어원

although	al(OE *all,* OG *al*) + though(OE *þēah,* OG *doh*)
as	OE *alswā* cf. NG *als*
as far as	as + far(OE *feor,* OG *fer;* cf. NG *fern*)
as if	as + if(OE *ġif,* OG *ibu;* cf. NG *ob*)
as soon as	as + soon(OE *sōna,* OG *sāno*)
because	be(= *by;* OE *bī,* OG *bī*) + cause(OF *causa*)

before	be(= *by*; OE *bī*, OG *bī*) + fore(OE *fora*, OG *fore*)
for	OE *fora*, OG *fore*
if	OE *ġif*, OG *ibu*; cf. NG *ob*
in case	in(OE *in*, OG *in*) + case(OF *cas*)
like	OE *ġelīc*
since	OE *siδan*; cf. NG *seit*; *seitdem*
so that	so(OE *swa*, OG *swo*) + that(OE *þæt*, OG *daz*)
that	OE *þæt*, OG *daz*
though	OE *þēah*, OG *doh* (cf. NG *doch*)
when	OE *hwenne*, OG *wenne* (cf. NG *wenn*)
whether	OE *hweδer*, OG *hwedar*
while	OE *hwīl*, OG *hwīla*
whilst	while(OE *hwīl*, OG *hwīla*) + -st

(36) 독일어 종속접속사에 대응하는 영어 접속표현의 기원별 분류

게르만어 기원: although, as, as far as, as if, as soon as, before, for, if, like, since, so that, that, though, when, whether, while, whilst (17개; 89%)

로만스어 기원: because, in case (2개; 11%, 일부 로만스어 기원)[56]

기원까지를 고려하여 (29b)에 나타난 세 언어 접속사들의 구조를 통계적으로 보면 (37)-(39)와 같다. 종속접속 표현의 구조는 등위접속 표현의 구조와 상당한 차이를 보인다. 세 언어 모두 복합구조의 비율이 많이 늘어났다는 것이다. 이는 등위접속 표현이 더 기초어휘에 속하기 때문일 것이다.[57] 영어의 경우 여기에서도 게르만어적인 특징이

56) 'cause, case'만 로만스어 기원이다.

57) 예를 들면 영어의 경우 'and, or, but'을 등위접속사로 분류하는데(Greenbaum &

강하게 나타나면서 독일어와 비슷한 양상을 보인다. 한편 프랑스어는 복합구조가 훨씬 많이 나타나는데 이는 전치사의 구조에서와 마찬가지로 이 언어의 역사와 관련이 있을 것으로 보인다. 즉 프랑스어는 라틴어에서 넘어오는 과정에서 많은 변화를 겪으면서 일반 어휘들로부터 문법화된 접속사 표현들이 많이 형성되었고 이들이 아직 복합구조의 단계에 머물러 있다고 볼 수 있다. (39)의 복합구조 표현에서 마지막 3개의 표현은 원래 2개의 단어였던 것을 한 단어로 쓰고 있는데, 이는 이들이 다른 복합구조 표현들보다 문법화가 더 많이 진행되었기 때문일 것이다.

(37) 독일어 종속접속사의 구조

단순구조: als, bis, da, dass, ehe, falls, ob, während, weil, wenn, wie (11개; 58%)

복합구조: als ob, bevor, damit, indem, obgleich, obwohl, so dass, sobald(8개; 42%)

(38) 독일어 종속접속사에 대응하는 영어 접속표현의 구조

단순구조: as, for, if, like, since, that, though, when, whether, while, whilst (11개; 58%)

복합구조: although, as far as, as if, as soon as, because, before, in case, so that (8개; 42%)

Quirk, 1990: 262) 이들은 의미나 형태로 보아 가장 기초적인 접속사라고 할 수 있다.

(39) 독일어 종속접속사에 대응하는 프랑스어 접속표현의 구조

단순구조: car, comme, dès, pendant, que, si (6개; 32%)
복합구조: afin que, avant que, bien que, comme si, de façon que, dès que, jusqu'à, parce que, pendant que, tandis que, lorsque, puisque, quoique[58] (13개; 68%)

3.5.2.3. 대명사, 관사류, 직시어, 조동사

전치사, 접속사에 이어 이 단락에서는 대명사, 관사류, 직시어, 조동사 등 그 밖의 기능어들을 분석하려고 한다. 용어의 사용에서 다소 이견이 있을 수 있겠지만 여기에서는 전통적으로 쓰는 용어들을 포괄적인 개념으로 사용하겠다.

1) 인칭대명사

독일어, 영어, 프랑스어의 인칭대명사 주격의 형태를 정리하면 (40)과 같다. 이 표를 보면 세 언어 인칭대명사의 역사적 관계가 한 눈에 들어난다. 프랑스어의 인칭대명사는 물론 라틴어에서 온 것으로 게르만어와 관계가 없다(송경안, 2012 참조). 영어의 인칭대명사는 모두 게르만 어원이다(Hoad, 1986 참조). 2인칭 단수에는 원래 독일어 'du'에 해당하는 'thou'가 쓰이다가 복수형 'you'로 대치되었다(임혜순, 1995). 3인칭 단수의 'he, she, it'는 각각 독일어 'er, sie, es'와 같은 어원이다

58) 맨 나중 세 가지 표현의 기원은 다음과 같다: lorsque < lors('since') + que('that'), puisque < puis('then') + que('that'), quoique < quoi('what') + que('that').

(Kluge, 1899/1989; Hoad, 1986 참조). 3인칭 중성 대명사 'es-it'의 경우 독일어의 /s/와 영어의 /t/가 대응되는 예이다.[59] 복수형에서 'wir-we, ihr-you'도 같은 어원이고 'they'는 게르만어의 지시어 'der-the, das-that' 등과 같은 어원이다.

(40) 독일어, 영어, 프랑스어의 인칭대명사

수	인칭	독일어	영어	프랑스어
단수	1인칭	ich	I	je
	2인칭	du	you	tu
	3인칭	er	he	il
		sie	she	elle
		es	it	il
복수	1인칭	wir	we	nous
	2인칭	ihr	you	vous
	3인칭	sie	they	elles

독일어, 영어, 프랑스어의 인칭대명사 소유격 형태를 정리하면 (41)과 같다.[60] 이 표의 프랑스어 표현도 역시 인칭대명사와 마찬가지로 라틴어 기원이고(Körting, 1908 참조) 영어 표현은 게르만어 기원이다. (41)에서 영어의 'your, his, its, their'의 어원은 (40)의 해당 주격형과 차이가 없을 것이다. 이들을 제외하면 'my, her, our'가 남는데 이들도 모두 게르만 어원이다(Hoad, 1986 참조). 'my'는 OE 'mīn'(mine)의 축약형인데 이는 (41)의 독일어 'mein'과 기원이 같다. (41)의 'ihr–her'는 OE 'hīre', OG 'iro'에서 온 것이고, 'unser–our'도 같은 어원이다.

59) 이에 대한 다른 예로는 'that/das, what/was, water/wasser' 등이 있다.

60) 영문법에서는 이를 인칭대명사의 소유격이라고 부르고 독일어 문법에서는 소유대명사라고 부른다.

(41) 독일어, 영어, 프랑스어의 소유대명사

수	인칭	독일어	영어	프랑스어
단수	1인칭	mein	my	mon
	2인칭	dein	your	ton
	3인칭	sein	his	son
		ihr	her	son
		sein	its	son
복수	1인칭	unser	our	notre
	2인칭	euer	your	votre
	3인칭	ihr	their	leur

2) 관사류

(42) 독/영/프 관사류 및 기초 수량사

독일어	영어	프랑스어
ein	a, an	un
der	the	la
dies	this	ceci
das	it	il
jen	that	ce
jed	every	chaque
all	all	tous
solch	such	tel
ander	other	autre
beide	both	les deux
einig	some, few	quelques
manch	some	certaines
viel	many, much	beaucoup
kein	no, none	aucun
wenig	few, little	peu

독일어, 영어, 프랑스어의 기초 수량사를 포함한 관사류의 형태를 정리하면 (42)와 같다. 이 표에서 독일어와 영어의 형태를 비교하면 현재의 상태에서도 영어의 'the, this, it, that, all, both, many'는[61] 게르만 어원이라는 것을 쉽게 짐작할 수 있다. 이들을 제외하고 영어의 나머지 표현들의 어원을 정리하면 (43)과 같다. 이렇게 보면 결국 (42)의 영어 관사류 및 기초 수량사도 모두 게르만어 기원이라는 것을 알 수 있다.

(43) 영어 관사류 및 수량사의 기원[62]

a	*an*의 축약형
an	OE *ān* OG *ein* cf. NG *ein*
every	OE *ǣfriċ*
few	OE *fēawe* OG *fao*
little	OE *lȳtel* OG *luzzil*
much	OE *myċel* OG *michil*
no	*none*의 축약형
none	OE *nān* OG *nein* cf. NG *nein*
other	OE *ōðer* OG *andar* cf. NG *ander*
some	OE *sum* OG *sum*
such	OE *swilċ* OG *sulīih* cf. NG *solch*

3) 부정대명사와 재귀사

독일어, 영어, 프랑스어의 부정대명사 및 재귀사의 형태를 정리하면

61) 'many'는 독일어 'manch'와 같은 어원이다.

62) 게르만어 기원이 분명해 보이는 'the, this, it, that, all, both, many'에 대한 어원은 생략한다.

(44)와 같다. 부정대명사 및 재귀사는 독일어와 영어가 많이 다른 것처럼 보인다. 그러나 (45)에서 보는 바와 같이 영어 표현들의 어원을 조사해 보면 모두 게르만어 기원임을 알 수 있다. 독일어, 영어 'man–one'에 대응하는 프랑스어 표현 'on'은 형태적으로는 영어 'one'과 유사하지만 이는 '사람'을 뜻하는 'homme'에서 온 것으로 어원적으로는 'one'과 관계가 없다.

(44) 독일어, 영어, 프랑스어의 부정대명사 및 재귀사

man	one	on
niemand	nobody	ne ... personne
jemand	someone	quelqu'un
nichts	nothing	rien
etwas	something	quelque chose
sich	oneself	soi
selbst	oneself	soi

(45) 영어 부정대명사 및 재귀사의 어원

one	OE *ān* OG *ein* cf. NG *ein*
nobody	no(OE *nān*) + body(OE *bodiġ*)
someone	some(OE *sum*) + one(OE *ān*)
nothing	no(OE *nān*) + thing(OE *þing*, OG *ding*)
something	some(OE *sum*) + thing(OE *þing*)
oneself	one(OE *ān*) + self(OE *self* OG *selb*)

한편 위에서 보았던 인칭대명사나 관사류는 구조적으로 단순구조의 양상을 띠고 있는데 부정대명사 및 재귀사는 복합구조를 띠는 경우가 있다는 것이 특징이다. 이는 전자가 더 기초어휘에 속한다는 뜻이 될 것이다. 반면 후자는 의미적으로 이미 복합어적인 성격을 띠기

때문에 형태적으로도 복합구조로 나타날 가능성이 높다. 부정대명사 및 재귀사의 구조를 언어별로 정리하면 (46)과 같다.

(46) 부정대명사 및 재귀사의 구조

(a) 독일어 부정대명사 및 재귀사의 구조

단순구조: man, nichts, etwas, sich, selbst (5개; 71.4%)
복합구조: jemand, niemand (2개; 28.6%)

(b) 영어 부정대명사 및 재귀사의 구조

단순구조: one (1개; 16.7%)
복합구조: nobody, someone, nothing, something, oneself(5개; 83.3%)

(c) 프랑스어 부정대명사 및 재귀사의 구조

단순구조: on, rien, soi(3개; 50%)
복합구조: ne ... personne, quelqu'un, quelque chose(3개; 50%)

여기에서도 역시 독일어는 단순구조가 많고 반대로 영어는 복합구조가 대부분을 차지하고 있다. 이는 독일어에 게르만어 기초어휘가 많이 남아 있으며, 영어의 경우 이후 문법화를 통해 새로운 어휘들로 대체되었다는 뜻이 될 것이다. 프랑스어의 경우 2가지의 구조가 절반씩 차지하고 있는데 복합구조 표현들은 라틴어 해당표현과는 관계없이 나중에 문법화된 것으로 보인다.[63)]

63) 이들에 대한 라틴어 표현은 다음과 같다: neminem('nobody'), aliquis('someone'), aliquid('something')(Google English-Latin 사전 참조).

4) 의문사

독일어, 영어, 프랑스어 의문사의 형태를 정리하면 (47)과 같다. 이들 역시 현재 상태에서 얼핏 보아도 영어와 독일어가 같은 기원이라고 짐작된다. 영어 의문사 표현들의 기원을 정리하면 (48)과 같으며 예상했던 대로 모두 게르만어 기원이다.[64)]

(47) 독일어, 영어, 프랑스어의 의문사

wann	when	quand
warum	why	pourquoi
was	what	quoi
welch	which	quel
wer	who	qui
wie	how	comment
wie viel	how much/many	combien
wo	where	où
wohin	where	où
woher	from where	d'où

(48) 영어 의문사의 어원

what	OE *hwæt*	OG *hwaȝ*	NG *was*
when	OE *hwenne*	OG *wenne*	NG *wann*
where	OE *hwǣr*	OG *hwār*	NG *wo*
which	OE *hwilċ*	OG *hwelīh*	NG *welch*
who	OE *hwā*	OG *hwer*	NG *wer*
why	OE *hwȳ*		
how	OE *hū*	OG *wuo*	NG *wie*

64) 'from, many, much'의 어원은 위에서 이미 게르만어 기원으로 확인한 바 있다.

구조적으로 보면 단일 의문사라고 볼 수 없는 'how many(much), from where'를 제외하면 영어의 의문사가 모두 단순구조이고 독일어와 프랑스어는 복합구조를 포함하고 있다. 즉 프랑스어는 '어떻게, 왜'가 복합구조로 나타나고 독일어는 '어디로, 왜'가 복합구조로 나타난다. 6가지 기본 의문사 가운데 '누구, 무엇, 어디, 언제'는 세 언어에서 모두 단순구조로 나타나고 '어떻게, 왜'는 복합구조로 나타나는데 이는 문법화 단계에서 구체성과 추상성의 차이로 설명할 수 있겠다. 즉 사람, 사물, 공간은 구체적이고, 시간은 이 보다는 추상적이며, 방법과 이유는 가장 추상적이라고 할 수 있는데 추상적인 개념일수록 문법화가 늦게 일어나는 것이다(Heine et al., 1991, 2.4., 6.4. 참조).

5) 직시어

직시어(deixis)는 대화상황이 주어져야 의미를 파악할 수 있는 표현들을 말하며 대명사나 지시사들도 이 범주에 넣을 수 있는데 이들에 대해서는 이미 별도로 논의하였으므로 이 단락에서는 직시어에 해당하는 부사류들을 분석하겠다. 직시어는 시간 직시어, 공간 직시어, 방법 직시어 등으로 나눌 수 있다. 먼저 세 언어의 주요 시간 직시어들을 정리하면 (49)와 같으며 영어 시간 직시어들의 어원은 (50)과 같다. 영어의 시간 직시어들도 'immediately'를 제외하면 모두 게르만어 기원이다. 이는 가장 주변적인 직시어로서 중심적인 직시어들에 비해 그만큼 쉽게 다른 말로 대치될 수 있다는 뜻일 것이다. 이에 해당하는 독일어 'sofort'도 복합구조라는 특징이 있다. 이 역시 주변적인 직시어라는 점과 연관이 있을 것이다.

(49) 독일어, 영어, 프랑스어의 주요 시간 직시어

heute	today	aujourd'hui
gestern	yesterday	hier
morgen	tomorrow	demain
jetzt	now	maintenant
nun	now	maintenant
dann	then	puis
damals	then	alors
bald	soon	bientôt
vorher	before	auparavant
später	later	ultérieur
sofort	immediately	immédiatement

(50) 영어 시간 직시어의 어원

today	to(OE *tō* OG *zuo*)[65] + day(OE *dæġ* OG *tac* NG *Tag*)
yesterday	yester(OE *ġeostran* OG *gesterēn* NG *gestern*) + day
tomorrow	to(OE *tō* OG *zuo*) + morrow(OE *morgen* OG *morgan* NG *morgen*)
now	OE *nū* OG *nū* NG *nun*[66]
then	OE *þænne* OG *danne* NG *dann*
soon	OE *sōna* OG *sāno*
before	be('by') + fore(OE *fore*, cf. NG *vor*)
later	'late'(OE *læt* OG *laz*)
immediately	프랑스어 *immédiatement* 참조

세 언어의 시간 직시어를 구조면에서 분석하면 (51)과 같다. 이에 따르면 독일어가 역시 단순구조가 많고 영어와 프랑스어는 복합구조가

65) 여기서 'to'는 시간적 의미로 쓰였다. 현대 영어에서는 'to'가 시간적 의미로 거의 쓰이지 않지만 현대 독일어에서는 'zu'(to)가 시간적 의미로 쓰이고 있다.

66) 현대 독일어에서 부사에 /-n/을 붙이는 일이 많다((52) 참조).

많다. 영어의 직시어들은 대부분 게르만어 기원이기는 하지만 구조면에서는 복합구조가 우세하다. 이 가운데 'today, yesterday, tomorrow'는 2개의 단어가 결합된 것이라는 것을 쉽게 알 수 있으며 이는 단순구조로 나타나는 독일어의 대응표현들보다 나중에 문법화 된 것이라고 볼 수 있다.

(51) 시간 직시어의 구조

(a) 독일어 시간 직시어의 구조

단순구조: heute, gestern, morgen, jetzt, nun, dann, damals, bald, später (9개; 81.8%)
복합구조: vorher, sofort (2개: 18.2%)

(b) 영어 시간 직시어의 구조

단순구조: now, then, soon, later (4개; 44.4%)
복합구조: today, yesterday, tomorrow, before, immediately (5개; 55.6%)

(c) 프랑스어 시간 직시어의 구조

단순구조: hier, ultérieur, puis (3개; 30%)
복합구조: alors, aujourd'hui, auparavant, bientôt, demain, immédiatement, maintenant (7개; 70%)[67]

---

67) 프랑스어 복합구조의 기원을 보면 다음과 같다: alors(< à + illā + hōra; at that time), aujourd'hui(< au + jour d'hui; at the day of today), demain(< de mane; of morning), maintenant(< manu tenente; in the hand grip), bientôt(< bien + tôt; good early), auparavant(< au + par + avant; at before), immédiatement(< im + médiate

세 언어의 주요 공간 직시어들을 정리하면 (52)와 같으며 영어 시간 직시어들의 어원은 (53)과 같다. 공간 직시어들도 역시 독일어와 영어가 가깝다. 즉 영어의 공간 직시어 가운데 'at the front'를 제외하면 모두 게르만어 기원으로 확인되었다. 엄밀히 말하면 이 표현은 어휘의 결합구조이며 아직 완전한 문법소라고 보기는 어렵다. 독일어에서는 '장소적인 앞'을 나타낼 때 장소 전치사 'vor'(before)와 같은 어원인 직시사(부사) 'vorn'을 사용하는데 영어에서는 이에 해당하는 표현 'before'가 주로 시간 개념으로 쓰이면서 장소 개념을 위해서는 프랑스어의 'front'를 빌려서 사용한 것이다. 즉 영어에서 'before'는 문법화 과정에서 시간 개념으로 특화되었고 공간 개념을 위해서는 '(at the) front'가 새로 쓰이기 시작한 것이다. 이 표현은 장차 'at front'와 같이 관사 생략 단계를 거쳐 하나의 단어로 발전할 수도 있을 것이다.

(52) 공간 및 방법 직시어

hier	here	ici
dort	there	là
da	there	là
oben	above	ci-dessus
hinten	behind	derriére
vorn	ahead, at the front	devant
unten	below	ci-dessous
rechts	right	droit
links	left	gauche
so	so	si

+ ment; not indirectly).

(53) 영어 공간 직시어의 기원

above	게르만어 기원, (6) 참조
ahead	a-(OE *on*) + head(OE *hēafod* OG *houbit*)
at the front	front(OF *front*)
behind	게르만어 기원, (6) 참조
below	게르만어 기원, (6) 참조
here	OE *hēr* OG *hiar*
left	OE *lyft* ME *lift, left*
right	OE *riht* OG *reht*
so	OE *swa* OG *suo*
there	OE *þǣr* OG *dār* NG *da*

공간 직시어들의 구조 역시 시간 직시어와 비슷하게 독일어는 모두 단순구조이고 영어와 프랑스어에는 복합구조가 많이 포함되어 있다. 즉 독일어에서는 이 직시어들이 모두 기본어휘로 되어 있고 영어와 프랑스어에는 파생어휘가 상당수 포함되어 있는 것이다. 자세한 분석 결과는 (54)와 같다.

(54) 공간 직시어의 구조

(a) 독일어 공간 직시어의 구조

단순구조: da, dort, hier, hinten, links, oben, rechts, so, unten, vorn (10개; 100%)
복합구조: 없음 (0개: 0%)

(b) 영어 공간 직시어의 구조

단순구조: here, left, right, so, there (5개; 50%)
복합구조: above, ahead, at the front, behind, below (5개; 50%)

(c) 프랑스어 공간 직시어의 구조

단순구조: droit, gauche, ici, là, si (5개; 55.5%)
복합구조: ci-dessous, ci-dessus, derriére, devant (4개; 44.5%)[68]

6) 양상조동사(modal auxiliaries)

양상조동사란 영어의 'can, may, must' 등의 조동사들을 말하며 이에 대해서는 2.9. 단락에서 이미 자세히 논의한 바 있다. 형태와 관련해서 이를 다시 간단히 요약하면 다음과 같다. 이들은 게르만어에 나타난 특징적인 어류이며 로만스어에는 없는 현상이다. 우선 세 언어에 나타난 대응표현들을 보면 (55)와 같다. 영어의 형태는 독일어 3인칭 단수현재형과 비슷하다.[69]

(55) 독일어 양상조동사와 대응표현

독일어		영어	프랑스어
기본형	단수 3인칭		
können	kann	can	pouvoir
mögen	mag	may	-
müssen	muss	must	devoir
sollen	soll	shall	-
wollen	will	will	vouloir
dürfen	darf	-	-

68) 프랑스어 복합구조의 기원을 보면 다음과 같다: ci-dessous(< ci + dessous; here under), ci-dessus(< ci + dessus; here over), derriére(< de + rētro; of back), devant(< de + avante; of front).

69) 여기서 'may/mag'은 영어 /y/와 독일어 /g/가 대응되는 경우이며 'day/tag, way/weg, say/sag' 등에서도 같은 음운대응이 나타난다.

독일어의 동사 'dürfen'의 기본의미는 영어의 '허락'을 나타내는 'may'와 같으며 고대 영어에서는 이 표현이 사용되었으나 현대 영어에서는 사용되지 않는다(Birkmann, 1987: 351). 역사적으로 볼 때 위의 게르만어 양상조동사들은 형태면에서 이른바 과거-현재형 동사(preterito-presentia)라는 특수한 동사군을 형성한다(Birkmann, 1987:2). 즉 이들은 원래 과거형이었던 형태를 현재형으로 쓰고 있고, 원래의 현재형은 없어졌으며, 이후 규칙동사의 형태에 맞추어 과거형이 다시 만들어졌다(Birkmann, 1987: 2; Kern & Kurt 1977: 62).

위 2.9.에서 본 것처럼 영어와 독일어의 양상조동사는 형태적인 측면에서 뿐만 아니라 통사적인 측면에서도 일반동사와 구별되는 여러 가지 특징들을 가지고 있다. 반면 프랑스어의 양상조동사는 의미적으로 양상적 성격을 가질 뿐이며 다른 일반동사와 형태·통사적인 면에서 크게 차이를 보이지는 않는다. 이 단락의 주제와 관련해서 보면 기능어에 해당하는 양상조동사의 기원은 영어와 독일어가 모두 같고 프랑스어의 해당 표현들은 이와는 완전히 다른 로만스어적 기원을 갖는다고 하겠다.

3.5.3. 마무리

이상에서 우리는 독일어, 영어, 프랑스어 기능어의 어휘구조를 비교·분석하였다. 역사적으로 영어는 게르만어에서 출발해서 이후 프랑스어의 영향을 받았으며 현대 영어는 오히려 프랑스어에 가깝다고 볼 수 있다. 어휘면에서 보면 영어는 게르만어의 기초어휘 위에 로만스어의 어휘가 두껍게 상층부를 덮고 있는 상황이다. 우리는 대표적인 어휘적 범주인 동사, 명사, 형용사를 대상으로 세 언어를 분석하여 이를 확인한 바 있다.

기능어는 이들과 양상이 약간 다르다. 기능어는 오랜 시간에 걸쳐 문법화된 기초어휘들로서 쉽게 바뀌거나 대체되지 않는 특징이 있다. 이러한 언어적 특성으로 보아 영어의 기능어에 게르만어적인 요소가 강하게 남아 있을 것으로 예상되는데 분석결과는 이 예상과 일치하였다. 인칭대명사, 소유대명사, 의문사, 관사류, 부정대명사, 재귀사, 양상조동사는 모두 영어와 독일어가 같은 기원이었다. 영어의 시간 직시어 9개, 공간 직시어 8개 가운데 각각 1개가 로만스어 기원이었고 나머지는 모두 게르만어 기원이었다. 영어의 접속사 26개 가운데 'because, in case'가 부분적으로 로만스어 기원인 것을 제외하고는 모두 게르만어 기원이었다.

전치사는 양상이 조금 다르다. 즉 전치사는 다른 기능어들과 비교할 때 변화에 보다 수용적인데, 이는 기능어들의 기능성/문법성의 정도와 연관이 있을 것으로 보인다. 기능성/문법성이 높은 범주는 보수적이며 상대적으로 기능성이 낮은 범주는 수용적이라는 뜻이다. 이는 기능범주의 폐쇄성 및 개방성과도 연관이 있을 것이다. 기능범주들이 대개 폐쇄적인데 반해 전치사는 그 가운데서도 가장 개방범주에 가까운 것이다. 전치사 가운데서도 가장 기초어휘라고 볼 수 있는 장소 표현 전치사들은 다른 기능어들과 마찬가지로 보수적이다. 이에 해당하는 22개 영어 전치사 표현 가운데 1개만 로만스어 기원이었다. 방향과, 출처를 주로 나타내는 독일어 여격전치사의 대응표현은 영어에 19개로 나타나는데, 이 가운데 12개(63%)만 게르만어 기원이고 7개(37%)는 로만스어 기원이었다. 독일어 대격전치사의 영어 대응표현은 13개이며 이 가운데 10개(77%)가 게르만 기원이고 3개(23%)는 로만스어 기원이었다. 독일어 속격 전치사의 영어 대응표현은 7개인데 이 가운데 3개는 게르만어 기원, 3개는 로만스어 기원, 나머지 1개는 두 계열이 혼합된 것이다.

어휘구조 면에서 보면 전체적으로 독일어의 기능어가 가장 보수적이고 프랑스어는 라틴어에서 넘어오는 과정에서 변화가 아주 심하게 일어났으며 영어는 그 사이에 끼어 있다. 즉 독일어의 기능어들은 오랜 시간에 걸쳐 문법화된 게르만어 단일구조 표현들을 잘 보존하고 있으며 프랑스어는 라틴어에서 넘어오면서 많은 문법화가 일어나 비교적 늦게 발달한 복합구조 표현들이 많다. 역사적으로 이 두 언어의 영향을 받은 영어는 기능어의 구조에서도 이 두 언어의 특징이 혼합된 양상을 보인다. 영어 기능어를 문법 범주별로 보면 전치사가 변화에서 가장 수용적이었고 다음으로 접속사와 직시어가 약간의 유연성을 보였으며 대명사, 의문사, 관사류, 양상조동사는 가장 보수적인 경향을 보였다.

참고문헌 및 관련자료

강성영(1981), Verbes modaux의 통사적 특징과 공기제약의 문제. 불어불문학 연구 16. 5-15.

김명숙(2001), 영어의 음 변화. 서울: 도서출판 하우.

김방한(1983), 한국어의 계통. 서울: 민음사.

김방한(1988), 역사-비교언어학. 서울: 민음사.

김 순(2004), 독일어 영어 불어 한국어의 부치사 비교 연구. 전남대학교 석사학위 논문.

김순임(2016), 독일어, 영어, 불어의 명사구조 비교연구. 용봉인문논총 49. 41-80.

김순임(2017), 독일어와 영어 명사 구조 비교. 독일언어문학 77. 99-128.

김순임·송경안(1998), 독일어·영어 동사구조 및 형태의 통계적 비교. 외국어로서의 독일어 3. 314-337.

김영모(2008), 고대 프랑스어 연구. 서울: 도서출판 만남.

노윤채(2005), 대학 프랑스어 문법. 서울: 신아사.

미야자키 마사카쓰/노은주(역)(2004), 지도로 보는 세계사. 서울: 이다미디어.

박영배(2000), 영어사. 서울: 한국문화사.

서정철·강주헌·김용숙·원유상(1989), 현대 불어학개론. 서울: 신아사.

서정철·이창순(2010), 새로운 표준 프랑스어 문법. 서울: 신아사.

성염(1994), 고전 라틴어. 서울: 바오로딸.

송경안(1981), 독일어 어순의 일반화를 위하여. 용봉논총 11. 81-90.

송경안(1995/2011), 독일어의 새로운 이해. 서울: 신아사.

송경안(2008), 재귀구문의 유형론. 송경안·이기갑 외, 언어유형론 1. 서울: 월인.

송경안(2012), 청지-회지간 역동과 유럽언어 대명사의 변화. 언어학 20:2. 61-80.

송경안(2015), 독일어, 영어, 프랑스어 기능어의 어휘구조 대조연구. 언어학 23:1. 107-138.

송경안(2019), 언어의 유형과 한국어 그리고 영어. 서울: 역락.

송경안·김순임(1998), 독일어, 영어, 불어의 조동사 비교연구. 독일언어문학 9. 97-133.

송경안·김순임(2000), 독일어, 영어, 불어의 동사구조 비교연구. 독일언어문학 13. 1-19.

송경안·김순임(2019). 독일어, 영어, 불어의 형용사 어휘 대조연구. 독어교육 74. 29-54.

송경안·박은경·황금연·김은영·양미애·김백승(2015), 언어의 이해. 서울: 신아사.

송경안·이기갑 외(2008), 언어유형론 2. 서울: 월인출판사.

송경안·조동섭(1999), 독일어 전치사의 격지배 교육을 위하여. 독일언어문학 12. 1-18

안기섭·송진희(2008), 중국어의 보조동사. 송경안·이기갑 외, 언어유형론 3. 서울: 월인.

이경자·박찬훈(2012), 누보 프랑스어 문법. 서울: 도서출판 Fides.

이성하(1998), 문법화의 이해. 서울: 한국문화사.

이숙현(2004), 불어의 문장 유형. 전남대학교 언어유형론 세미나 발표자료.

이숙현(2005), 프랑스어의 재귀구문. 전남대학교 언어유형론 세미나 발표자료.

이숙현·심을식(2008a), 프랑스어의 어순. 송경안·이기갑 외, 언어유형론 1. 서울: 월인.

이숙현·심을식(2008b), 프랑스어의 재귀구문. 송경안·이기갑 외. 언어유형론 2. 서울: 월인.

이숙현·심을식(2008c), 프랑스어의 문장유형. 송경안·이기갑 외, 언어유형론 1. 서울: 월인.

이숙현·심을식(2008d), 프랑스어의 수동태. 송경안·이기갑 외. 언어유형론 3. 서울: 월인.

이숙현·심을식(2008e), 프랑스어의 접속표현. 송경안·이기갑 외. 언어유형론 2. 서울: 월인.

이정민·배영남·김용석(2000), 언어학사전(개정증보판). 서울: 박영사.

이충회·김원필(2008), 스페인어의 시제와 상. 송경안·이기갑 외, 언어유형론 3. 서울: 월인.

이환묵(1999), 영어전통문법론. 서울: 아르케.

임혜순(1995), 영어의 인칭대명사 변화. 언어학 17:1. 337-351.

장려용(2016), 한국어·중국어·영어 접속표현의 유형론적 대조연구. 전남대학교 대학원 박사학위 논문

조경화·송경안(2008), 독일어의 어순. 송경안·이기갑 외, 언어유형론 1. 서울: 월인.

조동섭·송경안(1997), 독일어 동사구조의 통계적 분석. 독일언어문학 7. 94-114.

플라이셔·바르츠(1999), 독일어 조어론의 새로운 이해. 오예옥·유시택·이성만 역. 서울: 한국문화사.

허성태·임흥수(2008), 러시아어의 문장유형. 송경안·이기갑 외, 언어유형론 1. 서울: 월인.

홍재성(2003), 불·한 형용사 어휘 대조 연구 서설 – 관계형용사의 경우를 중심으로 – 인문논총 48. 27-54. (서울대 인문학연구원).

홍재성·김현권(2013), 프랑스어학의 이해. 서울: 한국방송통신대학교출판문화원

Nguyen Bao Yen(2018), 한국어와 베트남어 어순의 유형론적 대조연구. 전남대학교 석사학위 논문.

Alexander, L. G.(1992), Longman English Grammar. London: Longman.

Anderson, J. M.(2000), Auxiliary. In: Booij, Geert, Christian Lehmann & Joachim Mugdan(eds.), Morphologie: ein internationales Handbuch zur Flexion und Wortbildung. Berlin: Walter de Gruyter. 808-820.

Aronstein, Ph.(1925), Englishe Wortkunde. Leipzig: Teubner.

Baker, M.(2003), Lexical Categories. Cambridge: The Cambridge University Press.

Baugh, A. & T. Cable(2002), A History of the English Language. 5th edition. London: Routledge

Bausch, K.-R. & M. Heid(eds.)(1992), Das Lernen und Lehren von Deutsch als zweiter oder weiterer Fremdsprache. Bochum: Dr. N. Brockmeyer.

Bech, G.(1951), Grundzüge der semantischen Entwicklungsgeschichte der hochdeutschen Modalverba. Det Kong. Danske Vidensk. Selskab., Hist.-filol. Meddel. 32:6. København.

Behaghel, O.(1923), Deutsche Syntax. Bd. 1. Heidelberg: Carl Winter.

Bierwisch, M.(1963), Grammatik des deutschen Verbs. Studia Grammatica II. Berlin: Akademie Verlag.

Birkmann, Th.(1987), Präteritopäsentia. Tübingen: Niemeyer.

Bisang, W.(2011), Word Classes, In: Song, J.-J. (ed.), The Oxford Handbook of Linguistic Typology. Oxford: Oxford University Press. 280-302.

Boland, A.(2006), Aspect, Tense and Modality: Theory, Typology, Acquisition. Vol. 1. Utrecht: LOT.

Bouma, L.(1973), The Semantics of the Modal Auxiliaries in Contemporary German. The Hague: Mouton.

Bouma, L.(1975), On contrasting the semantics of the modal auxiliaries of German and English. Lingua 37. 313-339.

Brünner, G. & A. Redder(1983), Studien zur Verwendung der Modalverben. Tübingen: Gunter Narr.

Buscha, J. (1995), Lexikon deutscher Konjunktionen. Berlin: Langenscheidt.

Buscha, J.,G. Heinrich & I. Zoch(1971), Modalverben.Leipzig: Enzyklopädie.

Bußmann, H. (hrsg.)(2002), Lexikon der Sprachwissenschaft. Stuttgart: Kröner.

Coates, J.(1983), The Semantics of the Modal Auxiliaries. London: Croom Helm.

Collins Dictionary German-English/English-German(1980), London: Collins.

Comrie, B.(1976), Aspect. Cambridge: Cambridge University Press.

Curme, G.(1931), Syntax: A Grammar of the English Language. London: Heath & Co.

Dauzat, A., J. Dubois & H. Mitterand(1992), Nouveau Dictionnaire Étymologique et Historique. Paris: Librairie Larousse.

Dixon, R. M. W.(2012), Basic Linguistic Theory. Vol. 3. Oxford: Oxford University Press.

Dryer, M.(2005), Order of subject, object and verb. In: Haspelmath, M., M. Dryer, D. Gil & B. Comrie(eds.), The World Atlas of Language Structures. Oxford: Oxford University Press. 330-333.

Duden(1984), Grammatik der deutschen Sprache. Duden Bd. 4. Mannheim: Bibliographisches Institut.

Engel, U.(1988), Deutsche Grammatik. Heidelberg: Julius Groos.

Erben, J.(1980), Deutsche Grammatik, Ein Abriß. 12. Aufl. München: Hueber.

Faltz, L. M.(1977/1985), Reflexivization: a Study in Universal Syntax. Dissertation of University of California. (Published by Garland Publishin Co., New York, 1985)

Finkenstaedt, T., W. Herget, H. Neihaus & D. Wolff(1973), Ordered Profusion: Studies in Dictionaries and the English Lexicon. Heidelberg: Carl Winter.

Fischer, H.-D. & H. Uerpmann(1992), Einführung in die deutsche Sprachwissenschaft. München: Ehrenwirth.

Flämig, W.(1991), Grammatik des Deutschen. Berlin: Akademie Verlag.

Fleischer, W. & B. Irmgard(1992), Wortbildung der deutschen Gegenwartssprache. Tübingen: Niemeyer.

Forstreuter, E. & E.-M. Kurt(1980), Die Präpositionen. Leipzig: Verlag Enzyklopädie.

Geniušienė, E.(1987), The Typology of Reflexives. Berlin: Mouton de

Gruyter.
Glück, H. (ed.)(1993), Metzler Lexikon Sprache. Stuttgart: Metzler.
Goursau, H. & M. Goursau(1991), Europäisches Wörterbuch. München: Orbis.
Greenbaum, S. & R. Quirk(1990), A Student's Grammar of the English Language. London: Longman.
Greenberg, J.(1991), The last stages of grammatical elements: contractive and desemanticization. In: Traugott, E. C. & B. Heine(eds.), Approaches to Grammaticalization Vol. 2. Amsterdam: John Benjamins. 301-314.
Grevisse, M.(1993), Le Bon Usage. Grammaire Française. Paris/Louvain-la-Neuve: Duculot.
Grimm, J.(1898), Deutsche Grammatik 4.1. Hildesheim: Olms-Weidmann.
Günther, Britta & H. Günther(2007), Erstsprache, Zweitsprache, Fremdsprache: Eine Einführung. Weinheim/ Basel: Beltz.
Hammerich, L. L.(1960), Über die Modalverben der neugermanischen Sprachen. Zeitschrift für deutsche Wortforschung 16. 47-70.
Harley, H.(2005), The English Words. Oxford: Basil Blackwell.
Heine, B.(1993), Auxiliaries: Cognitive Forces and Grammaticalization. Oxford: Oxford University Press.
Heine, B.(1995), Agent-oriented vs. epistemic modality. Some observations on German modals. In: Bybee, J. & S. Fleischman(eds.), Modality in Grammar and Discourse. Amsterdam: John Benjamins Publishing Co. 17-54.
Heine, B.(1997), Possession: Cognitive Sources, Forces and Grammaticalization. Cambridge: Cambridge University Press.
Heine, B.(2003), Grammaticalization. In: Joseph, B. & R. Janda(eds.), The Handbook of Historical Linguistics. Oxford: Basil Blackwell. 575-601.
Heine, B(2004), Reflexive constructions in a typological perspective. Paper

presented in the Language Typology Workshop at Chonnam National University. Oct. 18-21.

Heine, B., U. Claudi & F. Hünnemeyer(1991). From cognition to grammar: Evidence from African languages. In: Traugott, E. C. & B. Heine(eds.), Approaches to Grammaticalization. Vol. 1. Amsterdam/ Philadelphia: John Benjamins. 149-187.

Helbig, G. & J. Buscha(1996), Deutsche Grammatik. Leipzig: Langenscheidt.

Hoad, T. F.(1986), The Concise Oxford Dictionary of English Etymology. Oxford: Oxford University Press.

Hoffmann, L. (ed.) (2007), Handbuch der deutschen Wortarten. Berlin: Walter de Gruyter.

Hopper, P. & E. C. Traugott(1993), Grammaticalization. Cambridge: Cambridge University Press.

Huddleston, R. & G. Pullum(2002), The Cambridge Grammar of the English Language. Cambridge: Cambridge University Press.

Hufeisen, B.(1991), Englisch als erste und Deutsch als zweite Fremdsprache. Frankfurt a.M.: Peter Lang.

Hughes, G.(2000), A History of English Words. Oxford: Basil Blackwell.

Jakobson, R.(1971), Selected Writings. Vol. 2. The Hague: Mouton.

Jespersen, O.(1909). Modern English Grammar. Part 1: Sounds and Spellings. London: Allen & Unwin.

Jespersen, O.(1924), The Philosophy of Grammar. London: Allen & Unwin.

Jespersen, O.(1933), Essentials of English Grammar. London: Allen & Unwin.

Joos, M.(1964), The English Verb. Madison, Wisconsin: The University of Wisconsin Press.

Keenan, E.(1985). Relative clauses. In: T. Shopen(ed.), Language Typology and Syntactic Description II. Cambridge: Cambridge University

Press. 141-170.

Keenan, E. & M. Dryer(2007), Passive in the world's languages. In: Shopen, T.(ed.), Language Typology and Syntactic Description I. (second edition). Cambridge: Cambridge University Press. 325-361.

Kern, P. & H. Kurt(1977), Geschichte der deutschen Flexionssystems. Tübingen: Niemeyer.

Kluge, F.(1899/1989), Etymologisches Wörterbuch der Deutschen Sprache. Berlin: Walter de Gruyter.

König, E.(1970), Syntax und Semantik der Modalverben im Englischen. Linguistik und Didaktik 3. 240-244.

König, E. & P. Siemund(2000), Intensifier and reflexives: A typological perspective, In: Frajzyngier, Z. & T. Curl (eds.), Reciprocals: Forms and Functions. Amsterdam: John Benjamins. 41-74.

Körting, G.(1908), Etymologisches Wörterbuch der Französischen Sprache. Paderborn: Ferdinand Schöningh Verlag. (internetversion: http://books.google.com.)

Kuno, S(1973), The Structure of the Japanese Language. Cambridge, Mass.: MIT Press.

Kurylowicz, J.(1975), The evolution of grammatical categories. Esquisses Linguistiques II. München: Wilhelm Fink Verlag. 38-54.

Kuteva, T.(2001), Auxiliation: An Enquiry in the Nature of Grammaticalization. Oxford: Oxford University Press.

Le Robert(1992), Dictionnaire Historigque de la Langague Française. (sous direction de Alain Rey.) Paris: Le Robert.

Levinson, S. C.(1983), Pragmatics. Cambridge: Cambridge University Press.

Marchand, H.(1969), The Catgories and Types of Present-Day English Word-Formation. A Synchronic-Diachronic Approach. München: Beck.

McKnight, G. H.(1923), English Words and Their Background. New York/

London: D. Appleton and Co.

Nehls, D.(1986), Semantik und Syntax des englischen Verbs. Teil 2. Die Modalverben. Heidelberg: Groos.

Neuner, G.(1996), Deutsch als zweite Fremdsprache nach Englisch-Überlegungen zur Didaktik und Methodik und zur Lehrmaterialentwicklung für die Drittsprache Deutsch. Deutsch als Fremdsprache 4. 211-217.

Neuner, G., B. Hufeisen, A. Kursisa, N. Marx, U. Koithan, S. Erlenwein(eds.) (2009), Deutsch als zweite Fremdsprache. Stuttgart: Klett-Langenscheidt.

Orbis(1988),Wörterbuch Französisch-Deutsch/Deutsch-Französisch. München: Orbis.

Orbis(1992), Wörterbuch Englisch-Deutsch/Deutsch-Englisch. München: Orbis.

Palmer, F. R.(1979), Modality and the English Modals. London: Longman.

Palmer, F. R.(1987), The English verb. London: Longman.

Payne, J. R.(1985), Negation. In: Shopen, T.(ed.), Language Typology and Syntactic Description I. Cambridge: Cambridge University Press. 197–242

Perkins, M. R.(1984), Modal Expressions in English. London: Frances Finter.

Picoche, J.(1992), Dictionnaire Éttymologique du Français. Paris: Les Usuels.

Pisani, V.(1966), Entstehung von Einzelsprachen aus Sprachbünden. Kratylos 11. 125-142.

Plag, I.(2003), Word-Formation in English. Cambridge: Cambridge University Press.

Postal, P.(1986), Studies of Passive Clauses. Albany: State University of New York Press.

Quirk, R., S. Greenbaum, G. Leech & J. Svartvik(1985), A Comprehensive

Grammar of the English Language. London: Longman.

Ramat, P.(1971), Die Analyse eines morphosemantischen Feldes: die germanischen Modalverben. Indogermanische Forschungen 76. 174-203.

Riegel, M. & J.-Ch. Pellat & R. Rioul(1996), Grammaire méthodique du français. Paris: Presses Universitaires de France.

Ruoff, A.(1990), Häufigkeitswörterbuch gesprochener Sprache. Tübingen: Niemeyer.

Saltveit, L.(1978), Some modal features common to English, German, and Scandinavian. In: Jazayery, M. A., E. C. Polome & W. Winter (eds.), Linguistic and Literary Studies. The Hague: Mouton Publishers. 119-207.

Sasse, H.-J.(1993), Syntactic categories and subcategories. In: Jacobs, J., A. v. Stechow, W. Sternefeld & T. Vennemann(eds.), Syntax: An International Handbook. Berlin: Walter de Gruyter. 646-685.

Schachter, P.(1985/2008), Parts-of-speech system. In: Shopen, T.(ed.), Language Typology and Syntactic Description I. Cambridge: The Cambridge University Press. 1-60.

Scheler, M.(1977), Der englische Wortschatz. Berlin: Erich Schmidt.

Schnur, M.(1977), Das deutsche und das französische System der modalen Hilfsverben. In: Baldinger, K.(ed.), Zeitschrift für romanische Philologie. Bd. 93. 276-293.

Schröder, J.(1986), Lexikon deutscher Präpositionen. Leipzig: Verlag Enzyklopädie.

Schulz, D. & H. Griesbach(1982), Grammatik der deutschen Sprache. München: Max Hueber.

Sčur, G. S.(1972), Über das vergleichende Studium der infiniten Formen der Modalverben in den neugermanischen Sprachen. Bulletin International de Documentation Linguistique 21:1. 395-416.

Shipley, J.(1984), The Origins of English Words. Baltimore: The Johns

Hopkins University Press.

Siemund, P.(2001). Interrogative constructions. In: Haspelmath, M., E. König, W. Oesterreicher & W. Raible(eds.), Language Typology and Language Universals. Handbücher zur Sprachund Kommunikationswissenschaft 20.2. Berlin: Walter de Gruyter. 1010-1027.

Siewierska, A.(1984), The Passive: A Comparative Linguistic Analysis. London: Croom Helm.

Sommerfeldt, K.-E. & G. Starke(1992), Einführung in die Grammatik der deutschen Gegenwartsprache. Tübingen: Niemeyer.

Standwell, G. J. B.(1979), A Contrastive Study of the Modals in English and German. IRAL 17:3. 251-265.

Steele, S.(1978), The Category AUX as a Language Universal. In: Greenberg, Joseph, Charles A. Ferguson & Edith A. Moravcsik(1978), Universals of Human Language. Vol. 4. California: Stanford University Press. 7-46.

Stein, G.(1979), Studies in the Function of the Passive. Tübingen: Gunter Narr.

Stockwell, R. & D. Minkova(2001), English Words: History and Structure. Cambridge: Cambridge University Press.

The Shorter Oxord English Dictionary on Historical Principles(1980), Prepared by William Little et al., Revised & edited by C. T. Onions. Oxford: Clarendon Press.

Thiele, J.(1993), Wortbildung der französischen Gegenwartssprache. München/Berlin: Langenscheidt/Enzyklopädie.

Tierzc, G. O. A.(1974), Einführung in die Wortbildung des heutigen Englisch. Typen und Prozesse. Tübingen: Niemeyer.

Trubetzkoy, N.(1936), Gedanken über das Indogermanenproblem. Acta Linguistica 1. 81-89. (Copenhagen)

Ultan, R.(1978). Some general characteristics of interrogative systems. In: Greenberg, J., Ch. A. Ferguson & E. A. Maravcsik(eds.), Universals of Human Language. Vol. 4. Califonia: Stanford University Press. 211-248.

Wandruszka, M.(1969), Sprachen. Vergleichbar und Unvergleichbar. München: R. Piper & Co. 403-425.

Welke, K.(1965), Untersuchungen zum System der Modalverben in der deutschen Sprache der Gegenwart. Berlin: Akademie Verlag.

Wurzel, W. U.(1984), Flexionsmorphologie und Natürlichkeit. Studia Grammatica 21. Berlin: Akademie Verlag.

Zandvoort, R. W.(1957), A Handbook of English Grammar. London: Longman.

[인터넷 자료]

[1] https://en.wikipedia.org/wiki/List_of_ancient_peoples_of_Italy

[2] https://en.wikipedia.org/wiki/Basque_language#Grammar

[3] https://en.wikipedia.org/ ⇒ verb-subject-object

[4] https://ko.wikipedia.org/wiki/ ⇒ 앵글로 색슨인

[5] http://laoslove.tistory.com/125

[6] https://www.etymonline.com/word/gerund#etymonline_v_6045

[7] http://www.laurenceanthony.net/software/antconc/

[8] http://www.etymonline.com/index.php

[9] http://www.dwds.de/?view=1&qu=Konfrontation;

[10] http://dictionary.reference.com/browse/confrontation

[11] http://www.dictionary.com/browse/-ment?s=t

* 이 인터넷 자료는 이 책 집필 당시의 자료이며 이후 자료가 바뀔 수도 있다.

부록: 『유럽어 사전』 영/독/프 항목 [A] 부분 발췌

영어	독일어	프랑스어
a, an	ein, e	un, e
abandon, leave	preisgeben, aufgeben	abandonner
abbey	Abtei(f)	abbaye
abbrevtion	Abkürzung(f)(Wort)	abréviation
abdicate	abdanken	abdiquer
abdomen	Unterleib(m)	abdomen
ability, aptitude	Fähigkeit(f)	aptitude
ability, skill	Geschicklichkeit(f)	habileté
able to(be)	fähig	capable de
able, qualified	fähig, tauglich	apte, compétent
aboard	an Bord	á bord
abolish	abschaffen	abolir
abort	abtreiben	avorter
abortion	Abtreibung(f)	avortement
about	ungefähr	environ
above	oben(-stehend)	ci-dessus
above	über	au-dessus
above all	besonders	surtout
above, on, over	über	dessus(au-, par-)
abroad	Ausland(im)	étranger(à l')
abrupt, sudden	brüsk	brusque
abscess(-es)	Geschwür(n)	abcés
absent	abwesend	absent, e
absent-minded	zerstreut	distrait, e
absolute	unbedingt	absolu, e
absolutely	unbedingt, absolut	absolument
absorb	verzehren	absorber

영어	독일어	프랑스어
absorb, cushion	dämpfen	amortir
abstract	abstrakt	abstrait, e
absurd	unsinnig	absurde
abundance	Überfluß(m)	abondance
abuse, misuse	Mißbrauch(m)	abus
academic	Universität-	universitaire
academy	Akademie(f)	académie
accede to	gelangen zu/kommen an	accéder
accelerate	beschleunigen	accélérer
accent	Akzent(m), Tonfall(m)	accent
accent	Akzent(m)	accent(')
accept, agree	akzeptieren, annehmen	accepter
accept, approve	genehmigen, zulassen	agréer
access	Zugang(m)	accès
accessible	zugänglich	accessible
accessory	Zubehör(n)	accessoire
accident	Unfall(m)	accident
accommodate	unterbringen	loger
accommodation	Unterbringung(f)	hébergement
accommodation	Wohnung(f)	logement
accompany	begleiten	accompagner
accomplice	Komplize(m), Komplizin	complice
accomplish	vollführen	accomplir
according to	gemäß	selon
account	Konto(n)	compte
account	Rechnung(f)	compte
accountancy	Buchhaltung(f)	comptabilité
accountant	Buchhalter(in)(m, f)	comptable
accumulate	anhäufen	accumuler
accumulate	anhäufen	cumuler

영어	독일어	프랑스어
accuracy	Genauigkeit(f)	exactitude
accusation, charge	Anklage(f)	accusation
accuse	anklagen	accuser
accused(the)	Angeklagte(r)(f, m)	accusé, e
accused(the)	Angeklagte(r)(f, m)	inculpé, e
ache, hurt	weh tun, schmerzen	mal(faire)
ache, pain	Schmerz(m), Weh(n)	mal
achieve	erringen	remporter, gagner
achieve	vollbringen	accomplir
acid	Säure(f)	acide
acoustics	Akustik(f)	acoustique
acquire	erwerben, erlangen	acquérir
acquired	erworben	acquis, e
acrobat	Akrobat(in)(m, f)	acrobate
acrobatics, stunts	Akrobatik(f)	acrobatie
across, through	durch	travers(à)
acrylic	Akryl(n)	acrylque
act	handeln	agir
act	spielen	jouer
action	Vorgehen(n), Handlung	action
action, act	Handlung(f)	acte
activate	beschleunigen	activer
active	aktiv, tatkräftig	activ, ive
activity	Tätigkeit(f)	activité
actor, actress	Schauspieler(in)(m, f)	acteur, actrice
actor, actress	Schauspieler(in)(m, f)	comédien, ne
acupuncture	Akupunktur(f)	acuponcture
adapt(to)	anpassen, sich	adapter(s')
adapt, adjust	anpassen	adapter
adaptation	Anpassung(f)	adaptation

영어	독일어	프랑스어
add	hinzufügen	ajouter
addiction	Abhängigkeit(f)	accoutumance
addition, sum	Addition(f), Summe(f)	addition, somme
additional	hinzugefügt	additionnel, le
additional, extra	zusätzlich	supplementaire
address	Anschrift(f), Adresse	adresse
addressee	Empfänger(in)(m, f)	destinataire
adhesive	klebrig, anhaftend	adhésif, ive
adjective	Adjektiv(n)	adjectif
adjust	einstellen	ajuster
adjust, tune	einstellen	régler
adjustment	Einstellung(f)	réglage
administration	Verwaltung(f)	administration
administrative	Verwaltungs-	adminisstratif, ve
admiral	Admiral(m)	amiral
admiration	Bewunfderung(f)	admiration
admirer, fan	Bewunderer(in)(m, f)	admirateur, trice
admissible	zulässig, annehmbar	admissible
admission	Eintrittskarte(f)	entrée
admission	Zulassung, Einweisung	admission
admit	zugeben, zulassen	admettre
adopt	adotieren	adopter
adorable, lovely	reizend	adorable
adore	anbeten	adorer
adult	Erwachsene(f, m)	adulte
adultery	Ehebruch(m)	adultére
advance	vorangehen, vorrücken	avancer
advance	Vorsprung(m)	avance
advance, move fwd	weitergehen	avancer
advantage	Vorteil(m)	avantage

영어	독일어	프랑스어
adventure	Abenteuer(n)	aventure
adverb	Umstandswort, Adverb	adverbe
adverse, opposing	feindlich, gegnerisch	adverse
advertisement	Reklame(f)	réclame(s), pub
advertising	Werbung(f), Anzeige(f)	publicité
advice	Rat(m)	conseil
advise	beraten	conseiller
advise against	abraten	déconseiller
adviser	Berater(in)(m, f)	conseiller, ére
aerial, air	Luft-	aérien, ne
aerial, antenna(e)	Antenne(f)	antenne
aerogram	Funkspruch(m)	aérogramme
aeronautics	Luftfahrt(f)	aéronautique
aesthetic	ästhetisch	esthétique
affair, matter	Affäre(f), Sache(f)	affaire
affect	rühren	toucher, émouvoir
affection, love	Zuneigung(f)	affection
affectionate	liebevoll	affectueux, se
affinity	Ähnlichkeit(f)	affinité
afford	leisten, sich	permettre(se)
afraid(to be)	Angst(haben)	peur(avoir)
after, afterwards	nach	après
afternoon	Nachmittag(m)	aprés-midi
again	noch einmal	encore
against	gegen, an	contre
against	wider, gegen	contre
age	Alter(n)	âge
agency	Agentur(f), Filiale(f)	agence
agent	Agent(in)(m, f)	agent
aggressive	kriegerisch	belliqueux, se

영어	독일어	프랑스어
agile, nimble	flink	agile
agitation, unrest	Aufregung(f), Unruhe(f)	agitation
ago	vor	il y a
agony	Todeskampf(m), Agonie	agonie
agree	einwilligen	consentir
agree	übereinkommen	convenir
agree	übereinstimmen	accord(être d')
agreement	Einverständnis(n)	accord
agreement	Übereinstimmung(f)	convention
agricultural	landwirtschaftlich	agricole
agriculture	Landwirtschaft(f)	agriculture
ahead	voran, voraus	avant(en)
aim	richten auf	braquer
aim	zielen	viser
aim, purpose	ziel(n)	but
air	Luft(f)	air
air conditioner	Klimaanlage(f)	climatiseur
air, ventilate	lüften	aérer
air-freshener	Deodorant(n)	désodorisant
airport	Flughafen(m)	aéroport
alarm	Alarm(m)	alarme
alarm clock	Wecker(m)	réveil
album	Album(n)	album
alcohol	Alkohol(m)	alcool
alcoholism	Alkoholmißbrauch(m)	alcoolisme
aleatory, uncertain	unsicher, ungewiß	aléatoire
alert	Alarm(m)	alerte
algebra	Algebra(f)	algébre
alibi	Alibi(n)	alibi
alignment	Ausrichtung(f)	alignement

영어	독일어	프랑스어
alive	lebendig	vivant, e
all right, O.K	einverstanden, okay	accord(d')
all(the)	alle	tous
all(the)	alles	tout, e
allergy	Allergie(f)	allergie
alley	Gäschen(n), Gasse(f)	ruelle
alliance	Bündnis(n)	alliance
allocate	zuteilen, bewilligen	allouer
allopathy	Allopathie(f)	allopathie
allow, enable	erlauben	permettre
allowance	beihilfe(f), Zulage(f)	allocation
allowance	Schadenersatz(m)	indemnité
alloy	Legierung(f)	alliage
ally	verbünden	allier
almond	Mandel(f)	amande
almost, nearly	fast	presque
alone	allein	seul, e
along	entlang	long(le)
alphabet	Alphabet(n)	alphabet
already	schon	déjà
also, too, as	auch	aussi
alternate	abwechseln	alterner
alternating(ive)	alternativ	alternatif, ive
although, though	obgleich, obwohl	quoique
altitude, height	Höhe(f)	altitude
aluminium	Aluminium(n)	aluminium
always	immer	touyours
amateur	Amateur	amateur
amaze	entzücken	émerveiller
amazed	verblüfft	stupéfait, e

영어	독일어	프랑스어
ambassador	Botschafter(in)(m, f)	ambasssadeur
ambition	Ehrgeiz(m)	ambition
ambitious	ehrgeizig	ambitieux, se
ambulance	Krankenwagen(m)	ambulance
ambush	Hinterhalt(m)	embuscade
amend	verbessern, ändern	amender
amiguous	zweideutig, mehrdeutig	ambigu, ë
ammunition	Munition(f)	munitions
amnesia	Gedächtnisschwund(m)	amnésie
amnesty	Amnestie(f)	amnistie
among	unter	parmi
amount	Betrag(m)	montant
ample, loose	weit	ample
amplitude	Amplitude(f)	amplitude
amputate	amputieren	amputer
amusement, fun	Vergnügen(n)	amusement
amusing, funny	amüsant, drollig	amusant, e
anaemia	Blutarmut(f)	anémie
anaesthetic	Narkose(f)	anestésie
analogous, similar	analog	analogue
analyse	analysieren	analyser
analysis(ses)	Analyse(f)	analyse
anarchy	Anarchie(f)	anarchie
anatomy	Anatomie(f)	anatomie
ancestor	Ahn(m)	ancêtre
ancestors	Ahnen(pl.)	aïeux
anchor	Anker(m)	ancre
ancient	alt	ancien, ne
and	und	et
anecdote	Anekdote(f)	anecdote

영어	독일어	프랑스어
angel	Engel(m)	ange
anger(be angry)	Wut(f)	colère
angle	Winkel(m)	angle
angling	Angeln(n)	péche
anguish, distress	Angst(f)	angoisse
animal	Tier(n)	animal
animal, beast	Biest(n), Tier(n)	béte
animate	beleben	animer
ankle	Knöchel(m)	cheville
annexe	Anhang(m), Anlage(f)	annexe
annihilate, destroy	vernichten	anéantir
anniversary	Jahrestag(m)	anniversaire
announce	ankündigen	annoncer
annoyance	Verdruß(m)	contrariété
annul	ungültig erklären	annuler
annular, ring-	ringförmig	annulaire
anomaly	Anomalie(f)	anomalie
anonymity	Anonymität	anonymat
anonymous	anonym, unbekannt	anonyme
answer, reply	Antwort(f)	réponse
answer, reply	antworten	répondre
ant	Ameise(f)	fourmi
antibiotic	Antibiotikum(n)	antibiotique
anticeptic	antiseptisch	antiseptique
anticipate	vorgreifen	anticiper
antique shop	Antiquitäten	antiquités
antique, ancient	antik	antique
antiquity	Antiquität(f)	antiquité
anti-theft, lock	Diebstahlsicherung(f)	antivol
anxiety, worry	Sorge(f)	inquiétude

영어	독일어	프랑스어
anxious	ängstlich	anxieux, se
any, whatever	beliebig	quelconque
anyone(who)	jeder	quiconque
aperitif, drink	Apéritif(m)	apéritif
apologize	entschuldigen, sich	excuser(s')
appeal	Berufung(f)	appel
appeal to	Berufung(f), einlegen	recourir á
appeal to, request	ersuchen	solliciter
appear	erscheinen	apparaître
appearance, look	Aussehen(n)	apparence
appetite	Appetit(m)	appétit
applaud, clap	klatschen	applaudir
apple	Apfel(m)	pomme
appliance, device	Apparat(m)	appareil
application	Bewerbung(f)	candidature
application	Bewerbunf(f)	demande(emploi)
apply	anwenden	appliquer
appoint	ernnen	nommer
appoint	ernennen	désigner
appointment	Verabredung(f)	rendez-vous
appreciate	schätzen	apprécier
appreciation	Beurteilung(f)	appréciation
apprehension	Frucht(f)	appréhension
apprenticeship	Lehre(f), Lehrjahr(f)	apprentissage
approach	nähern, sich	approcher(s')
appropriate	passend	adéquat, e
approval, consent	Zustimmung(f)(verbal)	agrément
approve	genehmigen	approuver
approximate	ungefähr	approximatif, ive
April	April(m)	avril

영어	독일어	프랑스어
apron	Schürze(f)	tablier
aquamarine	Aquamarin(m)	aigue-marine
aquarium	Aquarium(n)	aquarium
aquatic	Wasser-	aquatique
arbitrary	willkürlich	arbitraire
arc	Halbkreis(m)	arc
arcade	Passage(f)	galerie
arch	Bogen(m), Gewölbe(n)	arche
archaeology	Archeologie(f)	archéologie
archaic	archaisch	archaïque
arched	krumm, gebeugt	cambré, e
archipelago	Inselgruppe(f)	archipel
architect	Archtekt(in)(m, f)	architecte
architecture	Architektur(f)	architecture
archives	Archiv(n)	archives
area	Bereich(m), Gebiet(n)	aire, zone
area	Oberfläche(f)	superficie
arena	arena(f)	aréne
argue	verhandeln	argumenter
argument	Argument(n)	argument
arid	dürr, trocken	aride
arithmetic	Arithmetik(f)	arithmétique
arm	Arm(m)	bras
arm	Waffe(f)	arme
armament,weapons	Bewaffnung(f)	armement
arm-chair	Sessel(m)	fauteuil
armoured	gepanzert	blindé, e
army	Armee(f)	armée
aroma	Aroma(n)	arôme
around	um	autour

영어	독일어	프랑스어
arrange	arrangieren	arranger
arrange	aufstellen	disposer
arrangement	Abmachung(f)	arrangement
arrangement	Anordnung(f)	disposition
arrangement	Anordnung(f)	arrangement
arrest	Verhaftung(f)	arrestation
arrival	Ankunft(f)	arrivée
arrive, come	ankommen	arriver
arrow	Pfeil(m)	fléche
arsenal, armoury	Arsenal(n)	arsenal
arsticrat	Adlige(f, m)	aristocrate
art	Kunst(f)	art
artery	Ader(f), Arterie(f)	artére
arthritis	Arthrose(f)	arthrose
article	Artikel(m)	article
article	Gesetzeartikel(m)	article
artificial	künstlich	artificiel, le
artificial-, false-	Prothese(f)	prothése
artist	Künstler(in)(m, f)	artiste
as far as	bis	jusqu'à
as soon as	sobald	dès(que)
as, like	wie	comme
ash(es)	Asche(f)	cendre(s)
ashamed(be)	schämen, sich	honte(avoir)
ash-tray	Aschenbecher(m)	cendrier
ask	fragen	demander
ask	fragen	poser(question)
ask(for)	bitten um	réclamer a'
ask(for)	fragen	demander
askew	schief	travers(de)

영어	독일어	프랑스어
asleep	schlafend	endormi, e
aspect	Aussehen(n)	aspect
asphalt, tarmac	Asphalt(m)	bitume
aspirin	Aspirin(n)	aspirine
assault, attack	Angriff(m)	assaut
assemble	versammeln	assembler
assemble	zusammensetzen	assembler
assembly	Montage(f)	assemblage
assert, maintain	behaupten	affirmer
assess	einschätzen	évaluer, estimer
assessment	Einschätzung(f)	évaluation
assessment	Schätzung(f)	évaluation
asset	Trumpf(m), Vorteil(m)	atout, avantage
assign	zuteilen	attribuer
assistance	Hilfe(f)	assistance
assistant	Assistent(in)(m, f)	assistant, e
assistant	Gehilfe(m), Hilfs-	adjoint, e
assistant	Mitarbeiter(in)(m, f)	collaborateur
associate, partner	Teilhaber(in)(m, f)	associé, e
association	Verband(m)	association
assortment, set	Sortiment(n)	assortiment
assume	übernehmen, nehmen	assumer
assured	sicher	assuré, e
asthma	Asthma(n)	asthme
astonish, amaze	überraschen	étonner
astonished(be-)	wundern, sich	étonner(s')
astrology	Astrologie(f)	astrologie
astronaut	Astroaut(m)	cosmonaute
astronautics	Weltraumfahrt(f)	astronautique
astronomy	Astronomie(f)	astronomie

영어	독일어	프랑스어
astute, clever	verschmitzt, schlau	astucieux, se
asylum(political)	Asyl(n)	asile
at, on, near, by	an	á, sur, prés de
at, to	bei	chez
athlete	Athlet(in)(m, f)	athlète
athletics	Leichtathletik(f)	athlétisme
Atlantic	Atlantik(m)	Atlantique
atmosphere	Atmosphäre(f)	atmosphère
atmosphere	Stimmung(f)	ambiance
atoll	Atoll(n)	atoll
atom	Atom(n)	atome
atomic	atomar	atomique
atrocious	grausam	atroce
attach, tie, fasten	festbinden, binden	attacher
attaché	Attaché(m)	attaché, e
attaché-case	Aktenkoffer(m)	attaché-case
attachment	Verbundenheit(f)	attachement
attack	Aggression(f),Angriff(m)	agression
attack	angreifen	attaquer
attack	Angriff(m)	attaque
attack, assault	angreifen	agresser
attacker	Angreifer(in)(m, f)	agresseuer
attain	erlangen, erreichen	arriver(à)
attempt	Versuch(m)	tentative
attempt, attack	Attentat(n)	attentat
attempt, try	versuchen, wagen	tenter
attend	assistieren	assister
attend	beiwohnen	assister
attention	Aufmerksamkeit(f)	attention(àl')
attention	Stillgestanden!	garde-à-vous!

영어	독일어	프랑스어
attentive, careful	aufmerksam	attentif, ive
attenuate	abschwächen, lindern	atténuer
attic, loft	Speicher(m), Dachboden	grenier
attitude	Haltung(f)	attitude
attract	anziehen	attirer
attraction	Anziehung(f)	attraction
attractive	anziehend	attirant, e
attractive	reizend, anziehend	séduisant, e
attribute	beimessen	attribuer
auburn, reddish	rothaarig	roux, rousse
auction	Versteigerung(f)	adjudication
audacity	Kühnheit(f)	audace
audience	Audienz(f)	audience
August	August(m)	août
aunt	Tante(f)	tante
austere	streng, hart	austère
authentic, genuine	authentisch	authentique
author	Autor(in)(m, f)	auteur
authoritarian	autoriär	autoritaire
authority	Autorität(f)	autorité
authorize	erlauben	autoriser
autograph	Autogramm(m)	autographe
automatic	automatisch	automatique
automaton	Automat(m)	automate
autonomous	autonom, unabhängig	autonome
autonomy	Autonomie(f)	autonomie
autopsy	Autopsie(f)	autopsie
autumn	Herbst(m)	automne
auxiliary	Hilfs-, Hilfe(f)	auxiliaire
available	verfügbar	disponible

영어	독일어	프랑스어
avalanche	Lawine(f)	avalanche
avenge	rächen	venger
avenue	Allee(f)	avenue
average	Durchschnitt(m)	moyenne
aviation	Luftfahrt(f)	aviation
aviator	Flieger(m), Pilot(m)	aviateur, trice
avoid	vermeiden	éviter
award	zuerkennen, erteilen	décerner
away, far away	weg(fort), weit weg	loin(au)
awful	scheußlich	abominable
awful	schrecklich	affreux, se
axe	Axt(f)	hache
axis	Achse(f)	axe

찾아보기

송경안

1973 광주고등학교 졸업
1977 전남대학교 사범대학 독어교육과(학사)
1979 서울대학교 대학원 독문과(석사)
1981 서울대학교 대학원 언어학과 박사과정 수료
1986 독일 보훔대학교 언어학과(박사)

전남대학교 독문과 교수
독일 보훔대학(1992), 쾰른대학(2002) 방문연구

김순임

1973 전남여자고등학교 졸업
1977 전남대학교 사범대학 독어교육과(학사)
1983 전남대학교 독문과(석사)
1988 오스트리아 인스부르크대학 독문과(박사)

전남대학교 독문과 교수
독일 아헨대학(1996) 방문연구

영어, 독일어, 프랑스어 연관성과 독자성
[수정판]

1판 1쇄 발행 _ 2019년 9월 10일
2판 1쇄 발행 _ 2022년 11월 15일

저　　자 • 송경안 · 김순임
발 행 인 • 정 현 걸
발　　행 • 신 아 사
인　　쇄 • 대명프린팅
출판등록 • 1956년 1월 5일 (제9-52호)
주　　소 • 서울특별시 은평구 통일로 59길 4 (2F)
전　　화 • (02)382-6411 • 팩스 (02)382-6401
홈페이지 • www.shinasa.co.kr
E-MAIL • shinasa@daum.net

ISBN : 978-89-8396-353-6 (93700)

정가 15,000원